Ulf Preuss-Lausitz

Die Kinder des Jahrhunderts

Zur Pädagogik der Vielfalt im Jahr 2000

Beltz Verlag · Weinheim und Basel

Über den Autor:

Ulf Preuss-Lausitz, Jg. 1940, Dr. phil., Dipl.-Soz. und Hauptschullehrer, Professor für Erziehungswissenschaft an der TU Berlin. Arbeitsschwerpunkte: Kindheitsforschung, Integration Behinderter, Bildungspolitik, Schulreform.

Die Deutsche Bibliothek – CIP-Einheitsaufnahme

Preuss-Lausitz, Ulf:
Die Kinder des Jahrhunderts : zur Pädagogik der Vielfalt im
Jahr 2000 / Ulf Preuss-Lausitz. – Weinheim ; Basel : Beltz, 1993
  (Reihe Pädagogik)
  ISBN 3-407-34079-6

Lektorat: Peter E. Kalb

© 1993 Beltz Verlag · Weinheim und Basel
Herstellung: Lore Amann
Satz (DTP): Satz- und Reprotechnik GmbH, Hemsbach
Druck: Druck Partner Rübelmann, Hemsbach
Umschlaggestaltung: Atelier Warminski, Büdingen
Printed in Germany

ISBN 3-407-34079-6

Inhaltsverzeichnis

5

Kapitel 1
Zur Einleitung:
Das Jahrhundert des Kindes?

Schulpädagogische Fragen und Antworten für die 90er Jahre

Die Zeit ruft nach ›Persönlichkeiten‹, aber sie wird vergebens rufen, bis wir die Kinder als Persönlichkeiten leben und lernen lassen; ihnen gestatten, einen eigenen Willen zu haben, ihre eigenen Gedanken zu denken, sich eigene Kenntnisse zu erarbeiten, sich eigene Urteile zu bilden; bis wir, mit einem Wort, aufhören, in den Schulen die Rohstoffe der Persönlichkeit zu ersticken, denen wir dann vergebens im Leben zu begegnen hoffen.

Ellen Key, schwedische Reformpädagogin, 1900[1]

Zur Jahrhundertwende erschien ein Buch im wilhelminischen Deutschland, das die Kritik und die Sehnsüchte vieler Lehrerinnen und Lehrer, vieler Eltern und Schüler ausdrückte: Die schwedische Journalistin und Pädagogin Ellen Key widmete ihre Aufforderung zu einer neuen Erziehung in Familie und Schule »allen Eltern, die hoffen, im neuen Jahrhundert den neuen Menschen zu bilden« – und so »das Jahrhundert des Kindes« zu schaffen. Mit vielen anderen Frauen und Männern in ganz Europa kämpfte sie für ein Ende der Untertanenerziehung, für das Recht der Kinder auf körperliche Unversehrtheit und geistige Selbständigkeit, für die Förderung individueller Kreativität und eine lebensnahe Bildung.

Das Jahrhundert ist keines der Kinder geworden: Generationen von Kindern haben Kriege, Armut, Hunger, Gewalt und geistige Zurichtung erfahren. Über Jahrzehnte blieben viele Schulen Untertanenfabriken. Inzwischen ging auch der Glaube an die Bildung »neuer« Menschen und die Hoffnung auf glücklichere Gesellschaften unwiderruflich verloren. Auch von den Kindern erwarten wir nicht, daß sie die Utopien von gelobten Ländern verwirklichen; sie bieten dafür keinen Anlaß (mehr).

1 Aus: Ellen Key: Das Jahrhundert des Kindes. Weinheim 1992 (erstmals 1900), S. 161

Doch zumindest in den letzten zwanzig bundesdeutschen Jahren haben sich für viele Kinder die äußeren Verhältnisse und die »Erziehungsstile« in vielen Familien und Schulen verbessert. Am Ende also doch: Das Jahrhundert der Kinder?

Aber lesen wir nicht täglich in den Zeitungen über mißhandelnde Eltern, über gewalttätige Kinder, über verunsicherte Lehrer? Dringt nicht die Klage über den Verlust der Werte aus allen Landesecken, nicht nur in Ostdeutschland? Listet der Kinderschutzbund nicht immer neue Schrecklichkeiten auf, die Kindern angetan werden? Fordern Politiker und Medien nicht täglich neu die Schulen auf, nun endlich besser zu unterrichten, »richtiger« zu erziehen, den vom vielen Fernsehen passiv gewordenen und aus den Straßen vertriebenen Kindern und Jugendlichen eine neue Heimstatt zu geben? Wir Pädagoginnen und Pädagogen wissen gar nicht, wie wir auf all diese Anforderungen reagieren sollen. Sollen, dürfen wir in der postmodernen Pluralität überhaupt Erziehungsziele in der Schule anstreben? Wäre das nicht ein Eingriff in die Rechte der Eltern und gegen den Willen der Heranwachsenden? Wenn wir solche Ziele bejahen, welche können es in der pluralen Gesellschaft sein und wie dürfen sie verwirklicht werden?

Die Schul-Pädagogik ist in der Krise, und wir Lehrer mit ihr. Können wir uns auf unsere Fächer-Kompetenz zurückziehen oder auf unsere gute Absicht, »vom Kinde aus« zu denken? Was hilft das noch, wenn diese Kinder in vergifteten Umwelten aufwachsen, im wörtlichen und im übertragenen Sinn? Haben sie überhaupt eine Zukunft? Was ist mit unserer eigenen?

Was wir für das neue Jahrtausend brauchen, ist eine *pädagogische Leitidee*, die für unsere tägliche Schularbeit so etwas wie kritische Orientierung und Ermutigung bietet. Sie dürfte nicht abgehoben-abstrakt sein, sondern müßte vom Alltag ausgehen. Sie müßte den Kinderalltag ebenso einschließen wie den der Pädagogen und zugleich die gesamtgesellschaftlichen Entwicklungen berücksichtigen. Sie müßte wenigstens zu einigen zentralen Krisen unseres Berufs Auswege – oder sagen wir bescheidener: die Richtungen für diese Wege – angeben. Und sie sollte doch wenigstens die Antworten anderer geprüft haben, so daß die Leitidee deutlich in ihrer Verbundenheit und Abgrenzung erkennbar ist.

Dieses Buch drückt den Versuch aus, solch eine Leitidee zu entwickeln. Ich nenne sie die *Pädagogik der Vielfalt in der Gemeinsamkeit*. Sie greift die Pluralisierung positiv auf und ist doch zugleich auf Gerechtigkeit, Friedfertigkeit und Lebenserhaltung wertgebunden bezogen. Ich glaube, daß mit ihr die meisten pädagogischen Antworten auf die vielfältigen Fragen an Erziehung in der Familie, im Umgang der Erwachsenen mit Kindern generell, in Kindergärten, Jugendclubs und in Schulen formulierbar sind. Ich konzentriere mich überwiegend auf die Schule. Ich glaube jedoch nicht, daß heute die Probleme der Lehrer grundsätzlich andere sind als etwa die der Mütter und Väter oder die der Erzieher und Sozialpädagogen. Die Krise des Verhältnisses der Erwachsenen zu den Nachwachsenden ist allgemein, und die Richtung der Antworten ist daher im Kern identisch.

Die *Bildungsidee der »Pädagogik der Vielfalt«* versuche ich im 2. Kapitel zu begründen. Diese Begründung kommt nicht ohne einen Blick auf die *veränderten Kindheitsbedingungen* in den 90er Jahren aus: Dies wird in Kapitel 3 versucht. Zu diesen veränderten Aufwachsbedingungen gehört die Frage, welche strukturellen und pädagogischen Probleme unsere Schulen heute haben, und welche Reformen sich aus allem ergeben müßten (Kap. 4).

Wenn die Menschen keine Zukunft mehr haben, dann ist alle Erziehung sinnlos. *Ökologische Bildung* ist daher Teil einer lebenserhaltenden Pädagogik (Kap. 5). Wenn Menschen keine Zukunft zu haben glauben, dann neigen sie dazu, sich selbst oder anderen *Gewalt* anzutun. Schulpädagogik heute muß nach den Wurzeln verbreiteter Gewalttätigkeit schon bei Kindern fragen und nach Auswegen suchen: Dies wird in Kap. 6 versucht.

Vielfalt in der Gemeinsamkeit braucht die Schule für alle Kinder. Alle Kinder – das schließt die Kinder mit Behinderungen bzw. mit zusätzlichem Förderbedarf ein. Welche Erfahrungen *gemeinsamer Erziehung behinderter und nichtbehinderter Kinder* wurden bislang gemacht, und wie kann der Weg zu solch einer Schule für alle geebnet werden? Das wird in Kap. 7 diskutiert.

Gemeinsamkeit wird derzeit aber auch in Frage gestellt: Die koedukative Erziehung von *Mädchen und Jungen* ist auf neue Weise umstritten. Die Geschlechtsrollen selbst sind für die Kinder nicht mehr durchweg klar. Wie darauf reagieren? Eine Schule für alle Kinder – aber in geschlechtsspezifischen Grenzen? (Kap. 8)

Schule konzentrierte sich schon immer auf eine Bearbeitung der Köpfe, wobei es schon ein Fortschritt war, wenn die »Verschiedenheit der Köpfe« anerkannt wurde. Die Gefühle, die *Sinne,* ja gar die Sinnlichkeit waren verbannt in das Untergründige, das Verbotene, in die Pausen und Ecken. Nun gibt es eine Renaissance der Sinne – in recht pädagogisch-aseptischer Weise. Die Pädagogik der Vielfalt soll jedoch den Menschen nicht in seinen segmentierten Funktionen wahrnehmen, sondern die gesamten psycho-sexuellen Dimensionen fördern, um ihre Verfeinerung zu unterstützen: die Wiederkehr des ganzen Körpers (Kap.9).

Das einig Vaterland hat zwei Hälften, zwei Erfahrungen, zwei Sozialisationen - auch bei Lehrern. Nur die *jetzigen Lehrerinnen und Lehrer der ehemaligen DDR* können – gemeinsam mit Kindern und Eltern – aus dem Scheitern der DDR-Pädagogik praktische Auswege finden und sie erproben. Aber wie kann das gelingen? Darauf versuche ich in Kap. 10 eine Antwort zu finden.

Die Pädagogik der Vielfalt hat für Kinder, die nach Deutschland eingewandert sind oder als Ausländer hier geboren wurden, eine spezifische Bedeutung und braucht möglicherweise besondere Bedingungen. Absichtlich werden diese Fragen nicht in einem besonderen Kapitel, sondern integriert an jenen Stellen aufgegriffen, wo sie für die jeweilige Themenstellung wichtig sind.

Alle Texte sind für dieses Buch geschrieben worden. Sie sind Ergebnis eines eigenen Lern- und Entwicklungsprozesses, der sich schrittweise in Überlegungen und Untersuchungen der letzten Jahre auch schriftlich niederschlug. Darauf wird ggf. verwiesen. Die einzelnen Kapitelentwürfe wurden mit jeweils fachkundigen Studierenden, Lehrern, Schulleitern, Hochschullehrern oder Schulforschern diskutiert. Dabei ging es mir sowohl um die Lesbarkeit wie um die sachliche Richtigkeit oder die Klarheit des Arguments. Eine Reihe kritischer Einwände habe ich mir zu eigen gemacht, manche nicht. Ich kann hier nur exemplarisch danken: Achim Böker-Schwenzfeier, Michael Göhlich, Peter Heyer, Thomas Hoppe, Gerd Neumes, Annedore Prengel, Horst Pruchnewski, Jutta Schöler, Jamie Walker. Monika Foit danke ich für die gründliche Durchsicht der Skripte.

Dieses Buch stellt ein Angebot dar für Gespräche mit Lehrerinnen und Lehrern, mit Studierenden, mit Eltern, Schulräten, Sozialarbeitern und Politikern; aber auch mit Kolleginnen und Kollegen der Erziehungswissenschaft, die oft übereinander, zu wenig jedoch direkt miteinander reden.

Ein Jahrhundert des Kindes haben wir noch nicht. Wir sollten jedoch nicht aufgeben, mit den Kindern des Jahrhunderts gemeinsam daran zu arbeiten.

Berlin, im Frühjahr 1993

Kapitel 2
Trotz postmoderner Pluralität: Mut zur Bildung?

Zur »Pädagogik der Vielfalt« für die 90er Jahre

Die Bienen naschen von den Blumen da und dort, aber nachher machen sie daraus den Honig, der ganz ihr eigen ist; es ist nicht mehr Thymian noch Majoran: so soll (das Kind) die von anderen entlehnten Bruchstücke verwandeln und verschmelzen, um daraus ein ganz ihm eigenes Werk zu schaffen: nämlich sein eigenes Urteil.

Michel de Montaigne, französischer Burgherr und Essayist, 1580[1]

1. Widersprüche und Legitimationsprobleme der 90er Jahre

Vor kurzem erzählte mir eine früher bildungspolitisch engagierte Englischlehrerin, sie habe, nach dem Wegfall all ihrer – und unserer – Utopien lange darüber nachgedacht, welchen Sinn ihr Lehrerdasein (außer dem Geldverdienen) noch habe; zum Utopieverlust komme, daß ihre Schülerinnen und Schüler total unterschiedlich seien und »Erziehung« durch sie ohnehin ablehnten. Sie habe die Antwort nun gefunden: Englisch brauche jede und jeder; sie bemühe sich daher nun um einen didaktisch guten Unterricht – alles andere sei nicht ihre Aufgabe. Die Probleme ihrer Jungen und Mädchen, um die sie durchaus wisse, hätten mit ihrem Beruf und ihrer Kompetenz nichts zu tun – gelegentlich würde sie sich jedoch »als Privatperson« beratend einschalten, wenn die Schüler das wollten.

Diese Kollegin hat für sich die Frage nach den Erziehungszielen für Lehrerinnen und Lehrer unter heutigen Verhältnissen »gelöst« – durch Verzicht auf Erziehungsziele im professionellen Fachunterricht. Sie kann folgerichtig zur Struktur des Schulsystems *als Pädagogin* genausowenig Stellung nehmen wie zu den Zukunftsängsten ihrer Schüler (die

---

1 Michel de Montaigne: Essais. Zürich 1984 (erstmals 1580), S. 188

sie teilt, aber eben »als Mensch«, nicht als Pädagogin). Sie verzichtet bewußt auf eine Bildungsidee, an der sie ihr tägliches Handeln mißt. Meine Frage, ob sie, die in einer Stadtteilinitiative zur Verkehrsberuhigung und Begrünung aktiv ist, solches Engagement nicht auch in ihren Unterricht einbringen wolle, beantwortete sie klar: Politik habe nichts mit Schule zu tun. Schule sei Fachunterricht – in der Grundschule vielleicht auch Sozialerziehung. Sie sei entsetzt über die Wiederkehr des Nationalismus – der nationalen Kultur – als Leitlinie für die Schularbeit in Staaten, die als Bildungsziel den »humanistischen Sozialismus« abgelegt hätten. Auch erschrecke sie der Rückgriff auf den Islam als zwingendes staatliches Erziehungsprinzip in anderen Ländern. Dies alles sei totalitär, deshalb ihre Haltung.

Ich vermute, daß diese Kollegin nicht allein steht. Sie drückt eine verbreitete Auffassung – auch unter Eltern und in der Öffentlichkeit – aus. Sie möchte nicht-repressiv sein und gleichzeitig eine professionelle Lehrerin. Das *Kernproblem*, das hinter dieser Haltung steht, lautet: *Kann unter Bedingungen einer pluralen, demokratischen Gesellschaft, in der die Vielfalt der Kinderwelten, die Vielfalt der Lebensauffassungen und Kulturen zugenommen hat und grundsätzlich akzeptiert werden soll, eine Lehrerin sich das Recht nehmen, überhaupt eine Erziehungsposition einzunehmen?* Wäre dies gegenüber den Kindern nicht manipulativ, würdig solchen Staaten, die autoritär ihre Ziele auch mit Hilfe der Schule durchsetzen bzw. dies versuchten, wie wir dies auch in Deutschland hatten, im Wilhelminischen Kaiserreich, im Dritten Reich, in der DDR und sicher vielfach auch in der Bundesrepublik?

Andererseits: Fordert die Öffentlichkeit nicht verstärkte schulische Erziehungsbemühungen, angesichts vieler desorientierter Jugendlicher? Und schließlich: Kann angesichts der ökologischen Krise, der unsozialen Zweidrittelgesellschaft und des sich verschärfenden Gefälles zwischen armen und reichen Ländern, auch angesichts der emotionalen und sozialen Gefahren in den Aufwachsbedingungen vieler Kinder und Jugendlicher (vgl. Kap. 3) die Alternative zu autoritären Rückgriffen der *Verzicht* auf Bildung in der öffentlichen Schule sein? Wenn nein, wie läßt diese sich verbindlich begründen? Hat nicht die postmoderne »Unübersichtlichkeit« (Habermas 1985) der Pädagogik jede Legitimation entzogen zu behaupten, sie wisse noch, warum und was gelehrt werden solle?

Ich will zu zeigen versuchen, daß denoch eine handlungsorientierende Antwort möglich und nötig ist, die sich m.E. *gerade* aus den gesellschaftlichen Bedingungen der postmodernen Vielfalt am Ende unseres

Jahrhunderts ergibt: Ich nenne sie den »*Mut zur Bildung für eine Pädagogik der Vielfalt in der Gemeinsamkeit*«. Bildung ist nicht nur »nach Auschwitz« (Adorno), sondern auch »nach Tschernobyl« (genauer: nach Erfindung der Kernspaltung) und nach dem Ende der Block-Konfrontation trotz aller Pluralität eine *Überlebensfrage* und nötig »zur Barbareivermeidung« (Winkler 1992). Sie ist, wie ich darzustellen versuche, *plural und wertgebunden zugleich*.

Ich versuche, dies schrittweise zu begründen. Bildungskonzepte können auch als Antworten auf gesellschaftliche Modernisierungsprozesse gelesen werden. Deshalb kann der Blick auf *historische pädagogische Zugriffe* in krisenhaften Umschlagspunkten gesellschaftlicher Entwicklung uns vielleicht vor Irrwegen warnen: daher der Blick auf die Aufklärung und die Reformpädagogik. Zugleich scheint es angebracht, die Konsistenz und die Folgen *gegenwärtiger Antworten* auf den (westeuropäischen) Modernisierungsprozeß zu diskutieren: die wissenschaftsorientierte Bildung; die Antipädagogik; den konservativen »Mut zur Erziehung«; den Rekurs auf die (vielfältigen) national-regionalen Kulturen; den postmodernen Verzicht auf Bildungsansprüche überhaupt. Es geht mir darum, Pluralität der individuellen Bildung und gesellschaftliche Überlebensziele miteinander zu verbinden.

2. Historische Antworten auf Modernisierungsprozesse: Aufklärung und Reformpädagogik

Die Kritiker des Ancien Régimes, des Feudalismus, erhofften sich durch *aufklärerische Bildung* einen Fortschritt der Menschheit »aus der selbstverschuldeten Unmündigkeit« (Kant). Wissenschaftliche und literarische Bildung, Persönlichkeitsbildung durch Aneignung der »objektiven Kultur« standen gegen Obskurantismus und religiöse Abhängigkeit. Träger dieses Fortschritts in den Kapitalismus war der »gebildete Bürger« – Frauen, Kinder, Nicht-Weiße, praktisch auch Landbevölkerung und entstehendes Proletariat waren faktisch von diesem Bildungsideal ausgeschlossen (vgl. Klafki 1986, Schaeffer-Hegel 1988).

Das Bildungsideal der Aufklärung ist *generell von Trennungen bestimmt*: Es trennt Wissen von Moral, Geist von Körper und Seele, Vernunft von Gefühl, das beschauliche Genießen der Kultur vom Handeln in der politischen Realität, die wissenschaftliche und kulturelle Produktion vom Weiblichen, die berufliche von der allgemeinen Bildung, die Kinder von den Erwachsenen, den herrschaftsfreien Diskurs unter den

Gebildeten von möglicher praktischer Kritik an der politischen Klasse (vgl. Preuss-Lausitz 1988c, S. 404f.).[2] Freud erklärte später, Kultur entstünde durch »Sublimation« libidinöser Energien; diese Vorstellung eines Gegensatzes von Lust und Kultur enthält die ganze Tragik der Subjektbildung im aufgeklärten Europa. *Die Spaltungen gehören zum Wesen des »bürgerlichen Menschen«* – und möglicherweise konnte die wissenschaftlich-technische Moderne sich überhaupt nur durchsetzen, weil die Abspaltungen so erfolgreich in der Psyche der Menschen verankert wurden. Diese bewirkten aber auch – »Dialektik der Aufklärung« (Horkheimer/Adorno 1968, erstmals 1944) –, daß der bürgerliche Genießer der Kultur zugleich militanter Antisemit sein konnte, ohne dies als Widerspruch zu erleben; daß der geniale Ingenieur seine Maschinen, seine Bomben, seine Kernkraftwerke in Gang setzten konnte, ohne daß ihm über die (von ihm vielleicht durchaus reflektierten) möglichen Folgen seines Tuns Skrupel kamen, da er dafür ja nicht sich, sondern die Auftraggeber – Geschäft und Politik – für zuständig erklärte. Es waren nicht zuletzt die durchaus gebildeten Ärzte, Juristen, Ingenieure und Offiziere, die im Dritten Reich die Ermordung der Juden Europas planmäßig betrieben, abends Klavierspiel und Familienleben schätzten und auch noch stolz darauf waren, daß sie ihre Mitleidsgefühle – etwa beim Anblick der angeordneten Tötung an der Rampe von Auschwitz – ihrem absoluten Pflichtgefühl unterordnen konnten. Die Autobiografie des KZ-Kommandanten Höß (1958) ist kein Dokument eines Monstrums, sondern kann gelesen werden als Ausdruck dieser »gelungenen« bürgerlichen Spaltungen.[3]

Was wir daher m.E. aus der Aufklärung *für unser Problem lernen* können, ist, daß eine nachbürgerliche Bildungskonzeption für das Jahr 2000 bewußt auf diese Spaltungen verzichtet, also eine Vorstellung da-

---

2 Bei Kant (1784) ist die Forderung nach herrschaftsfreiem Diskurs unter den Gebildeten verkoppelt mit strenger Gehorsamsforderung des Staates gegenüber den Beamten, Soldaten oder sonstigem Amtsträger. Der Gehorsam gegenüber der politischen Macht ist also die Voraussetzung eines *nicht* auf gesellschaftliche Praxis zielenden Vernunftgebrauchs. Das erklärt *von Anfang an* die Rolle des gebildeten Bürgertums im 19. Jahrhunderts bis hinein in seine Haltung etwa zum Faschismus. Selbst in der heutigen – pädagogischen – Kantrezeption wird dieses Problem kaum aufgegriffen. Vgl. Preuss-Lausitz 1988c, S. 404ff.

3 Damit soll natürlich keine Erklärung des Nationalsozialismus geleistet, sondern auf die psychische Basis der auch politischen und ökonomischen Wurzeln hingewiesen werden.

von hat, daß der Mensch – seine Gefühle, sein Denken, seine körperlichen Empfindungen und Strebungen, sein Handeln, seine sozialen Bezüge – nicht als Gegensätze, sondern als *nichthierarchisch vernetzte Teile eines Ganzen* zu betrachten sind. Gerade nicht die Sublimation, sondern die Einbeziehung, ja die Erfüllung der libidinösen Bedürfnisse ist Voraussetzung für individuelles Wachstum *und* für Kulturproduktion – die sich allerdings damit auch ändert. Wissen ist nicht im a-moralischen Sinn vermittelbar, sondern, da es Wissen von der Welt – also in einer handelnden Welt – ist, zugleich an moralische Fragen gebunden. Und umgekehrt: Ohne konkretes Situations-Wissen ist Moral-Erziehung leer, »moralisch«, Pädagogik des erhobenen Zeigefingers.

Natürlich stehen wir dennoch in Aufklärungs-Tradition: Jede und jeder soll seinen Verstand ohne Hilfe anderer gebrauchen lernen. Bildung ist jedoch nicht nur Verstandes-Ausbildung; nur ein ganzheitliches Verständnis von Persönlichkeit hilft den heutigen Kindern und Jugendlichen.

Die *Reformpädagogen um die Jahrhundertwende* – als Teil der Kulturevolte von den Lebensreformern bis zum Expressionismus – reagierten auf einen neuerlichen Modernisierungschub kapitalistisch-industrieller, abendländischer Gesellschaften: Die Industrialisierung hatte einen Entwicklungsgrad erreicht, der die Aktivierung des einzelnen, seine Kreativität, sein Mitdenken am Arbeitsplatz und seine gesellschaftliche Mitwirkung nötig und zugleich möglich machte. Die Reformerinnen und Reformer – von der Schwedin Ellen Key über die Italienerin Maria Montessori bis zu den Deutschen Gustav Wynecken und Fritz Karsen, vom Franzosen Célestin Freinet bis zum Amerikaner John Dewey (um nur wenige zu nennen; vgl. Scheibe 1974, Röhrs 1991) – waren davon überzeugt, *gegen* den meist rezeptiven, kopflastigen, untertanenorientierten Schulbetrieb ihrer Länder ein *modernes* Bildungsprinzip zu formulieren, damit ihre Gesellschaften »neu«, in jedem Fall jedoch »besser« würden; ihr Bildungsverständnis war auf Versittlichung, auf Gesellschaftsentwicklung, auf eine bessere Zukunft hin angelegt, ja ohne solche meist indirekten Utopien gar nicht begründbar. Obwohl die Reformpädagogik also als Ausdruck ökonomisch-kulturellen Wandels betrachtet werden kann, waren sich die meisten – trotz all ihrer Differenzen (vgl. Oelkers 1989) – einig darüber, daß diese Bildung nun nicht von »erwachsenen« Forderungen: der Wirtschaft; des Militärs; der Kirchen; der Kultur; sondern »*vom Kinde*« auszugehen habe. Bildung habe ihren Wert in sich, der sich aus der kindlichen Entwicklung selbst ergebe: Gegen jede denkbare Vorstellung von Utilitarismus müsse den »Kindern das Wort« (Freinet) gegeben werden; sie würden, recht so in Familie und Schule erzogen, dann die »bessere«, weil sozialere und humanere Gesellschaft schon bilden.[4]

»*Vom Kinde aus*« schließt bei den Reformpädagogen der Jahrhundertwende die »Jugend« ein: Jugend wird als eigenständige Lebensform überhaupt erst entdeckt – und im Wandervogel, in der Jugendbewegung sprachgewaltig als autonom beschworen (vgl. u.a. Röhrs 1991, Oelkers 1989, Blüher 1976, erstmals 1912).

Vom Kinde aus, das hieß mehreres: die psychologischen Eigenarten der kindlich-jugendlichen Entwicklung akzeptieren; in den Kindern das grundsätzlich Gute (und nicht den sündigen Menschen) zu sehen, das entfaltet werden müsse; zu glauben, daß die Gesellschaft durch die Kinder gerettet/verbessert werden könne. »Durch die Nachkommen, die wir uns schaffen, können wir in gewissem Maße als freie Wesen die zukünftigen Schicksale des Menschengeschlechtes bestimmen! ... Erst dann kann die alte Gesellschaft sich erneuern« (Key 1902, S. 121).

Diese Erneuerung folgt jedoch nicht aus dem Verzicht auf eine Bildungskonzeption (zugunsten der Eigenkräfte des Kindes). *Ellen Key*, die hier exemplarisch zitiert wird, folgt Rousseau[5], indem sie gegen die Auffassung von der »natürlichen Verderbtheit des Menschen« fordert: »Ruhig und langsam die Natur sich selbst helfen lassen und nur sehen, daß die umgebenden Verhältnisse die Arbeit der Natur unterstützen, das ist Erziehung« (ebd. S. 77). Dazu gehört allerdings, ganz im Sinne sozialökologischer Sozialisationsauffassungen, daß »die ganze Wachsamkeit auf die Bildung der Umgebung« und auf das »unablässige Wachstum« des Erziehers selbst (ebd. S. 80) gerichtet ist. Key macht ausführliche didaktisch-pädagogische Vorschläge; ihr »Traum von der Schule der Zu-

---

4 Letztlich steckt aber auch in dieser Vorstellung noch ein starkes Stück Brauchbarkeit des einzelnen drin: Er hat seinen Bildungs- und Entwicklungszweck nicht nur in sich, sondern in einer besseren Gesellschaft.

5 Über Rousseau hinaus ist Ellen Key stark an Spencer und vor allem an Montaigne orientiert. Montaigne plädiert in seinen Essais dafür, daß die Schüler sich die Welt durch Reisen und in Internatsschulen aneignen. – Keys Orientierung an Darwin und Nietzsche führt sie zu erschreckenden eugenischen Vorschlägen, die zeigen, daß die nationalsozialistischen Zwangssterilisationen und die Euthanasie viele Vorväter und Vormütter hatten. Key ist allerdings an keiner Stelle antisemitisch; von »natürlicher Auslese« und dem Verbot der Fortpflanzung des »Verbrechertypus« und der »mit erblichen physischen oder psychischen Krankheiten Belasteten« (Key 1902, S. 37) hält sie allerdings viel. – Zu Ellen Keys Werk und ihrer Wirkung vgl. Dräbing 1990.

kunft« (ebd. S. 164ff.) schließt nicht nur Prügel und Zensuren aus und die koedukative Gesamtschule mit vielfältigsten Differenzierungen und Methoden ein, er ist auch voller Vorschläge für eine auf Naturwissenschaft, Literatur, Geschichte, Sprachen und Sport bezogenen Bildung. »Die erste Erziehung muß darauf hinzielen, die Individualität zu stärken« (ebd. S. 172) – gegen Herdenmenschentum, kollektive patriotische Gefühle, kollektive Pflichtbegriffe, Kriegsbereitschaft (ebd. S. 169ff.). Der Südfranzose *Célestin Freinet,* der nach dem Ersten Weltkrieg Lehrer wurde, hat dieses »vom Kinde aus« realistisch-empirischer übersetzt: Man müsse sich auf die konkreten Lernenden völlig einlassen, also in seinem Fall auf die Bauern- und Landkinder der Provence, ohne das Wissen des Lehrers auszublenden und die generativen Unterschiede zwischen Lehrer und Schüler zu verwischen. »Das Kind muß sich selbst erziehen, sich selbst bilden – *mit Hilfe der Erwachsenen*« (Freinet 1980, S. 25; im Original kursiv). Freinet begreift »vom Kinde aus« ebenfalls als Beachtung psychologischer Entwicklungsbedingungen, zugleich aber auch als curriculare Aufarbeitung der von den Mädchen und Jungen in die Schule gebrachten Lebensumstände und Erfahrungen, um »Grundlagen für eine befreiende Erziehung der Arbeiterklasse« zu schaffen (ebd., S. 26; erstmals 1928). Daher der Freie Text als Ausdruck des Respekts gegenüber dem, was *subjektiv*, von den Kindern aus, für wichtig angesehen wird. Daher die Förderung des »tastenden Versuchens«, das Ausdruck der »Lebensenergie« – sich die Welt aktiv-neugierig aneignen zu wollen – ist (vgl. Freinet 1980, 1975). Bei Freinet werden die Kinder nicht mythisch idealisiert-leidend dargestellt, wie dies von Oelkers in Interpretation Montessoris der gesamten Reformbewegung zugeschrieben wird (Oelkers 1989, S. 73ff.), sondern sehr konkret in ihren ländlich-proletarischen Lebensverhältnissen beschrieben.[6]

Können wir uns für ein Bildungsverständnis in der heutigen pluralen Krisengesellschaft einfach der Reformpädagogen versichern? Viele tun das: Montessori, die Waldorfpädagogik, selbst Peter Petersen erfahren eine oft unkritische Renaissance unter Lehrern. Was mir – wie vielen anderen – demgegenüber verlorenging, ist der reformpädagogische Glaube

---

6 In Oelkers »Reformpädagogik. Eine kritische Dogmengeschichte« (1989) wird Freinet weder dargestellt noch auch nur erwähnt, nicht einmal im Namensverzeichnis – ohne daß dies begründet würde. Ganz offenkundig paßt der wirksamste französische Reformer, der mit »Education du Travail«, »Les Dits de Mathieu«, »Psychologie sensible« u.a. umfassende Arbeiten vorlegte, zu wenig in Oelkers Bild der Reformpädagogik. Aber wie weit darf in einer Gesamtschau der Subjektivismus getrieben werden?

daran, zu einer »besseren« Gesellschaft über eine »richtigere« Erziehung zu kommen. Auch der emphatische Glaube, daß »die Natur« des Kindes, recht unterstützt, nicht nur den Aufrechten Gang, sondern später auch die sittlichere – also: sozialere, ökologischere, friedfertigere usw. – Gesellschaft schaffe. *Ein moderner Bildungsbegriff kann nicht auf Ziele, muß aber auf eine Geschichts-Teleologie (eines Weges zu einer immer besseren künftigen Gesellschaft) verzichten.* Diese Bildung hat keinen gesellschaftlichen Fortschrittsbegriff, sondern einen Willen zum Überleben in sich. Und sie muß die Lebenswirklichkeit nicht nur der Kinder, sondern auch der Lehrerinnen und Lehrer in ihrem Eigenrecht einbeziehen.

Natürlich stehen wir dennoch in der Tradition der Reformpädagogik: Ohne die reformpädagogische Auffassung von den Persönlichkeitsrechten der Kinder, von ihrer Kreativität, der Ganzheitlichkeit der Lernbedürfnisse, der Vielfältigkeit der individuellen Entwicklungspotentiale und dem Bedürfnis nach sozialem Austausch von Geburt an kann es kein modernes Bildungsverständnis geben.

Der Blick auf manche Reformpädagogen zeigt aber auch, wovor wir uns hüten müssen: So sind entwicklungspsychologische Theorien an der konkreten Wirklichkeit zu überprüfen, anthropologische Annahmen – die grundsätzlich nicht überprüfbar sind – auf ihre pädagogischen Folgen zu untersuchen. Als warnendes Beispiel sei nur auf die Überzeugung der Steinerschen Waldorfpädagogik über die drei Sieben-Jahres-Stadien der Entwicklung von Kindern und Jugendlichen verwiesen: Danach wird – bis heute – Curriculum und Erziehung ausgerichtet. So darf z.B. die Teilhabe an der Gestaltung des Schullebens erst ab dem 14. Lebensjahr stattfinden, weil Steiner glaubte, daß Jugendliche – allüberall und zu allen Zeiten – für demokratische Mitentscheidung erst im dritten Jahrsiebt reif seien. Entwicklungspsychologische Theorien, wenn sie universalistisch verstanden und in eine Bildungskonzeption einbezogen werden, führen leicht zu Dogmatismus. Eine für die heutigen Kinder sinnvolle Bildungskonzeption muß jedoch empirisch-konkret die Bedingungen des Aufwachsens untersuchen und zugleich flexibel und offen sein.

Als ein noch wichtigerer Schluß scheint mir, daß die reformpädagogische Polarisierung »das gute Kind – die kranke Gesellschaft« unproduktiv ist.[7]

7 Den sozialistischen Reformern – von Freinet über Karsen und Östreich bis
   Blonski – war diese Polarisierung ohnehin suspekt, da sie den Menschen als

Von Anfang an ist das Kind ein »vergesellschaftetes Subjekt« (Geulen 1977), und es braucht zur Entwicklung von sozialer Ich-Identität (und zur Vermeidung von Hospitalismus) die vielfältige materielle und soziale Umwelt. Nicht »Gesellschaft« *als solche*, sondern die *konkreten* gesellschaftlichen Bedingungen des Aufwachsens sind also zu thematisieren. Bildung schließt die Überzeugung ein, daß Erwachsene die Gesellschaft den Kindern nicht vom Hals hält (im Sinne einer modernisierten Schonraumpädagogik), sondern diese repräsentieren und *pädagogisch reflektiert* nahebringen. *Wie* dies geschieht, wie also das Spannungsverhältnis von empirisch-konkreten Kindern und je aktuellen gesellschaftlichen Bedingungen pädagogisch *ausgehalten* und *ausgestaltet* ist, daran mißt sich die ganze Beziehungsgeschichte von Kindheit und Schulbildung.

Der *Nationalsozialismus* und – inhaltlich völlig anders – die DDR hielten von der reformpädagogischen Überzeugung von den Eigenrechten der Heranwachsenden wenig (vgl. Scholtz 1985 für den NS, Schonig 1972, S. 173ff. für die DDR). Ihr Bildungskonzept war zugunsten klarer politischer Zielsetzungen (und aktueller militärischer bzw. ökonomischer Ansprüche) einseitig gesellschaftlich definiert. Sie standen so gesehen in der alten Tradition der Schwarzen Pädagogik: das Einzelinteresse ist nichts, das Volk – respektive der Staat – ist alles. Beide deutsche Staaten gingen in ihrem erzieherischen Anspruch über Schule weit hinaus, nahmen die Freizeit in ihren Griff und versuchten die Familie wenn nicht zu kontrollieren, so doch in ihrem Einfluß zu begrenzen. Das Spannungsverhältnis zwischen kindlich-jugendlichen Bedürfnissen, den Interessen der Familie und der staatlichen Erziehung wurde – vom Anspruch her – zugunsten letzterer aufgelöst. Im Hintergrund stand eine allumfassende, Widersprüche beseitigende (d.h. unterdrückende) Bildungsauffassung. Pluralität konnte hier nur begrenzt als funktionales Moment in einem geplanten System beruflich-gesellschaftlicher Arbeitsteilung zugelassen werden.

Wir können von beiden Bildungskonzepten – wenn wir ihnen diesen Begriff zubilligen – nur lernen, daß wir deren strukturelle Fehler zu vermeiden versuchen. Ich fürchte, daß die inhaltlichen Differenzen – hier militärisch-soldatische bzw. privatistisch-weibliche Bildung, dort »humanistischer Sozialismus« für beide Geschlechter – auf gleich bedenk-

soziales Wesen betrachteten, der in seine Klasse hineinwächst. Sie polarisierten jedoch auf anderer Ebene: die böse Klassengesellschaft – das gute proletarische Kind.

lichen Strukturen aufbauen. Für eine Bildungskonzeption der pluralen Gesellschaft, auch unter ökologischen Krisenbedingungen, sind beide Konzepte nicht geeignet.

3. Aktuelle Antworten: wissenschaftliche Bildung, Antipädagogik, Mut zur Erziehung, Kulturpädagogik, postmoderner Rückzug

In der bundesdeutschen Geschichte gab es mehrere Versuche, Bildung in der Folge von Modernisierungsprozessen neu zu bestimmen (vgl. zu dieser Debatte u.a. Hansmann/Marotzki 1988, Heid/Herrlitz 1987, Heitkämper/Huschke-Rhein 1986, Jung u.a. 1986, Krüger 1990, Marotzki/Sünker 1992). Die bundesdeutsche Erziehungswissenschaft der 60er Jahre hoffte, auf die ökonomisch-technologischen Wandlungsprozesse mit der Aufhebung der volkstümlichen und der gymnasial-literarischen Bildung in einer gemeinsamen *wissenschaftsorientierten Bildung* eine wegweisende Bildungskonzeption für den Wandel gefunden zu haben. Der»Strukturplan für das Bildungswesen« des Dt. Bildungsrates (1970) ist davon geprägt. Zwanzig Jahre später liest sich dieses Werk als durchdrungen von Fortschrittsglauben und unkritischer Hingabe an Wissenschaft als Vollendung der Aufklärung. Die Verfasser waren überzeugt, daß sich jeder Schüler im Austausch mit den wissenschaftlichen Prozessen und Erkenntnissen am zukunftsträchtigsten bilde und daß so zugleich der Aufrechte Gang aufgeklärter einzelner in der Demokratie möglich werde. Damit verbunden war der Versuch, mit prognostischem sozialwissenschaftlichen Blick auf die Struktur künftiger Arbeit aus den sich so ergebenden Qualifikationsansprüchen Bildungsinhalte abzuleiten (sog. Qualifikations- oder Manpower-Diskussion). Da Prognosen angesichts des stetigen Wandels aber kaum möglich sind, blieb von diesen Bemühungen wenig mehr übrig als die Betonung allgemeiner Fähigkeiten: Flexiblität, Mobilität, Lernbereitschaft, Offenheit. Das sind zwar notwendige Sozialisationsziele in Konsum- und Industriegesellschaften; Bildung ist damit jedoch nicht zureichend definiert.

Da es nun keine für das»Volk« und die»Elite« getrennte, sondern eine gemeinsame – wissenschaftsorientierte – Bildung geben sollte, entfiel auch die bisherige begabungs- und bildungstheoretische Begründung für die getrennten Schulformen (Roth 1969): Die Gesamtschule sollte die gemeinsame Schule für alle werden.

Didaktisch war dem Konzept modernen Lernens die Vorstellung von der *vollständig planbaren Unterrichtsstunde* zugeordnet; auch der »programmierte Unterricht« feierte seine vorübergehenden Erfolge. Der Lehrer als Unterrichtstechnologe, der die Schülerreaktion in 5-Minuten-Schritten vorausplant und darauf seine Unterrichtsvorbereitung abstellt: das galt als das Nonplusultra in der Referendariatsausbildung. Nachwirkungen sind heute noch feststellbar.

Die ökonomischen, vor allem jedoch die ökologischen Folgen der in Technik umgesetzten Wissenschaft machten jedoch vielen Lehrern und Eltern bald deutlich, daß »Wissenschaftsorientierung« weder vor Blindheit schützt noch moralisch-politisches Engagement besonders fördert. Insbesondere dann, wenn »wissenschaftliche Orientierung« bedeutet, daß die instrumentelle Zweck-Mittel-Beziehung getrennt wird von Fragen der Folgen, des Interesses, ja der Moral, dann ist die klassische Konfliktsituation der Aufklärung, die oben diskutiert wurde, wieder vorhanden. Die Bürgerinitiativen, die sich *emotional* gegen die Experten (etwa der Atomforschung) stellten, und die oft mit dem Vorwurf der »Wissenschaftsfeindlichkeit« belegt wurden, haben viel zur Skepsis gegenüber einem rein wissenschaftsorientierten Bildungsverständnis beigetragen – oft, ohne dies direkt zu bezwecken.

Trotz aller Kritik an den Einseitigkeiten der wissenschaftsorientierten Bildungskonzeption ist festzuhalten, daß Bildung, die sich auf eine Schulart beschränkt (sei es die Hauptschule, das Gymnasium oder die Sonderschule, für die solche Ansätze unternommen wurden), von den gesellschaftlichen Entwicklungen wie von den Aufwachsbedingungen der Kinder her überholt ist. Natürlich muß sich auch das Schul-Curriculum an dem jeweiligen wissenschaftlichen Forschungsstand messen lassen; aber Kunst, Arbeitslehre, Sport, ja selbst Englisch und Physik haben eben nicht nur wissenschaftlich begründbare Inhalte. Die Wissenschaft selbst – wie ihre Tochter, die Technik – muß auf den Prüfstand. Ihre normativen Voraussetzungen wie ihre praktischen Folgen sind Teil der Wissenschaft und nicht als »Wertfragen« abzuspalten. Schulische Wissenschaftsorientierung darf dieser Trennung nicht folgen.

Zeitgleich mit dem hier skizzierten wissenschaftsorientierten Bildungsverständnis, aber aus anderer Wurzel – der Studentenrevolte als der kulturellen Antwort auf den Adenauer-Staat –, entstand die *antipädagogische Bewegung*, die sich schulpädagogisch am ehesten in Alternativschulen, familienpädagogisch in Kinderläden und in praktischen Ansätzen eines veränderten Umgehens der Eltern mit ihren Kindern niederschlug. Sie soll hier nur auf ihr implizites Bildungsverständnis befragt werden.[8]

Die anti- oder besser nichtpädagogische Bewegung beharrte gegenüber der rein wissenschaftsorientierten und an systematischem Lernen orientierten Konzeption auf dem Eigensinn kindlicher Lerninteressen. Das konkrete Kind wird häufig in diesen Schriften idealisiert, ohne daß seine aktuellen Sozialisationsbedingungen reflektiert werden. Im Gegensatz zu den historischen Reformpädagogen, die abstrakt vom »guten« Kind sprachen, in Betrachtung der Wirklichkeit jedoch über seine Deformation klagten, gingen viele Nichtpädagogen der alternativen Bewegung vom »guten empirischen« Kind aus, das es zu akzeptieren gelte. Kinder wurden in all ihren Dimensionen, den Gefühlen, den sozialen Bedürfnissen, der Lernneugier bis hinein in die Triebwünsche und das Unbewußte als facettenreiche Einheit begriffen, so wie sie waren. »Selbstregulierung« (Negt 1986) war das Zauberwort, wobei schulpädagogisch nur scheinbar ein Bezug zu Rousseau, Key, Montessori oder Freinet vorlag: Denn diese hatten ja vorgeschlagen, die Lernumgebung sehr planvoll pädagogisch zu gestalten. Antipädagogik ist prinzipiell ohne *pädagogischen* Bezug, ohne erwachsene *Gestaltung* gedacht. Die Eltern, die Lehrer sollen sich als *Begleiter* ohne eigene Erziehungsziele verstehen. Die Auswahl der Welt für den Bildungsprozeß – also das Curriculum – kann nicht Gegenstand der Reflexion sein, da es ja der Auswahl durch die Kinder überlassen bleiben soll. Fächer- und Themenangebote durch Lehrer bleiben so letztlich unbegründbar.

So kritisch die meisten professionellen Pädagogen auf diese Konzepte reagierten (vgl. Flitner 1985): Die Meinung vieler Eltern und mancher Lehrer ist nach wie vor stark bestimmt von (abgemilderten) nichtpädagogischen Auffassungen. Winkler (1990) ist sogar der Auffassung, die Antipädagogik habe die Pädagogik besiegt; sie habe das Generationenverhältnis aufgehoben. Resigniert stellt er fest, »pädagogisches Denken kann hinfort als antiquiert gelten« (ebd. S. 223); in der Risikogesellschaft, die ohne Zukunft sei, müsse der Verzicht auf Pädagogik unvermeidlich erfolgreich sein (ebd. S. 236).[9]

8 Aus der großen Zahl der einschlägigen Literatur sei hier verwiesen auf die antipädagogischen Bücher von v. Braunmühl 1975, v. Schoenebeck 1982 und 1985, die Alternativschulliteratur bei van Dick 1979, Borchert/Derich-Kunstmann 1982, Winkels Blick auf die internationale Szene 1974 und die Schriftenreihe der Glocksee-Alternativschule, vor allem die Beiträge von Jürgensmeier 1985 und 1986, Reißmann 1985 und 1986.

9 Derselbe Michael Winkler veröffentlicht 1992 eine fröhliche Begründung

Gegen diese Schlußfolgerung und gegen nichtpädagogische Ansätze spricht vor allem, daß der Verzicht auf das *pädagogische* Verhältnis in Schule und Familie nur bedeuten würde, daß *die in jedem sozialen Handeln vorhandenen unbewußten Strebungen* Erwachsener nicht mehr im Hinblick auf ihre Wirkungen (auf die Kinder) reflektiert (und kritisiert) werden könnten, und daß darüber hinaus faktisch *anderen Sozialisationsmächten* eine theoretisch unbegründete Vorrangstellung eingeräumt würde. Letztlich steht hinter nichtpädagogischen Auffassungen ein Bildungskonzept, das die Dialektik von Aneignung des einzelnen und Einwirkung der Welt zugunsten der Vorstellung auflöst, die Welt sei interessen- (und damit einwirkungs-)lose Materie für den Bildungsprozeß des Kindes, und dieses verhalte sich gegenüber der Welt wie ein souveräner Käufer im Supermarkt.

Die verschiedenen antipädagogischen, nichtpädagogischen und alternativpädagogischen Theorien und vor allem ihre praktischen Erprobungen – Kinderläden, Alternativschulen, neue Umgangsformen zwischen Eltern und Kindern – spiegeln den in Kap. 3 beschriebenen *Prozeß der wachsenden Selbständigkeit der Kinder* wider, und sie haben ihn zugleich gefördert (vgl. Preuss-Lausitz 1990e, S. 59f.). Ob die Absichten der Initiatoren immer erreicht wurden, läßt sich wissenschaftlich nicht beurteilen. Da den vom Anspruch her nichtpädagogisch aufwachsenden Kindern ja (theoretisch) gerade keine Möglichkeit der Abarbeitung an – also auch des Widerstands gegenüber – erzieherischen Zielen von Eltern und Lehrer gegeben wurde, könnte Winkler recht haben, wenn er vermutet, daß »ihre Widerständigkeit im sanften freundlichen Hier und Jetzt aufgelöst« (Winkler 1990, S. 235), und damit die Ausbildung einer starken Ich-Identität erschwert wird. Bildungstheoretisch hilft uns die Vorstellung vom monadischen, von jeglichem gesellschaftlichen Einfluß »befreiten« Kind nicht weiter. Jedoch hat das Beharren der Antipädagogen und Alternativpädagogen auf den körperlichen, libidinösen, sozialen und intellektuellen Bedürfnissen der Kinder einen produktiven Beitrag gegenüber einer Erziehungspraxis geliefert, die libidinöse und körperliche Bedürfnisse von Kindern ignorierte (vgl. Kap. 9). Das belegt jeder Blick in heutige Eltern- oder Jugendzeitschriften (etwa »Bravo« oder »Eltern«). Darüber hinaus wurde durch diese Ansätze in der bundesdeutschen Schul- und Erziehungsgeschichte erstmals *praktisch* die

pädagogischen Denkens – nach Lektüre Lyotards; er begründet – ganz postmodern – den Widerspruch beider Aufsätze leider nicht. Zu seinen Thesen von 1992 vgl. unten.

Pluralität kindlicher Wünsche, Interessen und Potentiale in den Mittelpunkt gerückt; insofern waren sie »moderner« als viele ihrer Kritiker. Auf *moralische Fragen* – etwa wie auf diese Weise Solidarität oder auch nur das friedliche Zusammenleben mit anderen entsteht – konnten sie jedoch keine theoretisch befriedigende Antwort geben.

Gegen die wertfreie Wissenschaftsorientierung, gegen Antipädagogik und die linken Pädagogen der Nach-Studentenzeit protestierte Ende der 70er Jahre das schulpolitisch konservative Establishment:[10] Sie riefen auf einem Bonner Kongreß Anfang des Jahres 1978 zum wiederzufindenden »*Mut zur Erziehung*« (1979) auf. Heftig wurde in einem großen Rundumschlag die marxistische Linke, die kritische Theorie, die Wissenschaftsgläubigkeit, der antipädagogische Verzicht auf Erziehung, der Bürokratismus, die vermeintliche Experimentierlust im Bildungsbereich und der Hedonismus gegeißelt, und dagegen darauf bestanden, daß die »bewährten Einsichten der Tradition, das Normengefüge ... auch und gerade im Bereich der Erziehung ... verteidigt, neu entdeckt, durchgesetzt zu werden (wert sind)« (Mut z. E. 1979, S. 13). Vor allem die Tugenden des Fleißes, der Disziplin und der Ordnung hatten es den Konservativen angetan. Man müsse außerdem der Jugend einen »Lebenssinn geben« und sagen, »was der Sinn des menschlichen Lebens ist, zu welchem Zweck man sich anstrengen und bemühen soll, wofür es sich lohnt, opferbereit zu sein und gegebenenfalls zu sterben« (ebd. S. 15). Der Kernsatz der Erklärung lautet: »Unsere Schulen können ihren besonderen Beitrag zur Erziehung unserer Kinder nur leisten, sofern auch in ihnen dieselben kulturellen Selbstverständlichkeiten gelten, in deren Anerkennung wir alle vor und außerhalb der Schule stets schon erzogen sind« (ebd. S. 165).

Es fällt schwer, in den Thesen des Bonner Forums und seinen Diskussionsbeiträgen eine konsistente Thorie oder auch nur eine in sich schlüssige Kritik zu erkennen. Daher konnten die Thesen durch Dietrich Benner, Hartmut v. Hentig u.a. relativ deutlich zurückgewiesen werden (vgl. Benner 1978). Ihre Bedeutung gewannen sie eher dadurch, daß sie das Ende der bildungspolitischen Reformphase (vgl. Kap. 4) symbolisierten (indem sie gegen diese noch einmal heftig polemisierten). Das schuf psychologisch eine Wende in der Öffentlichkeit. Denn die Bil-

---

10 Es waren eher Philosophen, Historiker und Kultusminister als Erziehungswissenschaftler, die diese Debatte führten, wie Robert Spaemann, Hermann Lübbe, Hans Maier, Golo Mann. Kurt Aurin trug als konservativer Erziehungswissenschaftler die Thesen mit.

dungsideale der reinen Wissenschaftsorientierung, des Marxismus oder der Antipädagogik griffen ja erkennbar die sich aus den neuen gesellschaftlichen Konflikten ergebenden Orientierungsprobleme des einzelnen nicht zureichend in einer praxisnahen Bildungskonzeption auf.

Bildung im Sinne des »Mut zur Erziehung« ist vor allem *antiplural und antimodern*: Es geht den Initiatoren ja gar nicht um die Verteidigung von Erziehungszielen überhaupt, wie sie behaupten, sondern um *bestimmte*: Sie fordern – über die Propagierung von Fleiß, Disziplin und Ordnung hinaus[11] – vor allem, daß Bildung sich an »*kulturellen Selbstverständlichkeiten*« zu orientieren habe, »in deren Anerkennung wir alle« erzogen worden seien. Welche dies sind, wird übrigens nicht gesagt. Aber allein deren Behauptung impliziert, daß sich darauf eine Bildungstheorie gründen müsse und daß diese für den Unterricht verbindlich durchzusetzen sei. Wenn es nicht um Banalitäten wie die geht, daß jedes Kind sozialfähig werden soll, daß es lesen, schreiben und rechnen lernt, sondern wenn es um eine Orientierung für das Curriculum und das Schulleben gehen soll, dann kann es sich nur eine behauptete *homogene Kultur* handeln, für die sich eine Begründung aufgrund ihrer bloßen Existenz erübrigt. Dies in der durch viele Lebensstile geprägten pluralen und multikulturellen Gesellschaft? Gelten die »Selbstverständlichkeiten« auch für das hier geborene kurdische Kind oder das zugewanderte aus Polen? Gelten sie für die in der DDR aufgewachsenen Kinder ebenso wie für Ober- und Unterschichtkinder? Würden die »Selbstverständlichkeiten«[12] in ein Curriculum umgesetzt, dann könnte dies nur unter Ausklammerung all jener Lebenserfahrungen von Kindern und ihren Familien erfolgen, die diese nicht teilen. Mit anderen Worten, es müßte die Pluralität beseitigt werden – ein repressives Konzept.

---

11 Das sind Tugenden, die eher von Eltern aus der ehemaligen DDR für besonders wichtig erachtet werden als von westdeutschen Eltern (vgl. Rolff u.a. 1992, Kap. 1). Sie entstammen in ihrer Überhöhung eher autoriären, statischen und vorkonsumistischen Gesellschaften, in denen das Glück des einzelnen dem der Gesellschaft untergeordnet ist. Moderne Unternehmen setzen dagegen eher auf Kreativität, individuelles Planungsvermögen, Denken in Zusammenhängen usw.

12 Eine weitere Problematik besteht darin, daß diejenigen, die den Kampfaufruf »Mut zur Erziehung« nicht teilten, offenkundig die Selbstverständlichkeiten leugneten; was aber geleugnet wird, ist nicht selbstverständlich. Die Konservativen berufen sich also auf eine Gemeinsamkeit, die sie ihren politischen Gegnern gerade bestreiten – ein theoretisch sehr unbefriedigender Widerspruch.

Die von den bildungspoltischen Konservativen eröffnete Debatte hat – auch bei Zurückweisung ihrer Ziele – ohne Zweifel einen wichtigen Merkpunkt ins Bewußtsein gerufen: Der Rückzug auf Qualifikations- oder Wissensziele ist für das Überleben in der Gesellschaft nicht ausreichend. Ohne eine Bildungsidee kommen wir nicht aus; diese muß allerdings *inhaltlich* ausgewiesen und *begründet* sein (s.u.). Pluralität ist dabei eine zentrale positive Dimension. Sie läßt sich nicht zugunsten eines Rückzugs auf unbegründbare, vorrationale »kulturelle Selbstverständlichkeiten« zurücknehmen.

Überraschend unterliegen bestimmte *Konzepte multikultureller Bildung* einer ähnlichen Gefahr wie der hegemoniale Kultur-Konservativismus: Dann, wenn sie die Vielfalt der Kulturen absolut setzen und das Gemeinsame nicht mehr suchen. Alain Finkielkraut hat vehement vor einer – scheinliberalen, scheinfortschrittlichen – »Niederlage des Denkens« (1989) gewarnt: Wenn Kultur als Ursprung gewählt wird, dem man als einzelner nicht entkommen kann, wenn die »kulturellen Selbstverständlichkeiten« der verschiedenen Ethnien – postmodern – gleiches Recht auf Anerkennung haben, und es gibt *keine* gemeinsamen Bezugspunkte, dann gibt es letztlich auch keine Basis für das Zusammenleben mehr.[13] Dagegen verteidigt Finkielkraut die – universalistischen – Menschenrechte und einen universalistischen Bildungsbegriff. Es gebe, jenseits der Kultur*en*, eine *Kultur*. Sie sei *inhaltlich* bestimmt. Er fragt rhetorisch: »Gibt es eine Kultur da, wo man über Delinquenten körperliche Züchtigungen verhängt, wo die unfruchtbare Frau verstoßen und die Ehebrecherin mit dem Tode bestraft wird, wo die Aussage eines Mannes so viel wert ist wie die von zwei Frauen, wo eine Schwester nur Anspruch auf die Hälfte des Erbes hat, das ihrem Bruder zufällt, wo die Frauen beschnitten werden, wo die Mischehe verboten und die Polygamie erlaubt ist?« (Finkielkraut 1989, S. 111). Bildung muß *ermöglichen*, daß der einzelne aus seiner Kultur aussteigen kann (ohne seine Wurzeln zu ignorieren), und das geht nur mit einer Konzeption des Aufrechten Ganges, die über die kulturellen Wurzeln der einzelnen Ethnien hinaus an Werten für die gesamte Menschheit orientiert ist. Nicht zufällig zitiert er Goethe, der 1808, zu Zeiten der napoleonischen Besatzung, anstelle

---

13 Die politischen Bemühungen in Ost- und Südosteuropa um ethnisch-kulturell (bzw. religiös) homogene Wohngebiete und Staatenbildungen entsprechen diesem Denken. Sie können folgerichtig, angesichts der faktischen Durchmischungen, nur in Gewalt und Vertreibung enden. Das zeigt nicht nur das jugoslawische Beispiel.

der Mitwirkung an einer Sammlung deutscher Gedichte die Übersetzung und Aufnahme ausländischer Poesie vorschlug. Goethe provokativ zum deutsch-französischen Verhältnis: »Eine wahrhaft allgemeine Duldung[14] wird am sichersten erreicht, wenn man das Besondere der einzelnen Menschen und Völkerschaften auf sich beruhen läßt, bei der Überzeugung jedoch festhält, daß das wahrhaft Verdienstliche sich dadurch auszeichnet, daß es der ganzen Menschheit gehört« (Finkielkraut 1989, S. 45). Bildung in der multikulturellen und pluralen Gesellschaft sollte an Zielen festhalten, die *Kriterien* für die Akzeptanz oder Zurückweisung »kultureller« (aber vielleicht nicht kulturvoller, d.h. einzelne unterdrückender) Normen und Bräuche bieten.[15]

Eine solche Auffassung wird vehement zurückweisen, wer sich als Postmodernist versteht. Die *Postmoderne* erklärt das Ende der (teleologischen) Geschichte, des Subjektes (und nicht nur des bürgerlichen), der Sicherheiten, ja der Wirklichkeit: Wir bewegen uns nur noch zwischen Sprachspielen und Zeichen.[16] In der Erziehungswissenschaft haben mit Verweis darauf mehrere nun das »Ende der Erziehung« (Giesecke 1985) ausgerufen, in ganz anderer Weise als die Antipädagogen (vgl. u.a. Jung

---

14 Goethes »Duldung« ist die Sprache seiner Zeit für Toleranz zwischen den Völkern. Duldung ist also nicht jenes zähneknirschende Hinnehmen, wie es im heutigen Sprachgebrauch üblich geworden ist. Vgl. auch Duden, Herkunftswörterbuch 1989, S. 139.

15 Béatrice Durand hat (1992) im Hinblick auf die Durchsetzung eigener Kurse und Fakultäten an amerikanischen Universitäten, die auf die Bildung feministischer, schwarzer und schwuler »Identität« gerichtet sind (und nicht mehr auf die Durchsetzung gleicher Rechte), gewarnt vor der Gefahr einer »tribalistischen Entwicklung für die multikulturelle Diskussion, wenn Identitäten mit festen Rändern zur Voraussetzung des Miteinanderlebens gemacht werden« (Durand 1992, S. 14). Was, fragt Durand, macht man, wenn man »weder Frau, schwarz, schwul, Christ, Jude, Latino oder Asiate ist« – und es könnte hinzugefügt werden: Was ist, wenn man das eine oder andere ist, aber auf die jeweilige »Identität« pfeift? Für die Bildungsdiskussion folgt: Es ist wichtig, über seine kulturellen Wurzeln (und Grenzen) Bescheid zu wissen, auch über seine sozialen Rollen und deren Hintergründe – aber Bildung braucht, um den eigenen Aufrechten Gang zu fördern und die Gesellschaft in ihrer Vielfalt zusammenzuhalten, eine für alle gemeinsame theoretische Grundlage. Das kann nur ein für alle Menschen geltendes Konzept sein.

16 Natürlich umgreift auch das Konzept »Postmoderne« die verschiedensten soziologischen und philosophischen Facetten. Ich greife hier jene auf, die in der deutschen Erziehungswissenschaft eine gewisse Bedeutung gewonnen haben. Vgl. im übrigen Welsch 1987.

1986, Marotzki/Sünker 1992, Benner/Göstemeyer 1987). Dieter Lenzen (1987) kommt zu dem Schluß, daß es zwar Erziehungspraxis gebe, es aber nicht mehr die Aufgabe der Pädagogik-Theorie sei, mit einem Bildungsbegriff eine bessere Schulpraxis anzustreben. Vielmehr soll man »Theorien erzeugen, ... die gar nicht mehr den Anspruch erheben, auf Wirklichkeit zu referieren, und so zu Kunst werden« (Lenzen 1987, S. 54); das könnten dann mythische Erzählungen der Erziehung sein. Solcherlei »Rettung der Pädagogik in die mystischen Bereiche der Theologie« (Winkler 1992, S. 173) hat denn auch nichts mehr mit den Problemen von Kindern, Lehrern, Eltern oder gar mit der Ungerechtigkeit und der Gewalt in der Welt der Kinder zu tun. Deren Fragen verachtend, verzückt sich der Elfenbeinturm dieser – etablierten, einflußreichen, Universitätsmacht praktizierenden – Erziehungswissenschaft an seinen eigenen Konstruktionen.

Benner und Göstemeyer (1987) haben mit der rhetorischen Frage, ob in der postmodernen Pädagogik »Analyse oder Affirmation eines gesellschaftlichen Wandels« stecke, auf das Problem verwiesen, daß die vom Verzicht auf Bildung bestimmte »postmoderne« Sicht einen *realen* gesellschaftlichen Wandel (und nicht nur Zeichen-Konstruktionen) anzeigt. Darauf verweist auch Winkler: Das Verhältnis zwischen Alten, Jungen und der zu vermittelnden Kultur verschiebt sich: Was Kinder dürfen (und können), ist einem rapiden Wandel (hin zu vielfältigsten Meinungen) ebenso unterworfen wie die Auffassungen über die Rechte der Erwachsenen gegenüber Kindern. Winkler besteht aber – zu Recht – darauf, daß es ein Generationenverhältnis immer geben werde. Kindheit und Jugend als soziale Rollen, im Sinne gesellschaftlicher Erwartungshorizonte mögen sich zwar inhaltlich ändern (vgl. Kap. 3), bleiben aber als solche von denen der Erwachsenen unterschieden. Neu aber ist und bleibt nicht nur die Vielfalt der Sozialisationserfahrungen, sondern auch die der kulturellen Werte und subkulturellen Lebensweisen. Daher gibt es auch keine unbestrittenen Sicherheiten mehr darüber, was curricular aus dem Spektrum der vielfältigen Kultur zu vermitteln ist: »Ein Comic, der eine spannende Handlung mit schönen Bildern verbindet, ist so gut wie ein Roman von Nabokov; ... ein schönes Fußballspiel ist so gut wie das Tanztheater von Pina Bausch ...«, empört sich Finkielkraut (1989, S. 119f.) im Hinblick auf die postmoderne Verabschiedung von Maßstäben im Bildungssystem.

Winkler schließt nun – in Erörterung der Thesen Lyotards – interessanterweise gerade aus dieser Unsicherheit auf den *neu zu entdeckenden Kern des Bildungsbegriffs*: Er könne sich auf keine Sicherheit mehr be-

30

rufen, er sei insofern endgültig in der Moderne gelandet. Es reiche auch nicht, sich auf »Kultur« im Sinne der Ethnologie (oder gar der Alltagskultur) zu berufen. Die Vielfalt, die Umwege, der Zufall, der Verzicht auf Klarheit gehörten zum eigentlich Pädagogischen: damit die Individuen ihre wirkliche Freiheit gewönnen, die Welt zu interpretieren. Es gebe dann keinen bildungstheoretischen Begriff von Fortschritt mehr, der mehr meint als Erhaltung des (Zusammen-)Lebens. Das schließt bei Winkler jedoch, »zur Barbareivermeidung« wie angesichts der ökologischen Bedrohung des Lebens insgesamt, *ethische und staatsbürgerliche Verantwortung gerade ein.* Dem »Lebenssrecht der Beteiligten« müsse ihr Recht gegeben werden (ebd., S. 183), und das ginge nur durch die politische und ökologische Sicherung der Lebensmöglichkeiten. Das setzt m.E. aber voraus, daß die gesellschaftlichen und politischen Rahmenbedingungen so gehalten sind, daß das »Lebensrecht« sich auch entfalten kann – und daß damit Schulbildung unter diesem Aspekt gerade nicht postmodern-beliebig, sondern wertgebunden (lebenserhaltend, gerecht und friedensfähig) bestimmt wird. Dieser Aspekt wird bei Winkler jedoch nicht ausgeführt.[17]

Die Postmoderne-Diskussion befreit uns von dem Glauben an irgendwelche Selbstverständlichkeiten und normative Hegemonien in der Lebenswelt. Sie verweist uns endgültig darauf, daß der Mittelpunkt der Bildung das Individuum ist – und schließt so den Bogen zur klassischen Bildungsdiskussion, allerdings ohne deren Hoffnung auf Verbesserung der Gesellschaft. Während jene das Medium der Bildung in der »objektiven Kultur« und diese als unstreitig vorgegeben ansah, verzichten die Postmodernisten auf die Inhalte, ja im Extrem auf die Wirklichkeit überhaupt, und bewegen sich im Bereich von Sprache und Wirklichkeitskonstruktionen. *Das löst jedoch kein Problem für die künftigen Generationen. Pädagogik in der Vielfalt muß sich binden an eine Moral, die die Barbareivermeidung, die gleichberechtigte Teilhabe an Kultur (also Gerechtigkeit) und die Vermeidung des ökologischen Untergangs an-*

---

17 Winkler beharrt darauf, daß Handeln, Universalität und Zukunft keine Aufgabe der Pädagogik, einer Bildungsidee mehr seien (ebd., S. 187). Ihm geht es nur noch um die Möglichkeit des einzelnen, seine »Interpretation der Zeichen (zu) ermöglichen, die heute Welt konstituieren« (ebd., S. 185). Da er jedoch den Kampf aller gegen alle und die ökologische Katastrophe vermeiden will, weil er das Leben erhalten möchte, müßte er m.E. über die Bestimmung des Generationenverhälnisses hinaus auf die politisch-ökologischen Rahmenbedingungen reflektieren und ein auf *Handeln – und nicht nur auf Betrachtung und Interpretation – bezogenen Bildungsbegriff entwickeln.*

strebt.[18] Hier ist jede praxisferne Haltung – sei es in Form mythologischer Rückzüge oder von Zeichenspielen – deplaziert, ja, angesichts des Leids der Menschen (und der Handlungszwänge der Lehrer und Eltern) zynisch.

4. Bildung als Pädagogik der Vielfalt in der Gemeinsamkeit

Die Diskussion der historischen wie der aktuellen pädagogischen Antworten auf Wandel und gesellschaftliche Krisen im Zug je neuer Modernisierung hatte die Absicht herauszufinden, was wir davon für unser pädagogisches Geschäft lernen können.

Wir dürfen und brauchen nicht auf einen *Bildungsbegriff*, als Orientierung für unsere pädagogische Praxis, zu verzichten, wenn wir das Leben auf diesem Planeten sichern wollen. »Liebe zum Leben als Grundlage aller Bildung«, wie das Erhard Eppler (1986) nannte, also Verantwortungsethik im Sinne von Hans Jonas (1984), wird zur Basis der Bildung aller.[19] In diesem Sinne gibt es kein Ende der Erziehung, keine postmoderne Beliebigkeit, keine Nicht- oder Antipädagogik. Vielmehr bleibt es die *Aufgabe der älteren Generation* – seien es die Eltern, die Lehrer wie auch die politischen Gestalter der Aufwachsbedingungen der Kinder im weitesten Sinne –, *die Möglichkeit der Zukunft dieser Kinder zu sichern und daran auch die Erziehung zu orientieren.* Diese Generations-Differenz und Generations-Aufgabe ist unaufhebbar. Sie hat heute eine unmittelbare politische Bedeutung: Der bloße Rückzug auf das eigene Schulfach (wie im Fall unserer eingangs dieses Kapitels erwähnten Lehrerin) erwiese sich als verantwortungslos. Die pädagogische Arbeit bleibt – gerade weil sie die Bildung des einzelnen will – gesellschaftlich-politisch.

Liebe zum Leben schließt die gleichwertigen Lebenschancen *aller* ein: Bildung heute darf sich weder theoretisch noch real auf eine Teilgruppe beziehen. Ein Bildungsbegriff für eine Schulart ist theoretisch ebenso obsolet wie für bestimmte Ethnien/Nationen, für Religionen,

18 Hartmut v. Hentig schreibt in einer klärenden Darlegung über Tugenden, Werte und Moral (v. Hentig 1988): »Erziehung ist immer moralische Erziehung, so wie sie immer auch politische Erziehung ist.«
19 Als »ökologische Bildung« wird dies im einzelnen in Kap. 5 dargestellt.

Ideologien oder faktisch für soziale Schichten:[20] Diese würden – notwendigerweise – der individuellen Entfaltung ja immer die Grenze der eigenen Gruppe setzen, also dem Pluralismus so wenig wie der Möglichkeit der gegenseitigen Anregung unterschiedlicher Milieus zur vollen Entfaltung verhelfen. Sie unterlägen immer einem differenten und zwingend »separatistischen« Bildungsbegriff. Die Folge eines gemeinsamen Bildungsbegriffs ist die Aufnahme *aller* Kinder in *eine* Schule.

Bildung kann nicht mehr als Aneignung *begründungsloser objektiver Kultur* verstanden werden. Deshalb muß sich die Schule *entscheiden*: Sie kann sich – wenn Barbareivermeidung überhaupt angestrebt wird – nur auf sehr allgemeine, also universalistische, Werte beziehen, muß diese jedoch (begründet) offensiv verteidigen. Diese Werte sind die Werte der *Menschenrechte, des Lebens- und Entfaltungsrechts des einzelnen, die Anerkennung der sozialen Bedürfnisse, die Erhaltung des vielfältigen Lebens auf diesem Globus überhaupt.*[21] Sie brauchen nicht aus einer »Natur« des Menschen abgeleitet zu werden, sondern ergeben sich aus dem Willen, daß die Menschen sowohl different sein können als auch different zusammenleben. Das hat ganz konkrete Folgen: Bildung als Pädagogik der Vielfalt ist in jeder Hinsicht koedukativ; sie schließt Ausländerfeindlichkeit ebenso offensiv aus wie die Aberkennung der gleichen Rechte verschiedener sozialer Gruppen. Sie bindet jedoch diese an die Gemeinsamkeit: eben an die offensive Verteidigung universalistischer Werte für das Zusammen- und das Überleben in der ökologischen Krise und der atomaren Zerstörungsfähigkeit.

Bildung in der ökologischen Krise verzichtet also einerseits auf gesellschaftliche Fortschrittshoffnungen, bindet sich jedoch andererseits an Handlungsbereitschaft und individuelles Wachstum. »Wir haben uns so zu verändern, daß die Katastrophe ausbleibt«, wie Egon Becker (1986, S. 261) schreibt. Bildung für das Ende des Jahrhunderts ist nicht wissenschaftsfeindlich, sondern wissenschaftsskeptisch – ohne zu glauben, es gebe ohne Wissenschaft die Möglichkeit, den von ihr produzierten Verhältnissen zu entrinnen. Sie ist universalistisch, und doch – vielmehr: gerade deshalb – ist das Partikulare der sozialen Milieus, der Le-

---

20 Meist werden Bildungsziele allgemein formuliert, real sind sie jedoch oft auf eine Gruppe bezogen, wie etwa das Bürgertum (die gymnasiale Bildungsidee), die Arbeiterkinder (die Hauptschulpädagogik) usw.

21 Ähnliches steht zwar in manchen Schulgesetzen und Rahmenplänen; jedoch ist die Schulpädagogik als Wissenschaft wie als Praxis weit davon entfernt, darüber einen Konsens zu haben.

bensräume von ethnischen Gruppen, des Alltags einzelner in unterschiedlichen Familienkonstellationen der Ausgang aller Bildungsprozesse, um von dort zum Unbekannten, zum Fremden, zum Universellen aufzubrechen. »Die Möglichkeitsbedingungen von Überleben, Befreiung und universeller Bildung fallen zusammen« (Becker 1986, S. 265).

So verbindlich also Bildung als Bildung für die Erhaltung der Welt und der Möglichkeit des Zusammenlebens in der Krisengesellschaft sein muß, so plural muß sie zugleich in allen übrigen Bereichen sein: Lebensformen, ethnische Kulturen, Aneignungsgegenstände sind in ihrer Relevanz nur durch die großen Verbindlichkeiten (s.o.) begrenzt. Hier hat nicht *eine* Religion, *eine* pädagogische Richtung, *eine* nationale Kultur, *eine* Gruppe (ein Geschlecht, eine soziale Schicht, eine Lebensweise) das Recht auf Vorherrschaft (etwa im Curriculum). *Pädagogik der Vielfalt zielt auf sozial gleiche Chancen, um Individualität zu entfalten, und ist nicht-hegemonial orientiert* (vgl. auch Prengel 1989, S. 237ff.)[22]. Das schließt die Didaktik bzw. das Lehrer-Schüler-Verhältnis ein: Die Vielfalt der Interessen, Fähigkeiten, Lernwege und Tätigkeiten der Schülerinnen und Schüler kann sich nur in einem von völliger Durchplanung freien Klima bildend entfalten. Sie ist begrenzt durch die möglichen Konflikte mit anderen (gleichen Rechts) und durch die großen Verbindlichkeiten.

Das Kind ist in diesem Konzept nicht ontologisch überhöht und abstrakt. Kinder sind von Anfang an von ihren konkreten Lebensumständen her zu sehen, und Bildung findet dann statt, wenn diese Bedingungen als solche auch Gegenstand schulischer Bearbeitung, ohne deren Idealisierung, werden. »Vom Kinde aus« schließt also nicht nur die Anerkennung psychologischer Entwicklungsschritte, nicht nur die Anerkennung der grundsätzlich *aktiven* Lebensäußerung, sondern auch die der je konkreten sozialen Verhältnisse mit ein. Dabei sollten wir auf ein Verständnis vom Kind verzichten, das auf den Trennungen der Aufklärung beruht, aber auch nicht von dem Ganzheits-Verständnis der klassischen Reformpädagogik her denken. Vielmehr sollten wir von einem *ganzheitlichen Lern- und Bildungsverständnis ausgehen, das alle*

---

22 Das hieße beispielsweise: Im Unterricht werden die verschiedenen Formen erwachsenen Zusammenlebens, wie wir sie kennen, dargestellt, untersucht, ihre Probleme, Erfahrungen und Chancen; aber weder wird vom Curriculum oder den Lehrern her die klassische Familie, die Ehe ohne Trauschein noch werden andere Lebensformen propagiert. Das schließt jedoch die Kenntlichmachung des eigenen Lehrer-Lebens-Stils nicht aus, sondern gerade ein.

Aspekte menschlicher Lebens- und Wachstumsäußerung nicht-hierarchisch vernetzt interpretiert (die Sinne, das Denken, die Gefühle, die Tätigkeit usw.).

Ich stelle in Kap. 3 dar, daß ein zentrales Problem *heutiger Kinder* unter Individualisierungszwängen (und -chancen) die Gefahr sozialer Isolation ist. Schulische Bildung hat die Aufgabe, dieser Gefahr bewußt entgegenzutreten, also das *Soziale stärker in den Mittelpunkt des Schullebens und des »normalen« Fachunterrichts zu rücken* (vgl. Kap. 4). *Bildung in der indviidualisierenden Gesellschaft zielt also auf das Individuum in der Gemeinsamkeit,* ja diese rückt – ganz ohne Bezug auf Kollektive welcher Art auch immer – in den *Mittelpunkt* der pädagogischen Unterstützung für das Individuum: Die Fähigkeiten für soziale Praxis, also für befriedigende Beziehungen müssen sich Kinder und Jugendliche heute *bildend aneignen.* Auch hier gibt es keine Selbstverständlichkeiten, keine familialen Automatismen mehr.

Bleibt die Frage nach den *Inhalten,* nach dem, was für viele früher im Mittelpunkt von Allgemeinbildung stand. Wie bestimmen sich diese unter Pluralisierungsbedingungen, vor allem angesichts der Unmöglichkeit prognostischer Qualifikationsaussagen? Politisch festgelegte Lehrplankonzepte von »Allgemeinbildung« sind zum Scheitern verurteilt.

Andererseits sind die Inhalte nicht postmodern-beliebig: Wenn die Friedensfähigkeit wesentlicher Teil der Schulbildung ist, dann gehören entsprechende Inhalte, an denen dieses Thema historisch und aktuell bearbeitet werden kann, in jede Schule. Wenn ökologisch angemessenes Handeln Teil der Bildung werden soll, dann sind die Ursachen der Umweltzerstörung, die Naturwissenschaft, ihre Philosophie wie ihre Ergebnisse ebenso Unterrichtsgegenstand wie die technischen Umsetzungen und ihre politischen Rahmenbedingungen. Wenn das Gemeinsame im Verschiedenen gesucht wird, dann sind *lebendige* Fremdsprachen Teil jeder Bildung[23]. Wenn Kinder Solidarität mit anderen Kindern dieser Welt entwickeln sollen, dann müssen die Fragen der Lebensmöglichkei-

---

23 Montaigne hielt das schon vor 400 Jahren für nötig, im Gegensatz zu der damals verbreiteten Auffassung unter Humanisten, Griechisch und Latein sei wichtiger, und er plädierte dafür, anzufangen »bei den benachbarten Nationen, deren Sprache am weitesten von der unsrigen abweicht (also die deutsche – PL), und in die sich, wenn man sie nicht beizeiten dazu bildet, die Zunge nicht mehr finden kann«. Dies auch, um »vorzüglich das Wesen dieser Völker und ihre Gebräuche zu erkunden und unseren Geist an dem ihren zu scheuern und zu feilen« (Montaigne 1984, S. 190) – also um sich zu bilden am Fremden.

ten der Kinder aus aller Welt auf den Schultisch. Wenn Bildung ganzheitlich verstanden wird, dann werden ästhetische, körper- und bewegungsbezogene Fächer und Inhalte einen zentralen Platz einnehmen müssen. Andererseits ergibt sich aus der Pluralität, daß die Schwerpunkte jeder Schule, ja die Lernprozesse in jeder Klasse different sein können: Spielräume, aktuelle Anlässe, Möglichkeiten zur Bearbeitung von Inhalten durch einzelne oder kleinere Gruppen – parallel zu den Lernprozessen der übrigen – müssen möglich sein. Bildung im Spannungsverhältnis von universellen Basiszielen und partikularen Lebenserfahrungen hält am Gemeinsamen im Differenten fest, auch in den didaktischen Formen des Unterrichts.

Ich komme zum Schluß. Die Gefahren und Chancen in den Aufwachsbedingungen und gesellschaftlichen Verhältnissen Ende unseres Jahrhunderts machen eine Orientierung an einem Bildungskonzept sowohl möglich wie auch nötig – trotz, ja gerade wegen der Pluralität. Wenn ich versuche, dieses Bildungskonzept *in eine Leitfigur* zu übersetzen, dann wäre sie lebensorientiert, körperliebend, friedensfähig, hartnäckig demokratisch, auf Neues und Fremdes neugierig, selbständig und eigenaktiv, andere respektierend, einfühlsam, sozial orientiert und solidarisch gegenüber Benachteiligten, die nicht die gleiche Chance der individuellen – ganzheitlichen – Entfaltung haben.

Die Beiträge in diesem Buch sind der Versuch, dieses Bildungsverständnis einer Pädagogik der Vielfalt in der Gemeinsamkeit an ausgewählten – aber wesentlichen – schulpädagogischen Themen zu entfalten.

Zum Weiterdenken könnten anregen:

Finkielkraut, Alain: Die Niederlage des Denkens. Reinbek 1989
Key, Ellen: Das Jahrhundert des Kindes. Weinheim 1992 (1902)
Marotzki, Winfried/Sünker, Heinz (Hrsg.): Kritische Erziehungswissenschaft –
  Moderne – Postmoderne. Weinheim 1992

Kapitel 3
Kinder in Deutschland

Veränderte Kindheit und Folgen für die Schule

Um groß zu sein, sei ganz: entstelle und verleugne nichts, was dein ist. Sei ganz
in jedem Ding. Leg, was du bist, in dein geringstes Tun. So glänzt in jedem See
der ganze Mond, denn er steht hoch genug.

Fernando Pessoa, portugiesischer Buchhalter und Poet, 1933[1]

1. Yvonne und Thomas – Kindheiten aus Ost und West

Wir befinden uns im Sommer 1992. Das »einig Vaterland« Deutschland
besteht seit nun fast zwei Jahren. Thomas aus Hamburg, 19 Jahre alt, hat
sein Abitur hinter sich gebracht und überlegt nun, ob er nach dem Zivil-
dienst Volkswirtschaft studieren soll oder ob eine Banklehre eine schnel-
lere Karriere verspricht. Thomas will mit Yvonne auf jeden Fall im
Herbst zusammenziehen, die Eltern kommen für die Miete auf. Die beiden haben sich kennengelernt, kurz nachdem Yvonne im Sommer 1989
mit ihrer Mutter aus Schwerin über Ungarn in die Hansestadt kam.
Sie will Lehrerin werden. Heiraten? Vielleicht, falls sie mal ein Kind
wollen ...

Thomas ist Kind der Wohlstandsgesellschaft West, 1973 geboren, als
die Studentenbewegung und die Ära Brandt schon vorbei waren, die re-
gierenden Sozialliberalen ihr »Modell Deutschland« – sozial, liberal,
bescheiden – praktizierten, wogegen die RAF bombte und die linken Intellektuellen den Marsch durch die Institutionen der Kultur, der Schulen,
der Hochschulen erprobten. Thomas hatte das Glück, daß seine Mutter
die aufrührerischen Schriften über neue Erziehungsmethoden in antiau-
toritären Kinderläden, über das notwendige Auslebenlassen der prägeni-
talen libidinösen Triebfreuden bei Kindern und über die notwendige Beteiligung der Männer an der Hausarbeit gelesen hatte und mit List und

---

1 Gedicht aus: Fernando Pessoa: Alberto Caeiro/Ricardo Reis (Heteronyme):
   Dichtungen/Oden. Zürich 1986, S. 173.

37

Tücke umsetzte. Sie war ein typisches Kriegskind, 1941 geboren, hatte noch die Luftangriffe auf Hamburg miterlebt und die Nase voll von Krieg und Elend und Hetze gegen andere »Rassen«.

Für Thomas' Eltern war immer klar, daß ihr Sohn studieren sollte. Seine Überlegung, ob er nicht lieber eine (Bank-)Lehre machen sollte, erfüllte sie – beide aus bildungsbürgerlichen Familien – mit Sorge: Nur ein Studium sei für ihn das richtige. Das sei doch kein Leben, als Bankangestellter! Überhaupt waren sie mit seinem Spaß an Wochenend-Disco, teuren Klamotten, seinem selbstverdienten ersten Auto und seiner riesigen Platten- und CD-Sammlung nicht so recht einverstanden. Er wieder konnte mit der Wand voller Bücher, die sein Vater zu Hause hortete, wenig anfangen. Dasitzen und lesen, fast jeden Abend: wie langweilig!

Yvonne ging es weder bei ihrer Mutter, die allein lebte, noch in ihrer Schule schlecht. Ihre Mutter war Krankenschwester in Schwerin. Am Wochenende fuhren die beiden, oft mit Freunden Yvonnes, raus zu ihrer kleinen Datsche an einem mecklenburgische See. Yvonne war eine gute Schülerin, nur mit ihrem Pionierengagement lahmte es etwas ... Die Schulleiterin führte deshalb, wie Yvonne berichtete, auch zweimal mit ihr ein freundliches, aber durchaus nachhaltiges Gespräch; schließlich stand der Übergang von der Polytechnischen Oberschule (POS) in die Erweiterte Oberschule (EOS) – Westler würden sagen: in die gymnasiale Oberstufe – bevor. Und wie auch Yvonne wußte, zählten bei den festgelegten Übergangsquoten nicht nur die Noten ... Der Sprung von Schwerin über Ungarn nach Hamburg war für Mutter und Tochter eine Entscheidung für mehr Freiheit und ersehnten Wohlstand; sie ahnten nicht, daß sie ihre Freunde, ihr Wochenendhaus und ihre Heimatstadt so schnell wieder würden sehen können. (Zurück wollten sie erst einmal nicht.)

Yvonne und Thomas sind beide recht typische Kinder der »Konsumkinder-Generation« beider deutscher Risikogesellschaften, deren Eltern aus der »Kriegs- und Nachkriegs-Generation« stammen. Sie trennen nicht nur fast 30 Jahre Erfahrung. Den Älteren in Ost und West – die aber auch erst 50 Jahre zählen – sitzt die Kindheit in und nach dem Krieg und ihre so unterschiedliche Jugend in den 50er Jahren im Nacken. Für Westdeutschland sind diese Kindheitsbedingungen mehrfach beschrieben worden (Preuss-Lausitz u. a. 1983; Lessing 1984; Jugendstudie 1985; Büchner 1985; Ziehe 1991), für die DDR gibt es darüber (noch?) keine Biographien und Studien. Die westdeutschen Kriegs- und Nachkriegskinder haben als Jugendliche, wenn sie proletarischer Herkunft waren, den Halbstarkenkrawallen Ende der 50er Jahre nahegestanden, als Bürgerskinder oft die Studentenbewegung mitgetragen; später waren viele von ihnen auch die ersten Trägerinnen der neuen Frauenbewegung. Sie haben Hunger, Armut, existenznotwendige Kinderarbeit und räumliche und geistige Enge noch kennengelernt und vielleicht deshalb später beim Essen, Konsum und Herumreisen so bedenkenlos zugelangt. Sie haben als Kinder viel Freiheit gehabt – weil die Eltern beschäftigt waren –, aber auch viel Repression erlebt. »Der Muff der 50er Jahre«, auch in der Schule, ist für viele dieser Generation abschreckender Bewertungsmaßstab für Heutiges. Nicht zuletzt: Diese Generation rückt in den 90er Jahren in die entscheidenden Positionen in Politik, Wirtschaft, Kultur. Sie stellt jetzt die meisten Lehrer.

Ich will aber nicht über die Eltern sprechen, obwohl keine Lehrerin und kein Lehrer vergessen sollten, welche Generationserfahrungen, welche Biographien und Einstellungen eigentlich die Eltern ihrer Schüler haben. Uns interessieren zuerst die Schülerinnen und Schüler.

Genügte es nicht, aus den Lehrbüchern der Psychologie und der Anthropologie das herauszufiltern, was wichtig ist für die 18jährigen, die 13jährigen, die 6jährigen? Gibt es nicht allgemeine Phasen der geistigen Entwicklung, ob sie nun von Piaget, Leontjew oder Kohlberg beschrieben wurden? Haben die Reformpädagogen seit Rousseau – gegen die Nürnberger-Trichter-Pädagogik zur Züchtung arbeitsamer Untertanen – nicht auf dem »natürlichen Wesen des Kindes« beharrt (dies »Natürliche« allerdings sehr unterschiedlich beschrieben)? Genügt es nicht, diesen Erkenntnissen zu folgen, um dem »Jahrhundert des Kindes« (Ellen Key 1902) – endlich! – zur Geltung zu verhelfen? Reicht es nicht aus zu wissen, wie Menschen generell lernen, um daraus einen guten Unterricht zu machen? Und genügt nicht das Wissen über die Sozialisationsprozesse der Kinder und Jugendlichen, wie es seit einigen Jahrzehnten immer differenzierter erzählt wird, etwa im deutschen Sprachraum von Ulich/Hurrelmann (1991), Geulen (1977), Tillmann (1989) oder Fend (1988), um nur einige ganz subjektiv auszuwählen?

Die Fragen sind rhetorisch. Die Kenntnis dieser Theorien und Tatsachen ist nützlich, aber sie muß ergänzt werden durch die Wahrnehmung der Lebenswelten *heutiger* Kinder. David, der Cousin von Thomas, kommt 1992 in die Schule. Er wurde geboren, als die Katastrophe von Tschernobyl geschah. Bundesrepublik und DDR hatten sich miteinander arrangiert. Im vom US-Präsidenten Reagan so genannten »Reich des Bösen« versuchte ein Gorbatschow, mit der Propagierung von »Glasnost« und »Perestroika« das Bewußtsein über das schlechte Sein zur

Herrschaft kommen zu lassen. David wird, wenn er es schafft, im Jahr 2005 Abitur machen. Er gehört vielleicht zur ersten Generation, für die das ganze Deutschland – »in den Grenzen von 1990« – selbstverständlich ist und die die Geschichten von Maueraufbau und Mauerdurchbruch bestenfalls als Familienanekdoten kennt (und als Schulstoff lernen muß, mit einem Test am Ende der Unterrichtseinheit).

Wir reden von Thomas, Yvonne und David; dabei haben wir Murat, den neuen Freund Davids, nicht vergessen: 12% aller Schülerinnen und Schüler (in den alten Bundesländern) sind nichtdeutscher Herkunft.[2] Gerade in Hamburg gibt es viele Türken (und Kurden), aber auch die portugiesische und die spanische Gemeinde sind relativ groß. Was haben sie gemein mit den deutschen Kindern, was trennt sie? Es ist ebenso traurig wie wahr, daß die meisten Untersuchungen über Kinder in Deutschland sich auf (west-)deutsche Kinder beschränken. Wir wissen relativ wenig von den subjektiven Erfahrungen nichtdeutscher Kinder; sie sind kaum je gefragt worden.[3]

Wir haben auch wenig empirische Kenntnisse von Kindheiten in der damaligen DDR: Empirische Forschung über Kinder, in der diesen das Wort gegeben worden wäre, und dies auch noch veröffentlicht, gab es so gut wie gar nicht. (Erst 1991 wurden nachträglich Forschungen über DDR-Jugendliche veröffentlicht, vgl. Hennig/Friedrich 1991).[4]

Wir können zwar grobe Gemeinsamkeiten ganzer Kinder-Generationen feststellen, ja gelegentlich auch besonders prägende Erfahrungen (wie den Krieg oder den Zusammenbruch der DDR); aber heute müssen wir zugleich von einer *Vielfalt kindlicher und jugendlicher »Lebenswelten«* ausgehen. Mit Lebenswelt ist hier das gesamte Ensemble der Alltagsstrukturen und ihrer subjektiven Verarbeitung gemeint. Vielfalt der

---

2   Die folgenden bundesweiten Daten beruhen auf Angaben verschiedener Fachserien bzw. der Statistischen Jahrbücher der Bundesrepublik bzw. auf den Angaben des Stat. Amts der ehemaligen DDR, das nun in Ost-Berlin als Teil des Stat. Bundesamtes geführt wird. Z.T. eigene Berechnungen.

3   Hinzu kommt, daß die Forscherinnen und Forscher selbst – ich schließe mich da ein – aufgrund ihrer sozialen Lage differenzierter über die Mittelschichtkinder als über Arbeiterkinder (oder gar Kinder sozial ausgegrenzter Familien) sprechen können.

4   Die »Jugendstudie '92« unternahm einen ersten empirisch abgesicherten Schritt zur Darstellung der Differenzen und Gemeinsamkeiten in den Jugenderfahrungen aus sog. alten und neuen Bundesländern (vor allem in Band 3).

Lebenswelten und Gemeinsamkeit von Generationserfahrungen schließen sich nicht aus, sondern bilden eine Spannungseinheit. Die Vielfalt der Lebenswelten läßt sich durchaus gruppieren, wie das Soziologen tun: Bündelungsversuche unter ethnischen, sozialen, geschlechtsspezifischen, kulturellen, regionalen und ökonomischen, ja immer noch zuweilen auch unter religiösen Aspekten machen ja Sinn, weil dadurch teilweise differente Lebenserfahrungen deutlich werden.[5] In der Pluralität der Lebenswelten, die Kinder in der Kindertagesstätte, auf dem Spielplatz, in der Schule ja täglich erfahren, stecken Gefahren und Chancen: Gefahren, weil bei Kindern Irritationen über die »Richtigkeit« der Lebensform der eigenen Familie auftreten können; Chancen, weil aus der Konfrontation mit mehreren, unterschiedlichen Lebensformen anderer Kinder und Erwachsener Selbsterkenntnis, Kritikfähigkeit, Selbständigkeit und Weltoffenheit früh gelernt werden können. Es hängt vermutlich von den Umgangsformen und »Erziehungsstilen« zwischen Erwachsenen und Kindern ab, ob die Chancen genutzt und die Gefahren vermieden werden können.

2. Generationsgemeinsamkeiten heutiger Schülerinnen und Schüler

Trotz des Beharrens auf Vielfalt will ich auf einige Generationsgemeinsamkeiten der Kinder der 80er und 90er Jahre hinweisen und erörtern, was daraus für sie (und unser pädagogisches Geschäft) resultieren könnte.

● Von vielen wurde schon darauf hingewiesen, daß es *weniger Kinder pro Familie* und eine *Vielfalt von Formen des Zusammenlebens von Kindern mit Erwachsenen* gibt (u.a. Beck 1986). Langfristig nimmt die Ver-

---

5 Bei dieser Bündelung gruppenspezifischer Gemeinsamkeiten besteht die Gefahr, daß daraus leicht kollektive Zuschreibungen werden. Gerade bei der Rezeption etwa durch Lehrer kann dadurch die offene Sicht auf die konkreten (Schüler-)Individualitäten versperrt werden: Wer etwa aus der Forschung weiß, daß türkische Jungen *durchschnittlich* häufiger als deutsche Jungen an patriarchalischen Männer- und Jungen-Vorstellungen hängen, der tritt mit der Erwartung entsprechenden Verhaltens schon seinen türkischen Schülern gegenüber – und übersieht leicht Anzeichen für davon abweichende Haltungen. Wenn die »Prophezeiung« des patriarchalischen Türkenjungen sich selbst erfüllt und dieser sich dann der Erwartung fügt, ist der Zirkel geschlossen.

wandtschaft rapide ab, weniger Geschwister bedeuten für die nächste Generation weniger Onkel und Tanten, Cousins und Cousinen. Mehr als die Hälfte (53%) aller Haushalte mit Kindern haben nur *ein* Kind; in einem Drittel (36%) aller Haushalte wohnen zwei Kinder unter 18 Jahren, in 9% drei und in verschwindenden 2% vier oder mehr Kinder (Stat. Bundesamt 1988, alte Länder). In diesen Zahlen sind die ausländischen Familien mitgerechnet. Übersetzt heißt dies: 33% aller Kinder und Jugendlichen (unter 18 Jahren) sind Einzelkinder, 44% haben ein Geschwister, 16% zwei und 7% drei oder mehr. In einer statistisch durchschnittlichen Klasse von 25 Schülern wären also 8 Einzelkinder, 11 mit einem Geschwister, vier mit zwei und rd. zwei mit drei oder mehr Geschwistern (vermutlich Ausländer).

Diese Verhältnisse sind übrigens in der DDR nicht viel anders, ja noch deutlicher gewesen: Schon 1981 hatten zwei Drittel (69%) aller Haushalte nur ein Kind (unter 17 Jahren). 50% aller Kinder waren Einzelkinder, 37% hatten ein Geschwister, 9% zwei und 4% drei oder mehr. Diese noch deutlichere Entwicklung zum Ein-bis-zwei-Kinder-Haushalt dürfte durch den verschwindenden Anteil ausländischer Familien in der DDR verstärkt sichtbar sein.

Denn nur Familien nichtdeutscher Herkunft, insbesondere aus dem Mittelmeerraum, und Übersiedlerfamilien aus Osteuropa haben (noch) durchschnittlich 3–4 Kinder.

Mangels Geschwistern entfallen häufig Erfahrungen mit gegengeschlechtlichen Kindern, massiver als früher. Viele Eltern besonders der Mittelschichten haben auf diese wohl unumkehrbare (vgl. Klemm u.a. 1990) deutsche Entwicklung schon reagiert: Sie organisieren für die Kleinkinder, ja auch noch für Kinder im Grundschulalter deren soziale Kontakte, sie fördern gegenseitiges Übernachten, sie managen Kindergeburtstage und Spieltage. Auch die Kinder selbst müssen heute, bei Strafe der sozialen Isolation, *sich gezielt um Spielpartner bemühen*. Freundschaften erhalten ein noch größeres Gewicht als früher: Wer keine Freunde hat, der hat überhaupt keine Gleichaltrigenkontakte, wenn er oder sie allein aufwächst (vgl. auch Faulstich-Wieland 1992). Der *Gefahr der sozialen Isolation* sind heute viele Kinder ausgesetzt; aber darin steckt auch die Chance, früh zu lernen, wie man auf andere Menschen so zugeht, daß sie einen brauchen – eine soziale Fähigkeit, die bis ins Alter hinein wichtig ist.

Ulrich Beck beschreibt, wie wir in unserer »Risikogesellschaft« (1986) gezwungen sind, unsere Biographien selbst zu basteln, ständig Veränderungen auszuhalten oder gar einzuleiten, so daß jede und jeder sich selbst als Planungsbüro für sein Leben verstehen muß. Der Verlust aller sozialer Selbstverständlichkeiten und der krasse Individualismus, die darin zum Ausdruck kommen, gelten auch schon für viele Kinder. *Kinder erleben die Trennungen ihrer Eltern oder die der Eltern ihrer Freunde.* 10–20% aller Schülerinnen und Schüler sind heute *Scheidungskinder*, je nach Region; 1989 wuchsen in der Bundesrepublik 15%, in der damaligen DDR 18% aller Kinder und Jugendlichen in *Ein-Eltern-Beziehungen* auf, andere in nicht formalisierten Partnerschaften, sog. »nichtehelichen Lebensgemeinschaften«; das waren laut amtlicher bundesdeutscher Statistik, die hier ungenau sein muß, rd. 100.000 Kinder und Jugendliche. Kinder müssen heute lernen, mit Trennungen zu rechnen, oft auch, Trennungen zu verarbeiten und zugleich Regeln des Zusammenlebens jeweils neu auszuhandeln, etwa mit dem neuen Partner der Mutter (Büttner/Ende 1990). (Mutter ist vielleicht *auch* ohne Vater aufgewachsen, weil dieser im Krieg umkam; ein oft idealisierter toter Kriegsvater ist in seiner emotionalen Bedeutung für die Kinder etwas anderes als ein von der Mutter im Streit geschiedener Vater, den manche Kinder noch als gelegentlichen Wochenendvater oder Spielvater erleben.)

Viele Kinder stehen heute in der *realen Angst, geliebte Erwachsene zu verlieren*, selbst wenn dies nicht durch das Verhalten der eigenen Eltern begründet ist – sie wissen, was an Familienkatastrophen in ihrer Schulklasse existiert. Die »Krisenkindheit« wird hierbei besonders deutlich. *Ihre Sehnsucht ist die Sehnsucht nach Verläßlichkeit, stabiler Liebe, Vertrauen, zugleich aber auch der Wunsch nach Akzeptanz ihrer Zuwendungswünsche, ihrer Ängste, ihres Leidens* (v. Hentig 1975, Winkel 1991). Pädagogen können solchen Kindern gegenüber keine Eltern ersetzen; aber sie können lernen, solche Gefühlszustände überhaupt wahrzunehmen, und damit auch zulassen, Ängste, Leid und Trauer auszudrücken. Die Schule sollte ein Ort werden, wo Kinder mit Erwachsenen vertrauensvoll und vertraulich über ihren Kummer sprechen dürfen, ohne als Heulsusen-Mädchen oder als Waschlappen-Junge zu gelten.

● Viele Kinder in Deutschland sind heute viel *wohlhabender* als noch vor einer oder zwei Generationen. Kinder müssen meist nicht arbeiten, nicht einmal im Haushalt, und sie können oft selbst viel Geld ausgeben. Weil sie *Konsumkinder* sind, sind sie oft kenntnisreicher auf dem Warenmarkt als ihre Eltern und Lehrer (besonders was Technik und Kleidung betrifft, Mädchen wie Jungen). Wer die Armut der Kriegs- und Nachkriegskinder vor 40-50 Jahren bei uns oder die Armut der Kinder in vielen anderen Ländern dieser Erde bedenkt, sollte darüber froh sein. Zugleich steckt in diesem Reichtum die Gefahr, daß Kinder zu unsolidarischen, bornierten Ego-Monstern werden, die die Ellenbogengesellschaft als die beste aller möglichen Welten verinnerlichen. Die weltweiten Probleme von Reichtum und Armut müssen daher, ausgehend von Kinder- und Jugenderfahrungen, Gegenstand schulischer Bildungsprozesse werden (vgl. Kap. 2).

In den fünf neuen Ländern herrschen nach dem wirtschaftlichen Zusammenbruch der DDR verbreitet Arbeitslosigkeit, Kurzarbeit, Zeitarbeit über AB-Maßnahmen u.ä.; wie werden die Kinder nach den Jahrzehnten der Arbeitsplatzgarantie nun die Arbeitslosigkeit der Eltern – besonders häufig der Mütter – erleben? Was lernen die Kinder in den »neuen Ländern« diesbezüglich seit 1990? Wir wissen es (noch) nicht. Könnte es sein, daß sie aus dem massiven Arbeitplatzverlust ihrer Eltern – einem Generationenschicksal der 50–60jährigen – und dem Verlust zahlreicher Einrichtungen speziell für Jugendliche lernen, daß gesellschaftlichen Versprechungen und Sicherheiten zu mißtrauen ist, daß jeder/r auf sich selbst gestellt bleibt? Könnte es sein, daß sie die ökonomisch bescheidene Lage der Familie den Eltern vorwerfen, wo sie doch wie diese hofften, die »Wende« werde ihnen all die Konsumwünsche erfüllen, die auch die Kinder verinnerlicht haben (Behnken u.a. 1991)? Kindheit in Ostdeutschland wird in den 90er Jahren zwar keine Armuts-Kindheit – wie die ihrer Eltern als Kinder – sein, könnte aber doch geprägt sein von der Diskrepanz zwischen den gestiegenen Ansprüchen und Zukunftshoffnungen und ihrer Realisierung. Könnte es sein, daß die Kinder in diesen Ländern die Zwei-Drittel-Gesellschaft überwiegend geographisch erleben, nämlich als kollektives Schicksal ihrer eigenen Herkunft?

● Martha Muchow hat in den frühen 30er Jahren ein wunderschönes Buch geschrieben über die (proletarische) »Straßenkindheit« im alten Hamburg (Muchow 1978). Sie hat dargestellt, wie die Kinder nach der Schule ihre Freunde dadurch trafen, daß sie einfach die »üblichen« Treffs aufsuchten – meist in der Nähe der gelegentlich durchs Fenster kontrollierenden Mütter, und wie sie sich den öffentlichen Raum und sein »Mobiliar« phantasievoll aneigneten. Diese Straßenkindheit stirbt aus – wegen der Entkernung der Städte (und der damit verbundenen geringeren Wohndichte), wegen der geringeren Kinderzahl und wegen des Umbaus der Straßenlandschaft, vor allem wegen der rapiden Zunahme von Autos. *Straßenkindheit geht immer mehr verloren zugunsten einer (pädagogisierten) Innenraumkindheit* – in Kinderzimmern, in Kindertagesstätten, in Sportvereinen, Jugendheimen usw.[6]

Der öffentliche Raum wird, wenn also überhaupt noch, von Kindern sehr unterschiedlich genutzt. Studien zeigen, daß er eher ein von Jungen als von Mädchen besetzter Raum ist (Nissen 1990, Rauschenbach/Wehland 1989, S. 134). Kinder müssen vor allem immer häufiger gezielt von einer geplanten Aktivität (etwa in einem Verein) zu einer anderen (etwa auf einem Spielplatz) wandern; Helga Zeiher spricht von *»verinselten«* *Orten der Kinderaktivität* (Zeiher 1983, Zeiher/Zeiher 1991, Harms u.a. 1985). So wird der Raum spätestens im Alter von neun oder zehn Jahren, wenn Vereine, Verabredungsorte oder Geschäfte aufgesucht werden, immer mehr nur noch zum Hindernis, das durchquert werden muß; die Aneignung durch Verweilen, Umdefinition der Straßen und Plätze für kindliche Aktivitäten geht verloren. Allerdings eignen sich allen mechanistisch-pessimistischen Sozialisationskonzepten zum Trotz Kinder und Jugendliche auch die für sie *nicht* vorgesehenen Orte gelegentlich immer noch so an, daß sie ihm ihren subjektiven Sinn (im Sinne Muchows) geben können. Je eintöniger oder verkehrsbelasteter jedoch diese Räume sind, desto weniger Möglichkeiten sind für diese Umdefinition gegeben.

Um sich im öffentlich Raum überhaupt mit anderen zu treffen, bedarf es heute der (meist telefonischen) Verabredung, der *Planung*, des Abwägens von Terminen. Moderne Kindheit schließt Planung auch für das Herumtoben ein.

● Viele Kinder wachsen heute nachweislich häufiger als noch vor einer Generation oder gar während der Nazi-Zeit in *liberaleren, triebfreundlicheren* Familien auf, auch als Ergebnis der Kulturrevolution nach 1968 (Reuband 1992). Diese Kinder gewinnen leichter ein angstfreies, lustbetontes, unneurotisches Verhältnis zu ihrem Körper (ausführlicher Kap. 9). Die *Erziehungsziele* der Eltern, auch viele Formen ihres Umgangs mit den Kindern (und zwischen Vater und Mutter!) haben sich geändert. Peter Büchner beschrieb das als den Wandel »vom Befehlen und Gehorchen zum Verhandeln« (1983). Ausgehandelt werden die Ausgeh- und Bettzeiten, das Taschengeld, das Essen, die Fernsehnutzung. Das

---

6 Nach der Wende erlebten viele Jugendliche in Ostdeutschland schmerzlich den Verlust ihrer Jugendheime und fanden sich nun doch ganz »unmodern« auf der Straße wieder – ohne dort noch etwas Sinnvolles anfangen zu können.

Verhandeln setzt die Wahrnehmung unterschiedlicher Interessen voraus. Und das heißt, daß nicht nur die Eltern sich nicht »opfern« für ihre Kinder (wie noch die Mütter-Generation davor), sondern auch, daß die Kinder wissen (müssen), was sie wollen. Verhandeln – das ist der »herrschaftsfreie Diskurs« (Habermas) im Familienkreis, das Ausbalancieren grundsätzlich gleichberechtigter Wünsche. Diese Erziehungshaltung ist ein historisch alle Schichten berührender Trend, trifft aber nach wie vor eher für Mittelschichtfamilien zu (du Bois-Reymond u.a. 1992).

Die schuldfreiere Lust *am eigenen Körper*[7] zeigt sich bei der Expansion der Sportaktivitäten bei Jungen und Mädchen (Büchner 1990) ebenso wie beim Vergnügen am individuellen, expressiven Tanz, beim Musikkonsum (Zimmermann 1984) oder bei der frühen, selbstverständlicher gewordenen Aufnahme sexueller Beziehungen bei Jugendlichen (Allerbeck/Hoag 1985). Auch die gewachsene Toleranz gegenüber abweichendem sexuellen Verhalten hängt eng mit diesen positiven Körpererfahrungen zusammen (Preuss-Lausitz 1987). Die notwendige Debatte über Kindesmißhandlung und -mißbrauch ist dazu kein Gegenargument; vielmehr wird der Gesellschaft erst jetzt der Kindesmißbrauch zum öffentlichen Thema, gerade *weil* sich die Erziehungswerte gewandelt haben (vgl. Kap. 6).

● Neben der triebfreundlicheren Erziehung ist heute »*Selbständigkeit der Kinder*« bei vielen Eltern an die Spitze aller Erziehungsziele gerückt (vgl. ausführlicher Preuss-Lausitz/Rülcker/Zeiher 1990a).[8] Selbständigkeit ist oftmals einfach nötig, etwa damit bei Berufstätigkeit beider Eltern die Kinder frühzeitig lernen, selbst zu kochen, einzukaufen, zu telefonieren, mit fremden Erwachsenen umzugehen, kurzum ein Stück unabhängig zu sein. Zur Selbständigkeit gehört auch, allein sein zu

---

7   Thomas Ziehe bezeichnete in den 70er Jahren diesen Wandel in der Sozialisation als »Neuen Sozialisationstyp« (Ziehe 1975). Nimmt man den bei Ziehe damals mit enthaltenen Vorwurf des neurotischen Narzißmus heraus, bleibt die Feststellung einer größeren Liebe zur eigenen Körper-Erfahrung und Körper-Lust, die sicherlich dem veränderten Erziehungsverhalten in der Familie geschuldet ist.

8   Hohe Bedeutung wird auch Zielen wie Durchsetzungsfähigkeit, Ehrlichkeit und umweltbewußtem Verhalten beigemessen; bei Eltern der ehemaligen DDR haben gutes Benehmen, Ehrlichkeit und ordentlicher Arbeitsvollzug nach wie vor höchste Priorität. Vgl. verschiedene Umfragen 1991, u.a. in Natur 4/91, S. 112f.

können, aber auch, im Bewußtsein der eigenen Wünsche und Interessen mit anderen kooperieren zu können (Rülcker 1990). Selbständigkeit ist ein selbst von Gerichten anerkanntes eigenständiges Erziehungsziel, gleichsam die Voraussetzung, um in der individualisierten Gesellschaft überleben zu können. Erstaunlich, wie heute gelegentlich schon 6jährige souverän ihre Wünsche, Fragen und Meinungen in der Schule vortragen. Die Schule hat darauf noch kaum reagiert: Immer noch müssen die »Schüler« meist lernen, was ihnen vorgesetzt wird, ohne gefragt zu werden. Immer noch kann kaum eigenes Interesse wirklich eingebracht werden. Lehrer müssen also nicht nur lernen, zu »verhandeln« anstatt anzuweisen, sie müssen auch die außerschulisch erworbene Selbständigkeit *praktisch* anerkennen. Aber immer noch wird zu oft auf die braven Schüler gesetzt, die sich be-lehren lassen. Untertanen sind jedoch längst weder ökonomisch noch gesellschaftspolitisch oder gar kulturell wünschenswert. Das gilt für die alten wie für die neuen Bundesländer.

● Die »reiche« bundesdeutsche Kindheit schließt einen verbreiteten Besitz von *technischen Geräten* ein, die eine *wichtige kulturelle, kommunikative und statusrelevante Bedeutung unter Kindern* haben. Schon Achtjährige haben zu 80-90% einen eigenen Cassettenrecorder, mit dem sie überwiegend Kindergeschichten und Pop-Musik hören (Berg-Laase/Preuss-Lausitz 1985, Preuss-Lausitz/Hitzler 1988)[9]; Musikanlagen und Zugang zu Videogeräten kommen noch in der Kindheit dazu (Lukesch 1990, S. 50, passim). Kinder besitzen häufig einen eigenen Fernsehapparat. Über die Hälfte aller westdeutschen Jungen hatte 1990 einen Homecomputer (Behnken u.a. 1991, S. 178[10]), meist, um damit zu spielen (Bauer 1988, Schnoor/Zimmermann 1988). Das *Telefon* steht zwar nicht im Kinderzimmer; es stellt wie selbstverständlich eine wichtige Voraussetzung der Rückkoppelung mit der berufstätigen Mutter dar; vor allem aber ist es die Basis für das rasche Verabreden mit Freunden oder für Gespräche über Schulaufgaben und die täglichen Erlebnisse (Diskowski u.a. 1990). Während in der 50er-Jahre-Kindheit der Eltern nur die eigene Uhr und das Fahrrad meist den sichtbaren Beweis dar-

---

9 Nach einer Langzeitstudie an einer Berliner Innenstadtschule besaßen ausländische Kinder seltener Cassettenrecorder (nur zu 50% im 6. Schuljahr), dagegen häufiger Videogeräte. Einzelkinder hatten immer Cassettenrecorder, Jungen etwas häufiger als Mädchen. Schichtdifferenzen gab es keine. Vgl. Preuss-Lausitz/Hitzler 1988, Tab. 33, passim.

10 Nach der Studie von Behnken u.a. besaßen immerhin auch 17% der westdeutschen Mädchen, erstaunliche 13% der ostdeutschen Jungen und nur 4% der ostdeutschen Mädchen einen PC.

stellten, daß die Kindheit zu Ende ist und die Jugend begonnen hat, sind AV-Medien, CDs oder Recorder, Computer, Telefon, (modische) Uhren, schicke Fahrräder und andere Geräte heute selbstverständlicher Teil »moderner« Kinderwelt – im Westen. Kinder in Ostdeutschland dagegen haben vorerst nur in privilegierten Familien die Möglichkeit zu telefonieren; in den Wohnungen stehen kaum Computer, und vermutlich wurden erst nach der »Wende« in größerem Umfang auch für die Jugendlichen Cassettenrecorder und Anlagen angeschafft, um die nun kaufbare Musik aus aller Welt selbst zu besitzen.

● Viele Pädagoginnen und Pädagogen beklagen, daß der *Medienkonsum der Kinder* (durch das Fernsehen, den Videogebrauch, die Cassettenmusik) zu Passivität führe, zur *überwiegenden Erfahrung aus zweiter Hand* (u.a. Rolff 1983, Rolff/Zimmermann 1985). Ein wenig Ehrenrettung für diese Medien scheint nötig: Erfahrung ist zwar aus zweiter Hand, sie erfolgt also nicht physisch-eigentätig, sondern in vorgefertiger symbolischer Form, aber *so viele* Kenntnisse über die Welt – und seien sie zerstückelt –, wie sie heutige Kinder erhalten, gab es z.B. in meiner Kleinstadtkindheit der 50er Jahre nicht. Was haben wir erfahren über das Leben und die Konflikte in anderen Ländern, in der Dritten Welt, was über dortige Kultur und Natur? Wie hätten wir, aus unseren mageren Erdkundebüchern, Anschauung gewinnen können? Wie viele Musikkulturen haben wir kennengelernt? Welche Streitgespräche über gesellschaftlich strittige Themen haben wir *nicht* verfolgen können? Die kulturkritische Klage über das Fernsehen und andere Kommunikationsmittel scheint zumindest übertrieben, etwa wenn Postman (1983, S. 9) beweint, daß »der Charme, die Wandelbarkeit und die Neugier der Kinder verkommen und am Ende in einem scheinhaften Erwachsensein erstarren«, weil sie nur noch fernsehen würden. Er diagnostiziert das »Verschwinden der Kindheit« ebenso wie das Verschwinden einer von dieser getrennten Erwachsenheit, das Ende von Scham, Lesefähigkeit und »Geheimnis«. Berechtigt ist zwar die Sorge, daß gerade in den wichtigsten Kinderjahren Möglichkeiten und Zeit verschwinden, selbst zu handeln, mit Gegenständen zu arbeiten, Natur und Kultur selbst tätig nachvollziehen zu können. Unberechtigt ist aber die Befürchtung, Kinder und Jugendliche würden nicht jede sich ihnen bietende Gelegenheit nutzen, selbst aktiv zu werden, den Fernseher zugunsten freier Außenaktivitäten zu verlassen, wenn Stadt- und Dorfumwelt ihnen nur die Möglichkeit dazu bieten. Das zeigt sich beim Umfang des Musizierens von Jugendlichen: Trotz – oder vielmehr wegen – des umfangreichen Musikkonsums durch Cassetten, CDs und inzwischen auch von Musikkanälen des Fernsehens hat der Umfang eigentätigen Musizierens nicht ab-, sondern zugenommen. Kinder-Musikschulen boomen ebenso wie der Kauf von Instrumenten. Das scheint darauf hinzudeuten, daß das *basale menschliche Bedürfnis nach eigenaktivem Ausdruck* durch die gleichzeitige Erfahrung »aus zweiter Hand« nicht ausgetrieben wird.

● Die bisherigen Thesen wurden allgemein formuliert, faktisch jedoch vorwiegend auf deutsche Kinder, nicht aber auf *Kindheit in Deutschland* bezogen: Denn es ist ohne jede Ideologie festzustellen, daß wir alle längst (jedenfalls in den alten Bundesländern) in einer *multikulturellen Gesellschaft* leben, auch die Kinder. Wie erwähnt, waren 1989 bundesweit 12% aller Schülerinnen und Schüler nichtdeutscher Herkunft, die bikulturell aufwachsenden Kindern gar nicht gerechnet.[11] Fast die Hälfte aller ausländischen Kinder (47%) sind türkischer Nationalität, gefolgt von Kindern aus dem ehemaligen Jugoslawien (12%) und aus Italien (10%). Während jedoch die Erwachsenen längst die Vorzüge der italienischen Restaurants, der französischen Boutiquen und der türkischen Gemüseläden genießen, müssen Kinder fremder Nationalität bei uns tatsächlich Lesen und Schreiben in der Fremdsprache Deutsch und nicht etwa in ihrer Muttersprache lernen. Die schulischen Ergebnisse sind entsprechend. Die *Hauptschule und die Sonderschule für Lernbehinderte verkommen, vor allem in den Großstädten, zu Ausländergettoschulen*; in den gymnasialen Oberstufen sind dagegen nur wenige Ausländerinnen und Ausländer, die sich trotz allem durchgeboxt haben.

Die Schul-Kindheit ausländischer Kinder und Jugendlicher spiegelt sich sehr krass in den Erfolgschancen: Wenn wir ihren Grundschüleranteil in den alten Bundesländern im Jahr 1989 von 11,8% als Bezugsgröße nehmen, müßte bei Erreichen von Chancengleichheit dieser Anteil sich auch in den übrigen Schulformen zeigen. Tatsächlich liegt er jedoch bundesweit (1989) in den Hauptschulen bei 20% (dem 1,8fachen), in den Sonderschulen bei 17% (dem Eineinhalbfachen), dagegen unterdurchschnittlich in den Realschulen bei 8% (dem 0,7fachen) und in den Gymnasien nur noch bei 4,8% (dem 0,4fachen). In den Waldorfschulen sind nur 2,2% aller Schüler nichtdeutscher Herkunft (und stammen vermutlich selten aus Anwerbeländern).

11 In Großstädten wie Berlin (West) ist mehr als jeder fünfte Schulpflichtige Ausländer. In manchen Bezirken führt dies zu einem Ausländeranteil von fast 50% in der Grundschule und 60-70% in den Hauptschulen.

Zumindest im Westen Deutschlands sind jedoch die Kinder und Jugendlichen deutscher und nichtdeutscher Herkunft oft enger miteinander zusammen als ihre Eltern, wie Untersuchungen zeigen (Preuss-Lausitz 1990b). Und natürlich haben westdeutsche Kinder und Jugendliche eine Vielzahl von Urlaubseindrücken aus anderen Ländern; selbst wenn diese meist nur auf Strand, Hotel oder Campingplatz begrenzt wären, so ist doch ein Stück Weltläufigkeit damit verbunden, die der Kindheit ihrer Eltern oder gar ihrer Großeltern fehlte.

Krass unterschiedlich die DDR-Schulerfahrung von Yvonne: Sie hatte keine Ausländer in ihrer Klasse; an ihrer Schule waren insgesamt zeitweilig nur zwei angolanische Schüler, Kinder eines Ingenieursehepaares, das einen dreijährigen Arbeitsvertrag hatte. In der gesamten DDR lebten 1989 unter den 5–15jährigen nur 0,4% Ausländer. Oder anders: Nur jeder 278. Schüler in der DDR war nichtdeutscher Herkunft (also nur in jeder zwölften Klasse einer)! In der alten Bundesrepublik liegt der Ausländeranteil unter den Schulpflichtigen 33mal höher. Kindheit und Jugend in der DDR war – und ist auch in den »neuen Ländern« – eine rein deutsche Angelegenheit, auch in dieser Hinsicht nichts von Pluralität. Ausländer sind dort für frustrierte und aggressive (meist männliche) Jugendliche das »ideale« Aggressionsobjekt – gerade weil das *abwesende* Aggressionsobjekt nicht an der Wirklichkeit überprüfbare Phantasien auslebbar macht, gerade deshalb, weil diese Projektionen nicht an der konkreten Wirklichkeit »scheitern« und keine personenbezogenen Gefühle und Erfahrungen entwickelt werden können.

● Wir haben bisher von Kindern und Jugendlichen gesprochen. *Wir müssen aber mehr denn je von Jungen und Mädchen reden*: Die Veränderung der Kindheit hat auch die Geschlechtsrollen ergriffen. Was das für die Schule bedeutet, wird in Kapitel 8 erörtert. Generell ist festzustellen, daß innerhalb einer Generation zwei auffällige Entwicklungen zu beobachten sind: Zum einen können die Mädchen – nicht zuletzt infolge der neueren Frauenbewegung – zwischen einer Vielzahl öffentlich positiv bewerteter Frauenverhaltensweisen und -rollen wählen. Frauen, auch Mädchen, sind selbstbewußter geworden, sie fordern gleiche Rechte demonstrativ ein, sie lassen sie teilweise absichern (etwa über Frauenförderpläne). Für Mädchen ist nicht so wichtig, daß dies alles oft noch gar nicht ausreichend ist, sondern daß dadurch ihr *sozialer Geschlechtsstatus aufgewertet* wird. Ein erheblicher Teil der jungen Mütter ist durch die Studentenbewegung beeinflußt worden, und auch in Massenblättern wie »Eltern« oder »Petra« wird nicht mehr das Heimchen am Herd propagiert, sondern die selbstbewußte, gut ausgebildete, zugleich sexuell attraktive Frau. Wenn heute von den Jungen und von den Mädchen eines Altersjahrganges fast 30% das Abitur erreichen, dann bedeutet dies auch, daß die künftigen Mütter und Väter massenhaft besser ausgebildet sind; höhere Bildung wirkt sich nachweislich auf die – liberalen – Erziehungswerte und auf selbstbewußte Mädchen-Erziehung positiv aus.

Andererseits sind die *Männerrollen gesellschaftlich in der Krise.* »Der Mann ist am Ende«, rief Goldberg (1979) schon Ende der 70er Jahre. Der Rowohlt-Verlag hat bis 1990 fünfzig Taschenbücher allein diesem Thema gewidmet (Reihe »Mann«); offenbar finden sie reißenden Absatz. Erst 1991 erschien allerdings ein Buch über die verunsicherten Jungen mit dem treffenden Titel: »Kleine Helden in Not« (Schnack/Neutzling 1991). Das scheint ihre Lage genau zu umschreiben: Rabauken dürfen sie nicht mehr sein, weinen sollen sie aber auch nicht dürfen. Was ein »richtiger« Junge ist – das wissen nicht einmal mehr die Pädagogen, geschweige denn die Eltern, und noch weniger die Erziehungswissenschaftler: Die Männer unter ihnen schweigen, die wenigen Frauen beschäftigen sich überwiegend mit den Mädchen. Der alte Machismo ist auf der Anklagebank, die Softheit der Spät-Hippies scheint aber Frauen wie Männer zu langweilen und kein attraktives Imitationsmodell zu sein. Ein Teil der verunsicherten Jungen greift in dieser Lage auf die Supermen-Modelle der Medien zurück; im Alltag kommen sie mit einem harten Männergestus jedoch nicht an, nicht einmal bei den meisten Jungen (vgl. Kap. 8). Andere ziehen sich, vor allem in der Schule, auf die klassische Rolle des Technikexperten oder des Sportlers zurück. Spätestens dann, wenn Beziehungen zu Mädchen aufgenommen werden sollen, genügt dies aber nicht: die Verunsicherung steigt (Tillmann 1992). Die Sozialisationsforschung und die Erziehungswissenschaft haben sich diesen neueren Rollenirritationen der Jungen über den »richtigen Mann« bislang noch zu wenig gewidmet. – Auf dem Gebiet der ehemaligen DDR wäre es darüber hinaus wichtig, empirisch zu untersuchen, wie die einst beruflich-schulisch stärkere Lage der Frauen sich auf das Rollenbild von Mädchen und Jungen auswirkte und was davon nach der »Wende« übrigblieb.

● Schließlich möchte ich auf Kindheitserfahrungen hinweisen, die historisch neu sind: Schon kleine Kinder erleben, daß sie von *ökologischen* Krisen und subjektiv von *Gesundheitsgefahren* umgeben sind, die in ihren Alltag eingreifen. Die *Krisenkindheit* wird hier besonders deutlich. Viele Kinder erleben diese Lage, wie neuere Studien zeigen, als

Bedrohung ihrer ganz individuellen Lebensperspektive (vgl. Kerber-Ganse 1988, Halbing 1991). Wo aber die Zukunft der Kinder bedroht ist, da ist auch die ganze Pädagogik in Frage gestellt – sie zielt ja auf eine bessere Zukunft der Nachwachsenden. Ökologische Bedrohungen greifen übrigens über alle sonstigen Differenzierungen der sozialen Lage, der Kultur oder des Geschlechts weit hinaus: Die verstrahlten Pilze nach Tschernobyl, die versmogte Luft, die durch das Ozonloch gefährlicher gewordenen Sonnenstrahlen bedrohen alle gleich. An dieser Stelle wird das Generationsverhältnis übrigens aufgehoben: Da die Erwachsenen diesen Bedrohungen nicht nur gleicherweise unterliegen, sondern auch keine Lösungskompetenz erkennen lassen, könnte so nun einmal wirklich – und nicht nur fiktiv-propädeutisch – »forschendes Lernen« in die Schule Einzug halten, an dem Lehrer, Eltern wie Schülerinnen und Schüler gleichberechtigt beteiligt wären (vgl. Kap. 5).

3. Veränderte Kindheit und Jugend: Schlußfolgerungen für die Schule

Die bisher skizzierten Aufwachsbedingungen und ihre möglichen Chancen und Gefahren für die psychische und soziale Entwicklung der Jugendlichen fordern dazu auf, *Schule heute unter einem erweiterten Gesichtswinkel* zu betrachten. Wo Isolation droht und zugleich Pluralität als Chance real ist; wo Vielfalt der Lebensformen und Kulturen mit der Verunsicherung über das Fremde verkoppelt sind; wo Erfahrungen aus zweiter Hand mit einer ungeheuren Breite an Infomations- und Kommunikationsmöglichkeiten einhergehen; wo die Zuwendung zu den wenigen Wunschkindern mit der Ungewißheit stabiler Elternbeziehungen verbunden ist; wo die Perspektive eines wohlhabenden und längeren Lebens mit Gesundheits- und Umweltbedrohungen verknüpft sind; wo der so bedrohte Körper zugleich emotional immer wichtiger wird ... – : da kann die Schule nicht bleiben, was sie noch heute weitgehend ist: im wesentlichen nur Instanz der Wissens- und Fähigkeitsvermittlung, die in unterschiedlich anspruchsvolle Berufsausbildung führen soll.

Die Schule kann zwar ihre Ziele nicht nur über die je aktuellen Sozialisations- und Lebensbedingungen der Kinder und Jugendlichen definieren. Ich habe in Kap. 2 deshalb das Bildungsziel der Schule – als Pädagogik der Vielfalt in der Gemeinsamkeit – in die Spannung zwischen Kindheitserfahrungen, Erhaltung des Lebens und Schaffung friedlichen und gerechten Zusammenlebens gestellt. Für solch eine Bildung, die individuell stark und zugleich sozialfähig machen soll, muß aber auf die konkreten Lebensumstände der Kinder und Jugendlichen direkt Bezug genommen werden (vgl. auch Bohnsack 1987, Cloer 1992). In 20 Jahren wird die Schulerziehung daher aufgrund des ständigen Wandels der Lebensverhältnisse vielleicht neue oder anders akzentuierte Ziele haben. Im folgenden werden einige Aspekte festgehalten, die auf diese veränderten – und für die 90er Jahre bestimmenden – Aufwachsbedingungen Bezug nehmen; sie werden meist in späteren Kapiteln ausführlicher erörtert.[12]

1. Die heutigen Aufwachsbedingungen *begründen weniger denn je eine Trennung der Schüler nach Schulformen oder soziologischen Gruppierungen;* Pluralisierung und Individualisierung gehen quer auch zu sozialen Gruppen (Nationalität, Geschlecht, Leistung, Religion, Behinderung/Gesundheit). Schulpädagogik für bestimmte Schulformen (etwa als »Gymnasialpädagogik« oder als »Hauptschulpädagogik«) verliert durch die für alle Jugendlichen ähnlich widersprüchlichen Sozialisationserfahrungen ihre Legitimation; gerade unter Pluralisierungsprozessen erhält die *gemeinsame Schule* stärker denn je zuvor eine gesellschaftlich bedeutsame *integrative Funktion* (vgl. Kap. 4).

2. Der Prozeß der Pluralisierung und Individualisierung muß sich auch in der Schule auswirken – er sollte also in eine *»Pädagogik der Vielfalt«* münden (vgl. Kap. 2). Schule darf nicht mehr den Anspruch erheben, *ein* Wertesystem, *eine* nationale Bildung, ja ein einheitliches Curriculum für alle erreichen zu wollen. Pädagogik der Vielfalt bedeutet, daß die reale Vielfalt der Biographien in der Schule erfahrbar wird und sich in der Zusammensetzung der Schülerinnen und Schüler wie in der Didaktik, den Unterrichtsinhalten oder den außerschulischen Aktivitäten niederschlägt: Pädagogik der Vielfalt geht nicht mehr von einem fiktiven »durchschnittlichen« Schüler aus, sondern von der Pluralität: der Erfahrungen, der kulturellen und sprachlichen Hintergründe, der physischen Voraussetzungen, der Lernfähigkeiten und Geschlechter. Haben wir das nicht längst? Nein: Einerseits haben wir Sonderschulen oder Klassen für Behinderte, für Langsamlerner, für Ausländer. Andererseits haben wir in der Sekundarstufe I überwiegend noch das drei- bis viergliedrige Oberschulsystem, das auf dem Glauben beruht, leistungshomogene Lern-

---

12 Aus der Erörterung der äußeren und inneren Schulreform in Kap. 4 ergeben sich teilweise die gleichen Schlüsse. Diese Wiederholungen sind beabsichtigt.

gruppen seien in getrennten Schulformen herstellbar und zudem leistungseffektiv. Beides ist illusionär: Ein Blick in eine heutige beliebige Gymnasialklasse wie in eine Hauptschule lehrt uns, daß von Leistungshomogenität nicht die Rede sein kann. Darüber hinaus weisen gerade die Integrationsuntersuchungen darauf hin, daß Unterschiedlichkeit eher lernanregend ist als Gleichheit (vgl. Kap.7). Schule muß die Erfahrung der Unterschiedlichkeit zulassen – das kann sie nur als »Schule für alle«.

3. Bei aller Akzeptanz der Differenz ist nach den *gemeinsamen Bezugspunkten* zu fragen, von denen aus die Pluralität als Bereicherung und nicht einfach als Folge beziehungslosen Nebeneinanders verarbeitet werden kann. Das können, im Europa zu Ende des 20. Jahrhunderts, zum einen *gemeinsame Kommunikationsregeln* – auch zur interessenausgleichenden Konfliktlösung –, zum anderen die *Menschenrechte* sein, wie ich in Kap. 2 versucht habe zu begründen. In vielen Präambeln von Schulgesetzen sind sie – mindestens teilweise und häufig in bezug auf die Grundrechte des Grundgesetzes – aufgegriffen.

Die Vielfalt, die sich anhaltend auch im Unterschied von reich und arm, von krank und gesund, von deutsch und ausländisch widerspiegelt, kann *Solidarität* nicht durch verbale Bekundungen erzeugen. Vielmehr entsteht solch eine Einstellung nur, wenn so unterschiedliche Kinder sich auch in den anderen ein Stück weit *wiedererkennen*, und zwar dadurch, daß konkrete *gemeinsame Alltagserfahrungen* entstehen. Solche Erfahrungen können auch pädagogisch organisiert werden (etwa durch Patenschaften, Schülerkorrespondenzen, Sport- und Theaterfeste usw.). Pädagogik der Vielfalt findet also *in der Gemeinsamkeit* statt.

4. Der verbreitete Wandel der erwachsenen Formen des Zusammen- und Auseinanderlebens und die geringe Geschwisterzahl haben der *Schule eine neue Funktion* beschert: Sie muß sich um die *emotionale Befindlichkeit*, um die psychische *Identitätsfindung* und um die *sozialen Beziehungen* der Kinder untereinander bemühen. »Der soziale und emotionale Bereich muß in der Schule einen wesentlich größeren Raum einnehmen« (Lempp 1991, S. 27). *Schule ist zum zentralen Ort der Freundschafts- und Beziehungsbildung geworden, ohne daß dies im Zeitrahmen, in der räumlichen Gestaltung der Schule und der Verfügbarkeit der Räume für Schüler sich schon ausreichend niedergeschlagen hätte.* In welcher Schule gibt es schon eingerichtete Plauderecken, Milchbars, Ruheräume, wo sind Schulen schon eingerichtet als nachmittags offene (und nicht nur kahle) Gebäude und Schulhöfe?!

Verlustangst und Trennungsschmerz von Kindern kann kein Pädagoge beseitigen. Sie oder er sollten es auch nicht versuchen. Was sie tun können, ist, auch schon mit Erstklässlern über solche Ängste, solche Verluste zu sprechen, sie auf diese Weise anzuerkennen – und gemeinsame Wege zu suchen, wie emotionale Solidarität in der Klasse entstehen kann. Auch Jungen lernen vielleicht auf diese Weise, Angst, Trauer und Hilflosigkeit zuzugeben. Heutige Lehrer sind mehr denn je aufgerufen, mehr als nur gute Lehrer ihrer Fächer zu sein; sie haben die Aufgabe, bei der Identitätsfindung Unterstützung zu gewähren, ja ihnen wachsen zuweilen – oft gar nicht gewollt – fast-therapeutische Aufgaben zu. Diese Gesichtspunkte müßten in der Aus- und Fortbildung ein größeres Gewicht einnehmen, gerade, weil unsere Ausbildung immer noch so tut, als ob eine gute fachwissenschaftliche und fachdidaktische Ausbildung den »guten Lehrer« gleichsam automatisch erzeugte.

5. Bei allem Beharren auf Gleichheit der Rechte sollten die Lehrerinnen und Lehrer sich den Problemen widmen, die *Mädchen und Jungen* aufgrund der gegenwärtigen Veränderungen der sozialen Geschlechtsrollen schon im Grundschulalter haben (vgl. Kap. 8). Subtilen Diskriminierungen von Mädchen und Zuschreibungen tradierter Rollen von Mädchen *und* Jungen sollten Lehrerinnen und Lehrer verstärkt auf der Spur sein. Was wir brauchen, ist eine offene Diskussion *mit* den Kindern und Jugendlichen darüber, was sie als Einengung, als Zuschreibung, als Diskriminierung erleben – ohne ihnen *unser* Modell von »emanzipiertem« Geschlechtsrollenverhalten aufzuzwängen.

6. Ohne die mediale »*Wirklichkeit aus zweiter Hand*« abzuwerten, sollten die Schulen sich stärker als je – und gerade auch die Sekundarschulen – als *tätige Schulen*, als Werkstätten, als Labore, als Ausstellungsräume verstehen, in denen das Denken wie die physische Arbeit, das Experiment wie das Theaterspiel, der Sport wie die Musikproduktion, die Stille-Konzentration wie die öffentliche Debatte gepflegt werden. *Die Sinne; die Körperexpression; die Phantasietätigkeit; das Gefühlsleben; die sozialen Beziehungen; das Denken, die Übung: das alles zusammen macht die moderne Schule als Lebensraum aus, die sich auf die Wirklichkeit heutiger Kindheit und Jugend reflexiv und unterstützend einläßt.*

7. Die an die *Anerkennung ihrer frühen Selbständigkeit* in Familie und Öffentlichkeit gewohnten Kinder fordern *Demokratie im Alltag der Schule ein* – nicht nur als formalisierte Rechte, sondern vor allem als alltäglichen Respekt ihrer Person (auch ihrer Unversehrtheit!), ihrer Inter-

essen und Wünsche. Daher wird eine demokratische Schule der Selbständigkeit der Schülerinnen und Schüler früher und umfangreicher als heute Raum geben müssen, etwa in einem festgelegten Anteil eigener Lernvorhaben, in der Abwahlmöglichkeit bestimmter Lehrer, in der Beteiligung am Schulleben und an Schulentscheidungen, auch dort, wo es über den Unterricht hinausgeht. Demokratie muß und kann in der 1. Klasse beginnen (vgl. Preuss-Lausitz 1990e).

8. Damit hängt zusammen, daß eine demokratische »Pädagogik der Vielfalt« einen Unterricht einschließt, der als *binnendifferenzierter Unterricht*, als offener Unterricht, zugleich aber auch als integrativer Unterricht bezeichnet werden kann (Wallrabenstein 1990). In diesem Unterricht kann den einzelnen Kindern – auch in der Sekundarschule – mehr Zeit gelassen werden, ohne zugleich die übrigen Schüler zu langweilen oder aufzuhalten. Im offenen Unterricht können Behinderte wie Langsamlerner mit anderen zusammen produktiv und gemeinsam arbeiten. Wir können, ja wir müssen heute auf die jahrhundertealte Vorstellung verzichten, daß 20–30 Schüler zeitgleich am gleichen Gegenstand arbeiten, zugleich fertig werden und dann im Gleichschritt zum nächsten Gegenstand wandern. Heutige, selbstbewußte Kinder verweigern sich eher als früher solch unsinniger Organisation der Lernprozesse – was dann leicht als Unterrichtsstörung erscheint. Der binnendifferenzierte Unterricht läßt Herumlaufen, Schwätzen, Einsagen zu, ja, er fordert dies: Ich muß durch den Raum gehen, um ein Lexikon zu holen; ich berede mit meiner Freundin ein Referat, das ich vortragen soll; mein Nachbar bittet mich um Hilfe und Unterstützung. Naheliegend, daß der übliche 45- oder 90–Minuten-Rahmen für derartige Lern- und Darstellungsprozesse viel zu starr ist. Die »Didaktik der Offenheit und Vielfalt« schließt einen *flexiblen Umgang mit der Zeit* ein. Das bedeutet auch, die starre Halbtagsschule zugunsten einer *ganztägig offenen und nutzbaren Schule* zu überwinden.

9. Die Schule kann die *ökologischen, gesundheitlichen Gefährdungen* auch der Kinder nicht ändern. Da sie jedoch auch die der Lehrer und Eltern sind, entsteht eine ganz neue Form generationsübergreifender Gemeinsamkeiten; die liegt auch darin, daß die »Lösungen« in keinem Schulbuch zu finden sind. Die Akzeptanz von Krankheit und Behinderung und die Bemühung um »ökologische«, »gesunde« Lebensumstände müssen in Beziehung gesetzt werden. Der »heimliche Lehrplan« eines Gebäudes, eines Schulhofes, des Lehrerverhaltens, aber auch die

Einführung von ökologisch orientierten Schullandheimaufenthalten oder einer Öko-AG beeinflussen das praktische ökologische Denken und die emotionale Haltung zu ökologischen Fragen. Es wird zur Aufgabe der Schule, den Kindern die oft diffuse Angst nicht zu nehmen, indem geschwiegen wird, sondern indem einerseits glückhafte Erfahrungen mit Natur ermöglicht und zum anderen kritische Analysen des ökologischen Krisenalltags durchgeführt werden. Entscheidend wird sein, ob sich Pädagoginnen und Pädagogen selbst einer erkennbaren ökologischen Verantwortungsethik stellen (vgl. Kap. 5).

Wenn die Lehrerinnen und Lehrer ihre *heutigen* Kinder und Jugendlichen erreichen wollen und wenn sie sich klar darüber werden, unter welchen gesellschaftlichen Verhältnissen sie ihr Fach unterrichten, dann werden sie ihre Schulen zu lebendigen, tätigen, pluralen Orten der vielfältigsten Aktivitäten für Kinder und Jugendliche machen – vielleicht auch für sie selbst und für Eltern und die lokale Öffentlichkeit. Da Schule – nimmt man manche Grundschule aus – bislang selten so ist, wird sie bei den Schülern wohl kaum geliebt, eher mürrisch ertragen. Darauf weist die Kritik an Schule und Lehrern aus Schüleraufsätzen hin, die Czerwenka u.a. (1990) in großer Zahl gesammelt haben. Viele gehen offenkundig nur deshalb gern zur Schule, weil sie dort ihre Freunde treffen – nicht aber des Unterrichts wegen (a.a.O., S. 131ff.). Sehen viele Jugendliche die Schule als ein notwendiges, enervierendes Übel an, dessen angenehmste Aspekte die sozialen Beziehungen zu Gleichaltrigen sind? Wenn es so ist, dann liegt dies nicht zuletzt daran, daß die widersprüchlichen außerschulischen Lebensbedingungen heutiger Schülerinnen und Schüler zu wenig beachtet werden. Eine »gute Schule« als Lebens- und Lernort für Kinder wie für Erwachsene läßt sich auf die Lebensbedingungen aller ein.

Zum Weiterlesen empfehle ich:

Fölling-Albers, Maria: Veränderte Kindheit – veränderte Grundschule. AK Grundschule, Frankfurt/M. 1989

Preuss-Lausitz, Ulf/Rülcker, Tobias/Zeiher, Helga (Hrsg.): Selbständigkeit für Kinder – die große Freiheit? Weinheim und Basel 1990

Jugendwerk der Dt. Shell (Hrsg.): Jugend '92. Lebenslagen, Orientierungen und Entwicklungsperspektiven im vereinigten Deutschland. 4 Bde., Opladen 1992

Kapitel 4
Schule und Lehrer in der Spannung von innerer und äußerer Schulreform

Aber die Schule – das sind auch die Freunde, die man trifft. Das ist auch das berauschende Gefühl, das man manchmal hat, wenn man spürt, daß man reicher wird, daß sich erhellt, was einem vorher dunkel erschien, daß sich einem die Welt öffnet und ihre Geheimnisse preisgibt.

Französische Schülerin der 11. Klasse[1]

1. Zur Funktionserweiterung der Schule in den 90er Jahren

Die Einschätzung der Schulen und ihrer Entwicklungschancen scheint seit Jahren widersprüchlich: Einerseits gibt es Berichte über das »Tollhaus Schule« oder über das »Mißmanagement im Bildungswesen« (Spiegel 15/1988, 41/1991); Erziehungswissenschaftler klagen über ausbleibende pädagogische Reformen, Eltern über Unterrichtsausfall, Lehrer über mangelhafte Ausstattung und Finanzen. Andererseits sind noch nie so viele Jugendliche freiwillig nach der Schulpflichtzeit auf Vollzeit- oder Teilzeitschulen gegangen. Für fast alle Jugendliche unter 18 Jahren ist die Schule der zentrale Alltags- und Erfahrungsraum geworden (Tillmann 1986, S. 134). Jugendzeit ist identisch mit Schul- oder Ausbildungszeit.

Auch die Frage, ob Kinder und Jugendliche sich im großen ganzen in diesen Schulen *wohlfühlen*, ist kaum schlüssig zu beantworten. Zwar deuten repräsentative Umfragen unter bundesdeutschen Eltern darauf hin, daß die Grundschule allgemein so akzeptiert wird, wie sie sich in den letzten Jahrzehnten entwickelt hat (Rolff u.a. 1986ff.); Grundschü-

---

1 Zitat aus: Kurt Czerwenka u.a.: Schülerurteile über die Schule. Eine internationale Untersuchung. Frankfurt/M. u.a. 1990, S. 62

ler aus Dortmund und Berlin bestätigen dieses Urteil (vgl. Winkel 1990). Aber international vergleichende Befragungen von Schülerinnen und Schülern, wie die von Czerwenka u.a. (1990), weisen doch auf eine relativ große Kritik deutscher Schüler vor allem an den Sekundarschulen hin. Ob diese im Vergleich zu französischen und US-amerikanischen Schülern kritischere Haltung auf schlechteren Erfahrungen beruht oder eher Ausdruck größerer Kritikbereitschaft ist, kann nicht beurteilt werden. Wissenschaftlich sind die Auffassungen heutiger Schülerinnen und Schüler fast »Terra incognita«; das liegt nicht zuletzt an der Schwierigkeit der Forschung, trotz der Ängste der Bildungsbürokratie und der Befürchtungen von Eltern um den Datenschutz repräsentative Befragungen von Schülern durchführen zu können.

Die *Funktionen der Schule* sind auch in den 90er Jahren unseres Jahrhunderts erst einmal unverändert: Die Schule soll Wissen und Fähigkeiten vermitteln (*Qualifikationsfunktion*), durchaus reflektiv-kritisch in die Normen und Werte unserer Gesellschaft einführen (*Sozialisationsfunktion*) und nicht zuletzt die Verteilung auf die verschiedenen sozialen Positionen in der Gesellschaft vorbereiten (*Allokations- oder Selektionsfunktion*) (vgl. Fend 1980). Im folgenden soll untersucht werden, wie sich die Erfüllung dieser Funktionen verändert hat und in welchem Verhältnis dabei innere, pädagogische Reformen zu äußeren, bildungspolitisch-strukturellen Veränderungen stehen.

Aus der Darstellung gewandelter Kindheitsbedingungen (Kap. 3) ergaben sich *darüber hinaus zwei weitere Erwartungen an Schule*, mit denen die Lehrerinnen und Lehrer heute konfrontiert sind: *Schule ist einerseits zum zentralen Ort der sozialen Beziehungen geworden.* Sie wurde, nach dem Verlust der »Straßensozialisation«, zum wichtigsten Platz, wo Gleichaltrige als Freunde gewonnen und erprobt werden können, wo Beziehungskonflikte im Rahmen einer absichernden Gruppe ausgetragen und wo Isolationsgefahren und Trennungserfahrungen, die nicht nur von Einzel- und Scheidungskindern erlebt werden, aufgefangen werden können.

Zum anderen interpretieren Kinder und Jugendliche verstärkt die Schule als einen Ort, wo *subjektiv existentielle Fragen geklärt werden sollen*: allgemeine Probleme wie Frieden, Krieg, ökologische Krise, Armut; persönliche Sinnfragen wie Freundschaft, Sexualität, Krankheit, Tod, Glaube; existentiell-praktische wie Berufsfindung, Arbeitslosigkeit, Wohnen, Familiengründung ... Die Schule wird also nicht nur sozial wichtiger, sondern erhält nun von den Kindern und Jugendlichen identitätsstiftende, zumindest identitätsklärende Aufgaben zugeschrieben.

Schule wird am Ende des Jahrhunderts Drehpunkt der Lebenswelt. Diese Rolle geht weit über die herkömmliche »Sozialisationsfunktion« hinaus und kann als vierte, als Lebensweltfunktion heutiger Schulzeit gekennzeichnet werden.[2]

Schulen müssen, um auf die psycho-soziale Lage vieler Kinder und Jugendlicher und auf ihre Fragen eingehen zu können, nicht nur Zeit geben und (veränderte) Räume schaffen; von den Lehrerinnen und Lehrern erwarten viele Jugendliche, daß sie ihnen beratend, zumindest zuhörend, zur Verfügung stehen, sie also neben ihrer Unterrichtsfunktion gleichsam sozialpädagogische Aufgaben übernehmen. Das ist Überforderung und Chance zugleich: Lehrer, die vor allem die Wissenschaft und Didaktik ihrer Fächer gelernt haben, sind einerseits in der Regel nicht für Beratung ausgebildet; in der deutschen Tradition liegt ja die scharfe Trennung zwischen Lehrern als Unterrichtern und Sozialpädagogen als Jugendberatern. Andererseits steckt aber in den Erwartungen der heutigen Kinder an die Lehrer die Chance, daß die Pädagoginnen und Pädagogen zur »klassischen« Aufgabe der Erziehung finden, nämlich den selbständig werdenden Heranwachsenden bei ihrer Identitätsfindung *unterstützend* – nicht eingreifend – beizustehen. Behindert oder fördert der Wandel der Schule in den letzten Jahrzehnten diese zusätzlichen Aufgaben?[3]

2 Die Kategorie Lebenswelt stellt den Alltag in den Mittelpunkt. Sie ist jedoch in dieser Arbeit kein Gegenbegriff zu analytischen Kategorien wie Sozialisation oder Gesellschaft, auch keine Anlehnung an historisch verbrauchte Begriffe wie Gemeinschaft. Lebenswelt meint den sozialökologischen Kontext ebenso wie dessen subjektiv erlebte Wahrnehmung. Lebenswelt ist eingebettet in Gesamtgesellschaft, und deren Betrachtung – etwa ihre soziale Ungleichheit – wird in lebensweltlicher Betrachtung zwar sichtbar, läßt sich durch sie jedoch nicht völlig beschreiben. Ich teile die Warnung des Sozialpädagogen Wolfgang C. Müller, aus der »Lebenswelt« ein »Kuschelwort« zu machen und als unpolitischen Rückzug auf alte Gemeinschaftsideologien zu verstehen. Vgl. seine Eröffnungsrede zum 9. Jugendhilfetag (1992).

3 Die Debatte bezieht sich im folgenden, soweit empirisches Material verwendet wird, auf die alte Bundesrepublik. Die Fragen selbst sind jedoch für die neuen Länder dieselben und dort eher noch deutlicher erkennbar. In Kap. 10 werden die besonderen Entwicklungen und Probleme der Schule in den neuen Ländern Ostdeutschlands dargelegt.

2. Zur Selektionsfunktion der Schule seit den 60er Jahren: Abnahme der Aussonderung?

Mitte der 60er Jahren ging ein Gespenst um in der Bundesrepublik, das Gespenst der Bildungskatastrophe. Ralf Dahrendorf (1965), Karl Erlinghagen (1964), Georg Picht (1964) und Hansgert Peisert (1967) waren die Prominentesten, die einerseits vor sinkender internationaler Wettbewerbsfähigkeit warnten, andererseits »Bildung als Bürgerrecht« (Dahrendorf 1965) auch für die von ihnen empirisch beschriebenen vier benachteiligten Gruppen einforderten: für Mädchen, Katholiken, Landkinder und Arbeiterkinder. Das »katholische Arbeitermädchen vom Lande« hatte statistisch die geringsten Chancen, höhere Bildung, d.h. das Abitur zu erreichen. »Chancengleichheit« sollte dagegengesetzt werden, d.h. der quantitative Anteil einer dieser Gruppen an höherer Bildung sollte ihrem Anteil in der Bevölkerung entsprechen und nicht weiterhin so viel geringer sein. (Es gab beispielsweise nur 5% Arbeiterkinder unter den Abiturienten, wo doch fast 50% der Bevölkerung Arbeiter waren. Vgl. Dahrendorf 1965, S. 51.)

Um Abhilfe zu schaffen, wurden drei Wege beschritten: Zum einen wurden in ländlichen Gebieten neue *Mittelpunktschulen* geschaffen und kostenlose *Schulbussysteme* aufgebaut, um die Kinder dorthin und in die städtischen Realschulen und Gymnasien zu bringen. Zum anderen wurde, um die »Bildungsreserven« auszuschöpfen, unter der Elternschaft *für höhere Bildung geworben* – in Betriebsversammlungen, in Gasthäusern, durch das für viele neue Fernsehen und über das Radio. Zum dritten wurden, allerdings vorwiegend nur in sozialdemokratisch regierten Bundesländern, *Gesamtschulen* gegründet, um die Bildungsbarrieren zugunsten pädagogisch verbesserter Aufstiegschancen für Unterschichtkinder zu überwinden. Der *Deutsche Bildungsrat,* der zwischen 1965 und 1975 tätig war – als ein Anregungs- und Koordinierungsgremium zwischen Erziehungswissenschaft und Politik –, sollte den Schulreformprozeß durch Gutachten und Empfehlungen begleiten.

Heute läßt sich festhalten, daß sich die Rahmenbedingungen des Unterrichts verbessert haben und die *Schärfe der Selektion des Schulsystems insgesamt nachgelassen hat.* Die *Klassenfrequenzen* sind seit 1960 stark gesunken, beispielsweise in den Grund- und Hauptschulen von durchschnittlich 34 Kindern im Jahr 1970 auf 21,5 im Jahr 1986 (Führ 1979, S. 147; Führ 1989, S. 216). Auch die *Schüler-Lehrer-Relationen,* in denen sowohl Klassenfrequenzen als auch Förderstunden und Teilungsstunden enthalten sind, haben sich günstig entwickelt: So wurde 1961 bundesweit eine Lehrerstelle für durchschnittlich 36 Kinder in den Grund- und Hauptschulen bewilligt; 1987 wurde ein Lehrer für 20 Grundschüler und einer für 14 Hauptschüler eingesetzt (Klemm 1990, S. 86, 88). In den Sonderschulen stellten die Behörden 1961 für 20 Kinder einen Lehrer ein, 1987 für sieben Kinder (Weißhaupt u.a. 1988, S. 264). Mit anderen Worten: Die Möglichkeit, sich einzelnen Kindern widmen zu können, hat sich innerhalb einer Generation massiv verbessert. Vielleicht ist dies einer der Gründe dafür, daß die *Sitzenbleiberquote* zurückgegangen ist. Obwohl diese ineffektive Sanktion jährlich immer noch fast eine Viertelmillion Schüler trifft (Weegen 1987), so waren doch die Eltern der heutigen Schüler, also die 40–50jährigen, fast doppelt so häufig davon bedroht. Beispielsweise ist die *jährliche* Wiederholerquote an bundesdeutschen Gymnasien seit 1960 von 8% auf 5% zurückgegangen, und dies trotz der Vervierfachung und damit der breiteren sozialen Streuung der gymnasialen Schülerschaft. Ähnliches gilt für andere Schulformen (Weißhaupt 1988, S. 278). Neuerdings wird dieser Trend zur geringeren Selektivität durch die Nichtaussonderung physisch Behinderter und Schulleistungsschwacher in einer wachsenden Zahl von Grundschulen verstärkt (vgl. Kap. 8).

Während der Anteil derjenigen, die die Mittlere Reife oder das Abitur erreichen, sich innerhalb von 30 Jahren fast verdreifacht hat[4], verringerte sich der Anteil derjenigen, die den Hauptschulabschluß *nicht* erreichten: 1965 lag er noch bei 17%, 1990 bei 8% (Weißhaupt 1988, S. 318; KMK 1992[5]). *Mit anderen Worten: Insgesamt ist das allgemeine Schulwesen weniger selektiv und, was höhere Abschlüsse angeht, erfolgreicher[6] geworden.* Dieser – anhaltende – Trend entpricht den Wünschen

---

4   So waren 1959 unter den 19jährigen rd. 5% Abiturienten, 1986 waren es 21,4%. Eine ähnliche Entwicklung ist bei den Realschülern festzustellen. Vgl. Böttcher u.a. 1988, S. 73.
5   Die KMK (1992) weist darauf hin, daß von diesen 8% etwa 30% noch einen Hauptschulabschluß an beruflichen Schulen erworben haben, so daß die Zahl der das Schulsystem endgültig ohne Abschluß Verlassenden noch geringer ist und bei rd. 5% liegt.
6   Kulturkritische Beobachter behaupten gelegentlich, eine Folge dieses Prozesses sei eine Niveausenkung beim Abitur. Dem steht entgegen, daß diese Entwicklung auch in jenen Bundesländern stattfindet, die eine zentrale Abiturdurchführung und damit in jedem Fall eine einheitliche Qualitätskontrolle haben. Die Standards für die Abiturprüfungen sind im übrigen seit Jahrzehnten gleichgeblieben.

der Erziehungsberechtigten und ihrer Kinder, nämlich möglichst hohe Schulabschlüsse ereichen zu können (Rolff u.a. 1990).

Dieser Erfolg der Bildungsreform konnte möglicherweise nur durch eine Verdichtung der Lernarbeit, also der Rationalisierung des Unterrichts und der Modernisierung des Curriculums gemäß der »Verwissenschaftlichung« der Inhalte von Schule erreicht werden. Zugleich mußte jedoch, um die Lernbereitschaft der Kinder überhaupt erreichen zu können, stärker auf weniger autoritäre Umgangsformen zwischen Lehrern und Schülern, auf flexiblere Formen des Unterrichtens und auf eine größere Bereitschaft, inhaltliche Interessen der Schülerinnen und Schüler aufzunehmen, zurückgegriffen werden.

Auch die in den 60er Jahren kritisierte *Benachteiligung einiger Gruppen verschwand:* Katholiken und Mädchen profitierten von der Expansion des Bildungswesens, so daß sie heute nicht mehr als Gruppe quantitativ benachteiligt sind (vgl. für Mädchen Kap. 8). Das Bildungsniveau der *Landbevölkerung* hat sich insgesamt gehoben. Allerdings ist sowohl das Schulangebot für weiterführende Schulen als auch die Bildungsbeteiligung in zahlreichen Landgemeinden weiterhin erheblich ungünstiger als in den Städten.[7]

Besonders ungebrochen ist die Selektivität gegenüber den sozial Schwachen, gegenüber den Arbeiterkindern, insbesondere wenn sie als Kinder in sozialen Brennpunkten (oder im ländlichen Raum) aufwachsen (Klemm u.a. 1985; Klemm 1990, S. 92, 270).[8] Immer noch ging 1989 nur jedes neunte Arbeiterkind auf ein Gymnasium, während fast 60% die Hauptschule besuchten (Böttcher 1990). Unter 100 Gymnasiasten sind 17 aus Arbeiterfamilien, 42 aus Angestelltenfamilien, 19 aus Beamtenfamilien und 22 »Sonstige«, vor allem Kinder von Selbständigen (Klemm/Rolff 1988, S. 88). Bedenkt man, daß heute in der arbeitenden Bevölkerung rd. 38% Arbeiter und rd. 9% Beamte zu finden sind,

---

7 Bargel/Kuthe (1992) haben in differenzierten empirischen Vergleichsstudien festgestellt, daß besonders in denjenigen Bundesländern, die streng am nur dreigliedrigen Schulsystem festhalten (Bayern, Baden-Württemberg, bis 1990 Rheinland-Pfalz), nicht nur die Hauptschulen in kleinen Gemeinden an Auszehrung leiden, sondern auch die gymnasialen Angebote wie auch die Schulbesuchsquoten für das Gymnasium erheblich geringer sind. Bargel/Kuthe sprechen von »Kontinuität in der regionalen ›Bildungsrückständigkeit‹« (Bargel/Kuthe 1992, S. 83).

8 Fend (1982) hat empirisch belegt, daß Gesamtschulen diese soziale Selektivität für Arbeiterkinder erheblich abschwächen. Vgl. auch Klemm/Rolff 1990, S. 63, passim.

kann man die soziale Benachteiligung, die sich in solch abstrakten Zahlen dokumentiert, ermessen.[9]

Das gilt besonders stark für *ausländische Arbeiterkinder*. Sie sind innerhalb des Schulsystems heute in der ungünstigsten Lage; von Chancengleichheit bei ihnen zu sprechen wäre zynisch: Während sie bundesweit in der Grundschule 12% aller Schüler stellen, errreichen sie im Gymnasium weniger als 5% (in den Waldorfschulen nur 2,2%), in den Hauptschulen sind sie mit 20%, in den Sonderschulen mit 17% überdurchschnittlich häufig vertreten. Die Hauptschule wird, vor allem in Großschulen, zur Ausländer-Getto-Schule – was weder ihre Strukturprobleme noch die Probleme der ausländischen Jugendlichen löst.

Verringerte Selektivität einerseits, anhaltende Benachteiligung der Arbeiterkinder, vor allem der ausländischen, andererseits bedeutet, daß die gesellschaftlichen Chancen der unteren Schichten sich seit der Bildungsreformphase *verschlechtert* haben: Denn ein niederer Schulabschluß ist heute noch weniger wert als von 30 Jahren, und ohne Abschluß ist der Einstieg in einen Ausbildungsberuf kaum zu schaffen.

Der Aufstieg der Mittelschichten im allgemeinen Schulwesen läßt zum anderen das Abitur, früher ein Garant für hohen sozialen Status, ebenso wie das Universitätsstudium oft nur noch als *Option für den Einstieg in den verschärften Wettbewerb um hohe soziale Chancen* erscheinen. An diesem Wettbewerb nehmen nun drei- bis viermal mehr teil als noch vor einer Generation. Die Selektivität, die sich früher beispielsweise auf Mädchen in der Schule auswirkte, hat sich nun in den Berufseinstieg und in die berufliche Karriere verschoben.

Zusammenfassend kann also festgehalten werden, daß das – alte – bundesdeutsche Schulwesen innerhalb einer Generation seine Selektivität verringert hat[10], einige bislang quantitativ benachteiligte Gruppen ihre »Chancengleichheit« erreichten, *jedoch die ethnisch-soziale Auslesefunktion nach wie vor wirksam ist*. Wenn es weiterhin der Anspruch der Pädagogik ist, daß nicht die Zugehörigkeit zu einer Gruppe, sondern

9 Bofinger hat für die frühen 80er Jahre sogar einen *Rückgang* des Anteils von Arbeiterkindern in bayerischen Gymnasien festgestellt (Bofinger 1985, S. 43).

10 Kolbe (1990, S. 28) spricht von verstärkter *genereller* Selektion des allgemeinen Schulwesens und bezieht sich dabei auf eine Bemerkung von Klemm/Koch (1984, S. 55). Diese These läßt sich m.E. angesichts der empirisch belegbaren Zunahme der Quoten für höhere Abschlüsse einerseits und der geringeren Quoten für niedere Abschlüsse (bzw. keine Abschlüsse) andererseits nicht aufrechterhalten.

die individuellen Entwicklungschancen der Schülerinnen und Schüler unabhängig von ihrer sozialen Herkunft im Mittelpunkt der Schulpädagogik stehen müssen, dann besteht hier ein seit Jahrzehnten ungelöstes Defizit humaner Erziehung.

Einige europäische Länder haben innerhalb der Schulpflichtzeit die Selektionsmöglichkeiten ganz beseitigt: Länder also, die, wie etwa Dänemark oder Italien, das zwangsweise Sitzenbleiben in Grund- und Mittelstufe ebenso beseitigten wie die verschiedenen Schulformen in der Sekundarstufe (vgl. Schöler 1990a). Diese Entscheidung verschiebt die Verteilungsfunktion des Bildungssystems in die weiteren Ausbildungsgänge; sie hebt damit die leistungsbezogene Zuordnung zu späteren sozialen Positionen nicht auf. Dennoch scheint die *Verschiebung der Selektion aus der Primar- und Sekundarstufe an das Ende der Pflichtschulzeit* sinnvoll: Sie gibt allen Kindern und Jugendlichen den pädagogischen Schutz für ihre individuelle Entwicklung ohne allzu große schulbedingte Konkurrenzzwänge und Leistungsverengungen. Der »pädagogische Leistungsbegriff« (Furck 1961, Klafki 1985, 1989) kann alle Bereiche der Persönlichkeitsentwicklung einbeziehen, die musische und körperliche ebenso wie die emotionale, soziale und kognitive. Die sozialen Beziehungen, die durch die Schulklasse entstehen, können fortgesetzt werden, ohne daß befürchtet werden muß, daß aufgrund geringerer Schulleistungen (durch Sitzenbleiben oder gar Schulwechsel) die Freundschaften verlorengehen. Nicht zuletzt ist dadurch die dauerhafte Einbeziehung behinderter Kinder in einem differenzierten Unterricht möglich, wie die europäischen Beispiele zeigen (Schöler 1990a).

3. Veränderte Qualifikationsleistungen der Schule durch gesellschaftlichen Wandel?

Schulfächer haben eine erstaunliche Kontinuität: Selten wird ein neues Fach eingeführt oder ein bestehendes aufgelöst. So könnte der Eindruck bestehen, es gebe einen die Zeiten überdauernden Konsens über die »Qualifikationen« – den Kanon des Wissens und der Fähigkeiten, die die Schule zu vermitteln hat.

Ein kurzer Blick auf die Veränderungen der letzten Jahrzehnte zeigt, daß die Auffassung darüber, was Schülerinnen und Schüler (gleicherweise) zu lernen haben, sich dennoch stark veränderte: In den späten 50er Jahren wurde begonnen, Englisch als Fremdsprache an Hauptschulen einzuführen. In den 60er Jahren wurde in Grund- und Hauptschulen die »volkstümliche« zugunsten einer im Gymnasium und der Realschule bestehenden »wissenschaftsorientierten« Bildung ersetzt. Die mit der Bildungsreformphase und der Studentenbewegung verbundene »Qualifikationsdebatte« forderte die »Modernisierung« der Unterrichtsinhalte ein, vor allem in Deutsch, Geschichte, Sozialkunde, Politischer Bildung und Geographie; damit verbunden war eine entsprechende Bereinigung altertümlicher Lehrbücher. Seit den 70er Jahren folgte die Überarbeitung der Rahmenpläne in den Naturwissenschaften den rapiden wissenschaftsinternen Veränderungen von Physik, Chemie und Biologie. In den 80er Jahren wurde die »informationstechnologische Grundbildung« als Teil der Arbeitslehre oder der Mathematik installiert, um die Reflexion über Mikroelektronik und technologischen Wandel zum Gegenstand der Allgemeinbildung werden zu lassen (Pfeiffer/Rolff 1986). Die jüngere Debatte um inhaltliche Veränderungen bezieht sich vor allem auf den Ausbau umweltorientierter Curricula (wie etwa einer »ökologischen Grundbildung«, vgl. Kap. 5), eine Ausdehnung der Fremdsprachenkenntnisse, um die internationale Kommunikationsfähigkeit der nachwachsenden Generation zu erhöhen, und die kritische Bereinigung des Unterrichtsmaterials unter der Fragestellung, inwieweit ausdrückliche oder implizite frauenbenachteiligende Darstellungen enthalten sind.

Es scheint also nicht zuzutreffen, daß die – bundesdeutsche – Schule, wie ein böses Wort unterstellt, immer erst eine Generation später ihre veralteten Inhalte austauscht. Vielmehr waren alle Veränderungen relativ rasche Reaktionen auf Wandel in den Wissenschaften, in den allgemeinen Lebensbedingungen, in den Berufen oder in den Werten und Orientierungen der Gesellschaft.

Gerade die inhaltlichen Reformen sind jedoch fast immer dann besonders umstritten, wenn normative Positionen der Bildungspolitik berührt sind. So waren die inhaltlichen Reformen des Dt. Bildungsrates und der damaligen sozialliberalen Regierung um 1970 daran orientiert, »moderne« Fähigkeiten wie Mobilitätsbereitschaft, Flexibilität, Lernfähigkeit, Kooperationsfähigkeit und wissenschaftliches Denken in den Mittelpunkt zu rücken (vgl. Dt. Bildungsrat 1970). Die öffentliche Zustimmung zu solchen Zielen war jedoch verbunden mit einer teilweise heftigen Ablehnung der gleichzeitig geforderten Erziehung zu kritischen und aktiven Bürgern. Festgemacht an einem erweiterten Geschichtsverständnis, bei dem nun auch die »Geschichte von unten« und die Sozialgeschichte Bedeutung erhielten, sollte die Schule Teil einer reformorientiertern Gesellschaftsentwicklung werden. 1974, am Ende der offiziellen Bildungsreformphase, stürzte über diese Auseinandersetzungen der hessische Kultusminister (und Soziologe) Ludwig v. Friedeburg; seine »Curriculumrevision« wurde weitgehend zurückgenommen.

Heute würde weder ein Minister ein derart umstrittenes Curriculum durchzusetzen versuchen, noch würde eine derart heftige Debatte entstehen: Im Zuge der Pluralisierung scheint heute alles in der Schule diskutierbar – irgendeine Stelle in den Rahmenplänen läßt sich für jedes Thema legitimatorisch finden –, aber kaum eine Lehrerin oder ein Lehrer ließen sich Wertungen und Analysekategorien vorschreiben. Die frühere enge Vorstellung, amtliche Curricula seien in jedem Detail – gleichsam als abzuarbeitende Lehrpläne – verbindlich, wandelt sich zugunsten einer flexibleren Haltung, die den Begriff des *Rahmen*plans ernst nimmt (vgl. auch Dingeldey 1992). Das ist nicht nur für die Schule in der ehemaligen DDR ein historischer Gewinn an pädagogischer Freiheit von Einzelschule und Einzellehrer/in.

Immer mehr Lehrer erkennen, daß der dauerhafte und alltagspraktisch bedeutsame Erwerb demokratischer Einstellungen und Haltungen bei Schülerinnen und Schülern nicht in erster Linie von den Inhalten, sondern von der Art ihrer Behandlung und vom allgemeinen Umgang der Lehrer und Schüler untereinander abhängt. Das macht Inhalte nicht beliebig; aber es relativiert doch das Gewicht vorgegebener Rahmenpläne erheblich.

Das Qualifikationsverständnis für die 90er Jahre geht über die klassische Vermittlung von Wissen und Fertigkeiten hinaus: Es bleibt einerseits traditionell, als es den klassischen Fächerkanon nicht verändert, sondern einem kontinuierlichen, durch Rahmenplanrevision und Schulbucherneuerung dauerhaften Änderungsprozeß unterwirft; es erweitert sich andererseits, als es die musisch-ästhetischen, die sportlich-körperbezogenen und die auf das soziale-private und gesellschaftlich-politische Leben der Jugendlichen hin orientierten Interessen und Fähigkeiten verstärkt als Teil schulischer Bildung betrachtet. So eigentümlich ins Private hineingreifend es für Eltern und Lehrer erscheinen mag, die in den 50er oder 60er Jahren ihre Schülerzeit verbrachten: Es wird tatsächlich zur Aufgabe schulischer Bildung, den fünfzehnjährigen Mädchen und Jungen nicht nur dabei zu helfen, sich im fremdsprachigen Ausland wie Fische im Wasser verhalten zu können, die Umweltkrisen zu verstehen oder Reparaturen im Haushalt durchführen zu können; auch die Fähigkeit, soziale Beziehungen aufzunehmen und zu pflegen, wollen entwickelt werden, ebenso wie die Qualifikation, sich in einem Arbeitsamt oder einer Versammlung erfolgreich verhalten zu können. Der Qualifkationsanspruch wird lebensweltlich-ganzheitlich, auch, weil die Familie teilweise diese Leistung nicht mehr zureichend erbringt.

Diese Qualifikationsentwicklung zeigt kaum noch Differenzen nach Schulformen. Insofern wäre der Versuch, heute etwa »realschulspezifische« oder »gesamtschulspezifische« Inhalte zu definieren, zum Scheitern verurteilt: Es kann immer nur um unterschiedliche Akzente (im Sinne von mehr oder weniger), nicht mehr aber um wirkliche inhaltliche Differenzen gehen. Vielfach entwickeln Schulen inzwischen selbst durch sog. »*Profilbildung*« ihre eigenen Gewichte, so daß sie eher von Schulen ihrer eigenen Form her unterscheidbar werden. Aber auch hierbei geht es nicht um inhaltliche Differenzen, sondern um ein Mehr: mehr Sportangebote, mehr Französisch, mehr Informatik, mehr Musik oder mehr Auslandspartnerschaften ...

Der hier vorgestellte erweiterte Qualifikationsbegriff ist für *alle* Kinder und Jugendlichen gedacht. Getrennte Schulformen der Sekundarstufe lassen sich aus der Frage nach den heutigen Schulinhalten, nach der Qualifikation, nicht mehr ableiten. Das hat sich schon bei der Einführung der »informationstechnologischen Grundbildung«, bei der Kritik an frauenbenachteiligenden Schulmaterialien oder bei dem Ruf nach mehr Fremdsprachenkenntnissen gezeigt: Die Begründungen sind durchweg schulformübergreifend, und auch die praktischen Umsetzungen lassen dies erkennen. Die Angleichung der Sekundarstufen ist curricular schon weit vorangeschritten – selbst wenn noch getrennte Schulen existieren.

4. Sozialisation in pluralen Schulen

Neben Wissens- und Fertigkeitsvermittlung und der Zuteilung von Sozialchancen hat Schule immer auch die Aufgabe, die grundlegenden Werte und Orientierungen der jeweiligen Gesellschaft zu vermitteln. In der DDR war das Ziel die »sozialistische Persönlichkeit«; in der alten Bundesrepublik ist angesichts des normativen Pluralismus eine derart klare Zielsetzung nicht zu finden. In den Präambeln von Schulgesetzen und Rahmenplänen finden sich Zielsetzungen wie demokratisches Engagement, Selbständigkeit, Verantwortlichkeit, Toleranz, Allgemeinbildung, Mündigkeit ... Sie sind so allgemein, daß sie grundsätzlich offen sind für unterschiedliche, durchaus kontroverse Ausfüllungen durch Heranwachsende, Ministerien, Lehrer oder Eltern. In Kap. 2 wird jedoch ein Bildungsverständnis begründet, welches Individualismus einerseits lebensweltlich aufgreift und seine Pluralität stützt, die Grundlagen des sozialen Zusammen- und ökologischen Überlebens andererseits wertbezogen definiert.

Jahrzehnte der Unterrichts- und Schulforschung haben nicht vermocht, eindeutig zu klären, ob die reale Schulpädagogik solche Ziele erreicht oder nicht und welche weiteren, evt. durchaus unerwünschten Wirkungen im »heimlichen Lehrplan« der Schule stecken. Viele öffentlichen und auch pädagogischen Debatten sind nicht so sehr von der Sorge um die Lerneffektivität bei der Wissensvermittlung bestimmt, als vielmehr von dem Eindruck, die Schulen würden ihrer Sozialisationsaufgabe nicht gerecht werden: Kinder seien gewalttätig, egoistisch, könnten nicht zuhören, würden sich verantwortungslos verhalten, respektierten nicht fremdes Eigentum, griffen nach Drogen ... die Schule versage.[11] In solchen Vorwürfen steckt indirekt immer die Aufforderung: Pädagoginnen und Pädagogen, seid nicht nur gute Fachlehrer, sondern kümmert euch um die Sozialfähigkeit der Nachwachsenden. Viele der Pädagogen wiederum wenden ein, daß sie als Reparateure für die gesellschaftlichen Krisen, insbesondere für die Familienerziehung und die unklaren Zukunftsperspektiven vieler Jugendlicher, völlig überfordert seien. Von ihnen werde verlangt, wofür sie aufgrund von fehlender Ausbildung, zu geringer Zeit und zu vollen Klassen in der Regel nur in geringem Maße in der Lage seien.

In diesem Konflikt haben beide Seiten, die Kritiker der Schule und die Pädagogen, recht. Was *»gute« Schulen* sind, die eine unterstützende Sozialisationsfunktion für die Heranwachsenden einnehmen, ist weitgehend geklärt (Steffens/Bargel 1987, Rolff 1990): Bevorzugung aktiven gegenüber rezeptivem Lernen, Unterstützung schüler- statt lehrerzentrierter Kommunikation innerhalb und außerhalb des Unterrichts, kooperatives Verhalten zwischen den Lehrern, die Einbeziehung extracurricularer Aktivitäten der Schülerinnen und Schüler in das Schulleben, Verringerung des Leistungsdrucks, vor allem durch Zurücknahme der Ziffernzensuren usw. (vgl. Czerwenka u.a. 1990).

Durch dieses Verständnis »guter Schulen« können aber Sozialisati-

---

11 Den ehemaligen DDR-Lehrkräften wird demgegenüber oft der Vorwurf gemacht, *effektiv* gewesen zu sein, nämlich *wirksam* zur »sozialistischen Persönlichkeit« erzogen zu haben. Der Realitätsgehalt dieser Behauptung eines erfolgreichen (ideologischen) Wirkens ist mindestens so zweifelhaft wie die Unterstellung gegenüber vielen West-Lehrern, sie hätten überhaupt keine erzieherische Wirkung.

onswirkungen der Familie, der Medien, der konkreten Lebenswelt der Kinder und Jugendlichen nur teilweise berührt werden. Es ist vor einer Überschätzung der Wirkungen der Schule ebenso zu warnen wie vor einer Mißachtung ihrer erzieherischen Aufgaben. Gerade deshalb ist die enge Verbindung und Verständigung mit den Eltern, mit der umgebenden Gemeinde, mit den Vereinen und Jugendgruppen so wichtig. Die »Konsum- und Krisenkinder« (Preuss-Lausitz u.a. 1983) sind jedoch heute fast durchweg so selbstbewußt, daß das Verhandeln *über* sie – etwa zwischen Lehrern und Eltern – kaum akzeptiert wird; erst der Versuch, *mit ihnen* die Probleme, die andere mit ihnen und die sie selbst haben, durchzusprechen, bietet die Chance der tatsächlichen Veränderung. David Gribble (1991) hat vor dem Hintergrund britischer Erfahrungen mit »progressive education« anschaulich und praktisch gezeigt, wie man als Lehrer »auf der Seite der Kinder« sein kann, indem man zu seinen eigenen Wahrheiten und Problemen steht.

Die heutigen Aufwachsprobleme, die viele Jugendliche durchleben, stehen nach wie vor im Widerspruch zur Realität an vielen Schulen. Darauf wurde in den 80er Jahren mehrfach aufmerksam gemacht (Tillmann 1986, Hurrelmann 1988). Die Schule wird heute von vielen Jugendlichen nicht so sehr als autoritäre Anstalt kritisiert, wie dies begründet ihre Eltern als Schüler taten (vgl. Allerbeck/Hoag 1985), sondern als kalte, apparatehafte, entleerte Einrichtung, in der uninteressantes Wissen und zwanghaftes Prüfen den Alltag bestimme (Tillmann 1986, S. 149). Es fehlten, so wird kritisiert, die Themen und Möglichkeiten, die in erkennbarem *Bezug zur eigenen Lebens- und Identitätsproblematik* stünden. Auch Hurrelmann hat viele psycho-soziale Belastungen, denen Heranwachsende als Schülerinnen und Schüler in der Risikogesellschaft ausgesetzt sind, auf diese Ferne zur konkreten Alltagswelt zurückgeführt (Hurrelmann 1988). Nicht zuletzt der nach wie vor verbreitete Widerspruch zwischen der Anerkennung – ja Einforderung – selbständigen Verhaltens im außerschulischen Leben heutiger Jugendlicher und der Rolle des Schülers, der zu lernen hat, was ihm abverlangt wird, führt bei vielen Mädchen und Jungen zu wachsender innerer Absenz und zu Kritik an der Schule (vgl. Preuss-Lausitz 1990c).

Dieser entscheidende Widerspruch zwischen Familien- und Schulsozialisation kann nur produktiv gelöst werden, *indem sich die Lehrerinnen und Lehrer auf den modernisierten familiären Umgangsstil einstellen.* »Vom Gehorchen zum Verhandeln« (Büchner 1983) ist nun auch in der Schule nötig, wenn die Kinder überhaupt motiviert werden sollen: Es muß begründet werden, warum etwas zu lernen ist; es muß verhandelt werden, wie und wann es zu absolvieren ist – und verhandeln heißt ja auch, daß beide Partner etwas »geben«, daß zwei Interessen zum Austausch kommen müssen. Eine derartige »*Verhandlungspädagogik*« wird notwendigerweise auf klassische Sanktionen verzichten – Lächerlichmachen, Geringschätzen, Ignorieren, überfallartiges Abprüfen mit Klassenarbeiten, Verweigern einer kritischen Debatte. Verhandeln heißt andererseits aber auch, die eigenen (pädagogischen) Ziele ernst zu nehmen, nicht etwa zugunsten der von den Schülerinnen und Schülern einer Klasse geäußerten Wünsche völlig aufzugeben. Verhandlungspädagogik ist keine Antipädagogik. Sie setzt nicht auf den Verzicht, sondern gerade auf die bewußte *Ausbalancierung* vorhandener Vorschläge und Ziele.

Damit kann schon in der ersten Grundschulklasse begonnen werden. Ich habe erlebt, daß in einer 1. Klasse der »Morgenkreis« so gestaltet wurde, daß täglich reihum ein anderes Kind die Diskussionsleitung übernahm und streng auf die vereinbarten Regeln des Meldens achtete. An einem Morgen kommentierte die Lehrerin spontan die Äußerung eines Schülers – und wurde prompt von der diesmal Regie führenden Anita gerügt, auch sie müsse sich doch melden. Die Lehrerin entschuldigte sich. Das ist moderne Schule mit selbständigen Kindern.

Sozialisation wird nicht nur durch Lehrerverhalten und Schulklima beeinflußt. Auch die *Strukturen einer Schule* haben Wirkung: Wenn beispielsweise Kinder mit Behinderungen bewußt aufgenommen werden, also die physische Rücksichtnahme oder die Akzeptanz unterschiedlicher Lernfähigkeiten dadurch erzwungen wird, so hat dies Wirkung, wie Untersuchungen zeigen (vgl. Kap. 7). Auch die damit verbundene, zumindest zeitweilige gleichzeitige Unterrichtung zweier Pädagogen eröffnet neue Chancen für die Kinder. Bächtold (1988) hat empirisch belegt, daß nicht einzelne Faktoren »gute Schulen« im Sinne einer produktiven Sozialisationswirkung ausmachen, sondern der gesamte sozialökologische Kontext von Unterricht, Lehrern, Kollegium und Umfeld einbezogen werden muß.

5. Äußere Schulreform: vom bildungspolitisch gewollten und vom schleichenden Wandel des deutschen Schulsystems

Die ausschließliche Zuständigkeit der Bundesländer für das allgemeine Schulwesen führt zu sehr unterschiedlichen Entwicklungen. Hier soll es jedoch um die übergreifenden, gemeinsamen Probleme gehen. Die Kultusministerkonferenz (KMK), die sich seit Jahrzehnten als Koordinierungsgremium versteht, damit trotz parteipolitischer Differenzen die Vergleichbarkeit zumindest der Abschlüsse gewahrt wird, konnte nicht verhindern, daß sich seit den 80er Jahren an bestimmten Punkten strukturelle Konflikte des deutschen Schulsystems verstärken, die sich, nach der Vereinigung von West- und Ostdeutschland, nun teilweise auch in den neuen Bundesländern niederschlagen.

Es gibt vor allem drei Bereiche, die seit Jahren im allgemeinen Schulwesen ungeklärt und durch strukturelle Reformen in den 90er Jahren geklärt werden müssen:

– Wann hört die *Grundschule* auf und wie wird der Weg in die Oberschulen geregelt?
– Wie wird die *Sekundarstufe I* insgesamt organisiert?
– Soll in der *Sekundarstufe II* das Abitur der einzige Weg zum Studium bleiben, und soll die Sekundarstufe drei- oder zweijährig angelegt werden?

5.1 *Es ist immer noch ungelöst, wo die Klassen 5 und 6* am besten verortet werden: an der Grundschule – wie in den Ländern Berlin (seit 1951) und Brandenburg (seit 1991) –, vollständig an den Oberschulen – wie in Bayern oder Baden-Württemberg – oder als »Förderstufen« bzw. »Orientierungsstufen« sowohl an Grund- wie an Oberschulen, wie etwa in Hessen.[12] Damit verbunden ist die Frage, wann die Schülerinnen und Schüler sich entscheiden müssen, auf welche Oberschulart sie gehen wollen. In Berlin (West) wird dies seit Jahrzehnten in der 6. Klasse geklärt, in vielen anderen Bundesländern, vor allem jenen, die zwischen Grund- und Oberschule keine eigenständige Förderstufe zwischenschalten, in der 4. Klasse. Alle positiven Erfahrungen mit der sechsjährigen Grundschule (vgl. Heyer/Valtin 1991) und alle pädagogischen Bedenken gegen einen zu frühen Entscheidungzwang haben es nicht vermocht, die politischen Bedenken vor allem konservativer Bildungspolitiker gegen eine Verschiebung der Entscheidung auszuräumen.

5.2 Öffentlich strittiger als das Ende der Grundschule ist nach wie vor

12 Die Orientierungs- oder Förderstufe schneidet bei den regelmäßigen repräsentativen Umfragen des Dortmunder Instituts für Schulentwicklungsforschung bei weitem nicht so günstig ab wie die Grundschule, die von den Erziehungsberechtigten immer besser bewertet wird. Vgl. Rolff u.a. 1990, S. 27.

die Frage, *in welcher Weise sich die Sekundarschulen weiterentwickeln sollen.*

Der Versuch, Mitte der 60er Jahre Bildungsexpansion, Chancengleichheit und äußere Schulreform durch die *Einführung der integrierten Gesamtschule* miteinander zu verbinden, hat bis zum Beginn der 90er Jahre zu einer eigenartigen deutschen Unentschiedenheit geführt: In einigen Bundesländern gibt es, wie etwa in Berlin, Hamburg und Hessen, ein vier- (bzw. bei Berücksichtigung der Sonderschule: fünf-)gliedriges Sekundarstufensystem, in dem die Gesamtschule quantitativ mit Realschule und Gymnasium gleichgezogen hat und die Hauptschule überrundete. In anderen Bundesländern – von Bayern bis Mecklenburg-Vorpommern – kommt sie gar nicht, bestenfalls als »Solitär« vor. Bundesweit besuchen 6% der 14jährigen Gesamtschulen (Klemm 1990). Gesamtschule blieb die Schule sozialdemokratischer (und grüner) Schulreform; sie hat nicht vermocht, das dreigliedrige System abzulösen.

Das ist um so erstaunlicher, als ein breit aufgelegtes Experimentalprogramm von Bund und Ländern die Ziele empirisch prüfte, die mit Gesamtschule verbunden waren (vgl. Dt. Bildungsrat 1969, Lohmann 1968, Keim 1973, Rolff 1974): die Expansion mittlerer und höherer Abschlüsse voranzutreiben; für die benachteiligten sozialen Schichten »Chancengleichheit« zu erreichen; die Flexibilität der Schulraumplanung vor allem auf dem Land zu erhöhen; die 1965 als veraltet angesehenen Unterrichtsinhalte wie die Unterrichtsmethoden zu modernisieren. Der »Strukturplan für das Bildungswesen« des Dt. Bildungsrates setzte sich 1970 – auch als Auswirkung der Studentenrevolte – das Ziel, diese Modernisierung für eine erneuerte Gesellschaft mit einem neuen mittleren Abschluß am Ende der 10. Klasse für möglichst alle Kinder und ggf. mit einer gemeinsamen Schule zu erreichen. Das neue Bewußtsein dessen, daß Schulerfolg nicht automatische Folge biologisch festgelegter (statischer) Begabung sei, sondern (dynamisches) Ergebnis sowohl milieubedingter Faktoren wie einer kindgemäßen Schule, daß also die Schüler durch angemessenes Lernen »begabt werden« können (Roth 1969), führte nicht nur zu dem fächerspezifischen Konzept der Differenzierung in Gesamtschulen. Es stellte implizit auch die Haltung vieler Lehrer in Frage, die nach der Haltung »Vogel, friß oder stirb« bei Schulversagen nicht ihre eigenen Fähigkeiten bezweifelten, sondern grundsätzlich mangelnde (statische) Begabung der Schülerinnen und Schüler annahmen.

Die großangelegte *wissenschaftliche Forschung in und über Ge-*

samtschulen blieb in der Interpretation ihrer Ergebnisse strittig; Fend (1982, S. 125ff., 1990, S. 696) faßte eines der wesentlichsten Ergebnisse so zusammen: Chancengleichheit für Arbeiterkinder wird zwar nicht völlig erreicht, aber die Ungleichheit wird abgemildert. Raschert (1974) betonte, daß das konkrete Schulklima sehr unterschiedlich ist, so daß es nur sehr pauschal Sinn macht festzustellen, daß z.b. Schulangst an Gesamtschulen geringer als an Realschulen sei. Letztlich kann aus der wissenschaftlichen Begleitforschung die *politische* Entscheidung über die Schulform nicht abgeleitet werden: Untersucht werden kann nur, ob die mit der integrierten Gesamtschule verbundenen Befürchtungen und Hoffnungen eintreten oder nicht.[13] Daher hing die Gründung von Gesamtschulen seit den 70er Jahren von den Optionen der Eltern, Schulträger und Parteien ab, nicht jedoch von wissenschaftlichen Forschungsergebnissen. Das öffentliche *Image* von Gesamtschulen hat sich, vor allem im Vergleich mit Gymnasien, differenziert entwickelt: Während Gymnasien eher die Förderung begabter Schüler zugeschrieben wird, wird von Gesamtschulen eher angenommen, sie förderten das gemeinsame Lernen, seien für neue Erziehungsvorstellungen und neue Methoden aufgeschlossener, böten mehr Chancengleichheit, würden auf Schüler weniger als Lernfabriken wirken denn Gymnasien (Rolff u.a. 1992, Kap. 1). Mit anderen Worten: Gymnasien gelten eher als kalt, aber dienlich für »begabte« Kinder; Gesamtschulen eher als innovativ, sozial ausgleichend, offen und kreativ.

Die reale Entwicklung der Sekundarstufenschulen hängt jedoch nicht automatisch von solchen Zuschreibungen ab: In Zuge eines »*heimlichen Umbaus der Sekundarschule*« (Klemm/Rolff 1988) nimmt aufgrund der Entscheidungen der Bevölkerung der Anteil der Hauptschüler rapide ab und der der Gymnasiasten massiv zu. *Gymnasiasten* sind inzwischen bundesweit unter den Siebtklässlern häufiger vertreten als Hauptschüler[14] – und dieser Trend setzt sich trotz der durch konservative Schulpolitik propagierten »Aufwertung der Hauptschule« fort. So wurde beispielsweise in Berlin (West) schon in den 70er Jahren das

13 Aus der umfangreichen Forschungsliteratur zur Gesamtschule seien hier neben den erwähnten Zusammenfassungen die Arbeiten von Bühlow u.a. 1977a, b, Haenisch/Lukesch 1980, Baumert/Raschert 1978, Kuhnen 1977, Bayer. Staatsinstitut 1977 genannt.
14 Im Schuljahr 1990/91 gab es in den alten Bundesländern in den 7. Klassen mit 197.440 (31,5%) Gymnasiasten und 197.324 (31,5%) Hauptschülern erstmals mehr Gymnasiasten. Die Realschule besuchten 26,5%, die Gesamtschule 6,4%, die Sonderschulen 4,1%. Vgl. Rolff u.a. 1990, Kap. 1.

10. Schuljahr in der Hauptschule eingeführt und die Möglichkeit für gute Hauptschulabsolventen eröffnet, einen Realschulabschluss zu erhalten. In den 80er Jahren wurde darüber hinaus die Klassenfrequenz auf 18 Schüler begrenzt und die Klassenwiederholung am Ende der 7. Klasse untersagt. Dennoch machen Hauptschüler kaum mehr als 10% aller Siebtklässler aus. Andererseits ereicht das Gymnasium fast die 40%-Quote; auch in den Ost-Berliner Bezirken wird dieser Anteil bald erreicht sein.

Der Trend zur höheren Bildung schließt die *Realschule* ein: Waren 1960 noch bundesweit 12% aller Siebtklässler in Realschulen, so besuchten 1990 schon 28,7% diese Schulform (Klemm/Rolff 1988, S. 76; KMK 1992). Mit anderen Worten: Abschlüsse unterhalb der Mittleren Reife sind unattraktiv geworden. Sie werden weder von den Schülern bzw. ihren Eltern angestrebt noch werden sie von den »Abnehmern«, also der Wirtschaft und dem öffentlichen Dienst, für wertvoll gehalten.

Die Verschiebung der Gewichte zwischen den vier (und schließt man die Sonderschulen ein: fünf) Schulformen der Sekundarstufe hat zur *Auflösung der begabungstheoretischen Begründungen* des dreigliedrigen Schulsystems geführt. Hauptschulen wurden ja damit begründet, daß die »praktisch Begabten« dort die angemessene Bildung erführen, Gymnasien[15] damit, daß die (wenigen) »geistig Begabten« sich dort bilden sollten – die Realschüler lagen mit ihrer praktisch-theoretischen Begabung ohnehin immer ein wenig unschlüssig dazwischen. Dieses klassische Begründungsmodell für das deutsche Schulsystem löst sich jedoch auf, wenn statt früher 5% nun 30 oder 40%, ja in gutbürgerlichen Großstadtbezirken bis zu 80% des Altersjahrgangs das Gymnasium besuchen. Sind die nachwachsenden Kinder so viel klüger als die Eltern (und so viel weniger »praktisch begabt«, weil seltener auf Hauptschulen)? Und gibt es so viel weniger »geistig Begabte« unter ausländischen Kindern, denn diese sind ja im Gymnasium stark unterrepräsentiert? Alle Versuche, »objektive« Prozentangaben für den Jahrgangsanteil »geistig Begabter« und damit »Gymnasialfähiger« herauszufinden, sind wissenschaftlich zum Scheitern verurteilt.

Die *Lehrerinnen und Lehrer an Gymnasien* haben statt dessen ein anderes Problem: Ausgebildet für die Konzentration auf die wissenschaftliche Kompetenz in ihren Fächern, müssen sie sich in der Praxis verstärkt auf Fragen der Fachdidaktik, vor allem der Vermittlung, und auf

---

15 Zur Geschichte und zur bildungs- und begabungstheoretischen Begründung des deutschen Gymnasiums seit der Aufklärung vgl. Kraul 1984.

Fragen der Persönlichkeitsentwicklung ihrer Schülerinnen und Schüler einlassen. Sie haben, mit anderen Worten, die gleichen Probleme und pädagogischen Aufgaben wie ihre Kolleginnen und Kollegen in anderen Schulformen. Die klassische »Gymnasialdidaktik« – etwas verkürzt gesagt: aus der Logik des Gegenstandes ergibt sich die richtige Vermittlung[16] – scheitert an vielen heutigen Gymnasiasten. Der Wandel der Kindheit führt zu einer veränderten Erwartung und Haltung der Gymnasiastinnen und Gymnasiasten. Das Gymnasium muß also nicht nur vom Selbstverständnis einer »Standesschule« Abschied nehmen (Philipp/Witjes 1982), sondern sich auch der allgemeinen schulpädagogischen und modernen fachdidaktischen Reform öffnen. *Die »Pädagogisierung« auch des Gymnasiums steht auf der Tagesordnung der 90er Jahre.*[17]

Andererseits ist zu beobachten, daß gerade die Versuche, die *Hauptschule durch »Pädagogisierung« als Schulform attraktiver zu machen, scheitert.* Alle pädagogischen Ansätze, die berichtet werden: Hauptschule mit Werkstätten, Projekttagen, Öffnung zum Stadtteil, Einbeziehung von Sozialarbeitern oder Psychologen, Schulgärten, ökologischen Schullandheimaufenthalten usw.: all das ist gut für diejenigen, die gerade diese Schulen besuchen. Die Option gegen die Hauptschulen wird jedoch dadurch nicht beeinflußt. Mit anderen Worten: *Die Hauptschule wird auch dort Restschule, wo sie »gute Schule« ist.*

Aus dem *Dilemma aller Sekundarschulformen,* das in den Großstädten nur schärfer sichtbar ist, aber auch für ländliche Regionen und für alle Bundesländer gilt, müssen in den 90er Jahren Lösungen herausfüh-

---

16 Furck (1965, S. 108ff.) beklagte in seiner damals vielbeachteten Schrift »Das unzeitgemäße Gymnasium« das Fehlen einer Gymnasialpädagogik. Er hielt an der Notwendigkeit fest, »eine Theorie der Gymnasialpädagogik zu erarbeiten« (S. 112), betonte dabei vor allem eine empirische Beschreibung der gymnasialen Wirklichkeit, konnte jedoch keine spezifischen didaktischen Begründungen für eine eigenständige Gymnasialpädagogik vortragen.

17 In dem Versuch von Schmidt (1991), eine moderne Gymnasialpädagogik zu begründen, wird auf diese Notwendigkeit nur marginal eingegangen. Überall dort, wo sozialisationstheoretische und empirisch-lebensweltliche Bedingungen heutiger Jugendlicher reflektiert werden, sind dies Überlegungen, die sich nicht auf eine spezifisch gymnasiale, sondern auf allgemeine Entwicklungen heutiger Kindheit und Jugend beziehen. In diesem Buch wird noch einmal die Unmöglichkeit deutlich, eine eigenständige gymnasiale Theorie zu begründen. Nützlich ist diese Arbeit nicht zuletzt wegen der Dokumente zur gymnasialen Oberstufe bzw. zum Abitur.

ren. Es gibt in der öffentlichen Diskussion hauptsächlich folgende vier Vorschläge:

Variante 1: Alles bleibt wie bisher; *die Eltern (bzw. die Kinder) entscheiden (formal) frei,* und irgendwann hat die Abstimmung mit den Füßen die bildungspolitische Entscheidung für oder gegen bestimmte Schulformen überflüssig gemacht. Diese gleichsam neutrale bildungspolitische Haltung setzt allerdings ein vollständiges Angebot *aller* Schulformen (also auch das Angebot von Gesamtschulen) in erreichbarer Nähe voraus und ist für die Schulträger kostspielig.[18] Nähme man den Elternwillen (bzw. den der Jugendlichen) ernst, müßte diese Variante in Bayern, Baden-Württemberg und in vier der fünf neuen Länder erst einmal zu einem Auf- und Ausbau von Gesamtschulen führen. Das ist kaum zu erwarten.

Variante 2: *Die Haupt-, Real- und Gesamtschulen werden zu einer Mittelschule bzw. Gesamtschule zusammengefaßt* und als einzige Alternative den weiter bestehenden Gymnasien gegenübergestellt.[19]

Klaus Hurrelmann hatte dieses Konzept, noch vor der Vereinigung, in die Debatte gebracht (Hurrelmann 1988, 1991). Es ist innerhalb der Erziehungswissenschaft wie in der Öffentlichkeit stark umstritten (vgl. u.a. Klemm/Rolff 1988, Wetzel/Wesemann 1990, Wunder 1992).

Hurrelmann (1991) geht davon aus, daß das »Gymnasium an seinem Erfolg erstickt«; es sei wegen des Zustroms von Schülern mit so unterschiedlichem Leistungsprofil überfordert und auf die auch sozial schwächeren Kinder nicht eingestellt. Seine Schlußfolgerung ist nun nicht eine pädagogisch-didaktische Reform des Unterrichts an den Gymnasien; vielmehr setzt er auf die Attraktivität der Alternative – einer neuen Mittelstufenschule als Bündelung aller übrigen Sekundarschulen, in der »Lernen mit Kopf, Herz und Hand« stattfinde, »stark an der Lebenspraxis und der späteren Berufspraxis der Schülerinnen und Schüler« orientiert, mit sozialpädagogischen Aktivitäten in einem Ganztagsangebot, mit »alltäglichen Erfahrungsräumen und der Öffnung der Schule zum Leben der Gemeinde«.

---

18 Nordrhein-Westfalen mußte zwischen 1988 und 1990 fast 90 Hauptschulen schließen, weil sie aufgrund geringer Nachfrage zu teuer wurden.
19 Brandenburg hatte ursprünglich vor, solch ein duales Konzept einzuführen. Durch die aus koalitionspolitischen Gründen notwendig gewordene Einrichtung von (66) Realschulen ist jedoch faktisch ein neues dreigliedriges System entstanden.

Zur inneren Reform des Gymnasiums wird von Hurrelmann nichts gesagt. Das bedeutet: Es soll an der klassischen Aufassung von »Gymnasialpädagogik« – der Wissenschaftspropädeutik mit dem Ziel des Universitätsstudiums – festgehalten werden. Reformpädagogik, so ist zu schließen, hat nichts im Gymnasium, sondern nur etwas in der neuen Mittelschule zu suchen. Offenbar wird damit gerechnet, daß der abschreckende Charakter einer so unveränderten – um nicht zu sagen: unerbittlichen – gymnasialen Pädagogik und die gleichzeitige Attraktivität der Alternative zu einer Umleitung der Schülerströme führt.

Kritiker dieses Ansatzes glauben, daß sich bei Einführung dieses Modells die soziale Selektivität des Gymnasiums eher verschärfen als abschwächen und daß dennoch der historische Ansturm auf diese Schule dadurch nicht gebremst würde. Die inneren Probleme blieben damit bestehen. Zum anderen wäre die neue Mittelschule zwar pädagogisch interessant – sie würde perspektivisch ja so ziemlich alles in sich bergen, was pädagogisch *generell* als vernünftig angesehen wird –, aber ohne eine volle Sekundarstufe II – denn Hurrelmann sieht nur einen zweijährigen Bildungsgang ohne die *allgemeine* Hochschulreife vor – bleibt bei aller innerer Reform dies eine Schule zweiter Ordnung.

Variante 3: Einen anderen Vorschlag macht der Erziehungswissenschaftler Rainer Winkel (1992). Gegen Hurrelmann wendet er ein, daß dieser das Gymnasium »nicht in die reformpädagogische Pflicht« nehme, und fordert: »Wir brauchen eine Bildungsschule, die sich dem reformpädagogischen Erbe verpflichtet weiß!« Er nennt sein Konzept »*die elastische Schule*[20] für das föderative Deutschland« und definiert es als ein »Modell für die Vielfalt in der Einheit«. Die Differenz zu Hurrelmann besteht u.a. darin, daß Winkel die sechsjährige Grundschule mit Orientierungstufe (auch für Kinder mit Behinderungen) vorsieht, um so eine Schule der Kindheit zu schaffen ohne Notengebung und auf den guten Berliner Erfahrungen aufbauend. Für die daran anschließende vierjährige Sekundarstufe schlägt Winkel *eine* Schule mit drei Zweigen oder Teilschulen vor, eine Berufsbildungsschule, eine Realschule und die Studienschule. Er reproduziert also das tradierte System – allerdings mit der Variante, daß jeder Weg zum Abitur und zum Studium führen könne, und vor allem: daß alle Jugendlichen eines Stadtteils in einer Schule

---

20 Der Begriff »elastisch« knüpft an die »Elastische Einheitsschule« des Bundes Entschiedener Schulreformer an, die während der Weimerar Republik eine Demokratisierung des Schulwesens vergeblich versuchten durchzusetzen. Vgl. dazu Uhlig 1990, Radde 1973.

sind, extracurriculare Aktivitäten und soziale Beziehungen also nicht durch die Bildungswege getrennt werden und Vielfalt ebenso betont wird wie Gemeinsamkeit. Keine seiner drei »Teilschulen« wird von der pädagogischen Reform – als einer ständigen Aufgabe aller Pädagoginnen und Pädagogen und der gesamten Schulgemeinde – ausgenommen.

Das Konzept Winkels hat den großen Vorteil gegenüber dem Hurrelmanns, daß es keine Schulform vom Anspruch pädagogischer Erneuerung befreit und daß es die Ansprüche und Erwartungen an höhere Bildung ebenso abdecken kann wie die Orientierungen von Jugendlichen auf berufsbezogene Ausbildung. Rainer Winkel glaubt, daß es bei der »jetzt anstehenden Reform des Bildungswesens nicht mehr wie vor 25 Jahren um die Gleichheit der Chancen, sondern um eine gerechte Verteilung von Problemen« ginge: »Alle Schulen müssen sich den Schwierigkeiten unserer Zeit öffnen, wenn sie ihre Möglichkeiten demokratisch nutzen wollen. Eine Gesellschaft mit ›Restschülern‹ ist inhuman, und eine Gesellschaft mit einer ›Einheitsschule‹ undemokratisch.«

Variante 4: Damit ist die vierte »Lösungs-Variante« angesprochen: die *integrierte Gesamtschule* als Ersetzung der übrigen Schulformen. Man kann von ihr nicht behaupten, sie sei Einheitsschule: Sie berücksichtigt durch den fachleistungsdifferenzierten und den Wahlpflichtunterricht ja gerade die Differenzierung nach fächerspezifischen Leistungspotentialen und Interessen. Auch die pädagogischen Erneuerungen, wie sie von Hurrelmann für seine neuen Mittelschulen vorgeschlagen werden, sind in vielen Gesamtschulen Praxis, wie zahlreiche Berichte dokumentieren.[21]

Während im übrigen Europa fast durchweg gesamtschulähnliche Sekundarschulen bestehen (vgl. Mancke 1991), stößt ihre flächendeckende Einführung in Deutschland nach wie vor auf erbitterten Widerstand. Gesamtschulen ohne Sekundarstufe II – also ohne direkten Weg zum Abitur – haben keine Perspektiven; sie stellen in der Praxis oft verdeckte Haupt-/Realschulen dar. Andererseits wird auch das derzeitige drei-

21 Vgl. hierzu die Berichte in der seit 1969 bestehenden Zeitschrift Gesamtschul-Informationen des PZ Berlin, in der Zeitschrift Gesamtschul-Kontakte der Gemeinnützigen Gesellschaft Gesamtschule (GGG) und die Berichte in zahlreichen pädagogischen Zeitschriften, die hier nicht im einzelnen aufgeführt werden können. Die innere Erneuerung der Sekundarschulen ist in den letzten 20 Jahren oftmals von Gesamtschulen ausgegangen und von anderen Schulen übernommen worden. Das schließt selbstverständlich nicht aus, daß es auch »schlechte« Gesamtschulen gibt.

bzw. viergliedrige System (in CDU-geführten Bundesländern) und das vier- bzw. fünfgliedrige System (in SPD-regierten Bundesländern) auf die Dauer seine strukturellen Widersprüche nicht lösen können.

Der Ausweg kann nur in einem Schulangebot bestehen, das für alle Jugendlichen eines Jahrgangs einerseits einen mittleren *Sekundarstufenabschluß am Ende der 10. Klasse* anbietet, zum anderen jedoch die *gemeinsame Grundbildung* nach Interessen und Fähigkeiten flexibel differenziert und die *innere, pädagogische Reform der Einzelschule mit den hier diskutierten Strukturfragen verbindet.*[22] Das Ziel, Chancengleichheit in der Schule endlich auch für Benachteiligte zu erreichen, darf dabei ebensowenig aufgegeben werden wie der Anspruch, auf die heutigen Probleme der Kinder und Jugendlichen einzugehen und auf ihre beruflichen Zukunftsaussichten breit vorzubereiten. Aus ökonomischen Gründen wie aus Gründen flexiblerer Reaktion auf schwankende »Schülerströme« neigen im übrigen vor allem Schulträger in ländlichen Gebieten zu Gesamtschulen (ob als integrierte oder als kooperative): Je mehr die Eltern bzw. die Jugendlichen über die Schulart der Sekundarstufe selbst entscheiden können, desto fragwürdiger ist das Vorhalten getrennter Schulgebäude, getrennter Schulwege und getrennter Schulorganisation – weil diese Entscheidungen ja grundsätzlich nicht planbar, d.h. auch überraschend sein können. Wenn sich schon aus pädagogischen Gründen die Mehrheit der deutschen Politiker nicht für die Gesamtschule als alleinige Schulform der Mittelstufe durchringen kann, dann werden dies aus finanziellen Gründen immer mehr Gemeinden tun – wenn sie dies dürfen. Ich bin davon überzeugt, daß nicht das zwei-, drei- oder viergliedrige Schulsystem die künftige Perspektive ist, sondern eine gemeinsame Schule mit innerer Vielfalt und vielen Profilen.

5.3 Der *Streit um die gymnasiale Oberstufe* schien Mitte der 80er Jahre, nach einem vergeblichen Versuch, zur Neuordnung der Sekundarstufe II eine Verbindung von allgemeinem und beruflichem Lernen durchzusetzen (Dt. Bildungsrat 1974), durch eine stärkere Festlegung verbindlicher Fächer in allen alten Bundesländern ausgeräumt. Allerdings war offengeblieben, ob der Berufseinstieg der Hochschul-Absolventen nicht durch die Verkürzung der gymnasialen Oberstufe um ein Jahr früher stattfinden könne. Angesichts der erheblichen Verkürzung der Militärdienstzeit ist im Grunde der Verkürzungsbeitrag (für männliche Jugend-

---

22 Eine Arbeitsgruppe der Dt. Gesellschaft für Erziehungswissenschaft (DGfE) hat eine ähnliche Position eingenommen. Vgl. Zedler 1992.

liche) schon geleistet. Die Tradition der neuen Länder, die in DDR-Zeiten nur 12 Jahre bis zum Abitur vorsahen, hat diese Debatte neu entfacht.

Eine *Verkürzung* um ein ganzes Jahr könnte, bei Beibehaltung der Halbtagsschule, den umfassenden Bildungsanspruch der gymnasialen Oberstufe bedrohen. Er wäre nur zu sichern durch die generelle Einführung einer *ganztägigen* Unterrichtszeit, die aus finanziellen Gründen nicht realisierbar zu sein scheint und auf erheblichen Widerstand bei den selbstbewußten »Konsumkindern« stoßen könnte. Konservative Bildungspolitiker verfolgen teilweise die Verkürzungspläne weiter, während der Philologenverband im neuen Bündnis mit den Sozialdemokraten und den Grünen an dem bisherigen 13jährigen Weg zum Abitur (als Studienberechtigungsschein für alle Studiengänge) und damit an einem umfassenden Bildungskonzept festhält. Eigenartig ist die Auffassung mancher konservativer Bildungspolitiker deshalb, weil sie traditionell den »klassischen« Bildungsbegriff und das klassische Abitur verteidigt haben, nun jedoch bereit zu sein scheinen, beides zugunsten eines verkürzten, teilweise nur noch fachhochschulspezifischen und fächerspezifischen Abiturs aufzugeben.

Es könnte jedoch beabsichtigt sein, das gesamte bisherige Pensum in kürzerer Zeit, eben in zwei oder in zweieinhalb Jahren, abzufordern, also den umfassenden Anspruch aufrechtzuerhalten, aber den Leistungsdruck zu verschärfen: Dann dürfte die Zahl derer, die das Abitur in dieser komprimierten Zeit erreichten, geringer sein. Anders ausgedrückt: Der Verdacht stellt sich ein, daß mit der »Verkürzung« ein feineres Sieb gefunden werden soll, um die vermeintlich zu große Menge der Abiturienten zu verringern und damit auch die Universitäten zu entlasten. Im Sieb hängen blieben vermutlich wieder einmal vor allem diejenigen, die aus sozialen Gründen ohnehin mit der gymnasialen Laufbahn größere Schwierigkeiten haben.

Der späte Berufseintritt akademisch Ausgebildeter ist eher eine Folge zu langer Studiendauer als zu langer Schulzeit. Die Schülerinnen und Schüler brauchen eher mehr Zeit, um sich umfassend zu bilden – und deshalb gilt auch für die Sekundarstufen-II-Schule, daß sie ein *ganztags offenes Gebäude* mit vielen Angeboten, mit Räumen für eigene Aktivitäten, mit Arbeitsmöglichkeiten, mit Orten der Konzentration und der Stille ebenso wie mit Möglichkeiten des sozialen Austauschs werden sollte. Die Debatte um die Verkürzung der gymnasialen Oberstufe führt von dieser wichtigen Zielsetzung weg.

6. Perspektiven für das Jahr 2000: Pädagogisierung der Schule und Strukturreform verbinden

Am Beispiel der Hauptschule konnte gezeigt werden, *daß Strukturprobleme durch pädagogische, sog. innere Reformen nicht gelöst werden können.* Diese Feststellung kann aber auch umgekehrt werden: Die Probleme vieler Kinder und Jugendlicher mit der heutigen Schule werden auch durch die radikalste äußere, strukturelle Veränderung nicht beseitigt. *Nur beides zusammen kann Lösungen eröffnen.* Das bedeutet für Lehrer, daß sie sich nicht nur auf ihre Unterrichtsverbesserung konzentrieren dürfen, und für Schulplaner und Schulpolitiker, daß sie neben übergreifenden Gesichtspunkten immer auch den konkreten Unterricht, den konkreten Schulalltag, die Lebensumstände der Jugendlichen mit beachten sollten. Das geht nur, wenn sie mit Lehrern, Schülern und Eltern vor Ort zusammenarbeiten.

Ich möchte im folgenden *zentrale Aspekte innerer Reform* betonen, die neben den diskutierten äußeren, strukturellen Veränderungen für die Schule der 90er Jahre wichtig sind. Die Beachtung dieser Gesichtspunkte würde Schule nicht nur lebendiger machen; dadurch könnte sie zugleich ihrem Auftrag, Bildung zu vermitteln, besser gerecht werden. Diese Aspekte überschneiden sich mit den Schlüssen, die ich aus der veränderten Kindheit pädagogisch gezogen habe (vgl. Kap. 3), aber sie gehen darin nicht auf: Kindheit ist *ein* Anlaß für Schulreform; ein anderer ist die Funktionsveränderung der Schule selbst.

1. Der Zuwachs an *Selbständigkeit* und Selbstbewußtsein bei Kindern muß sich auch in einer *demokratisierten Schule* widerspiegeln. Konkret bedeutet dies z.B., daß Vorhaben von Schülerinnen und Schülern, die quer zum oder außerhalb des offiziellen Schulpensums liegen, ihren Ort innerhalb und außerhalb der Unterrichtszeit finden können sollten. Die Schüler sollten die Zeit dafür haben, ihre Themen zu bearbeiten und sie auch der Klasse, dem Jahrgang oder gar der ganzen Schule vorstellen zu können. Demokratisierte Schule der 90er Jahre bedeutet darüber hinaus, daß Schulleitung und vor allem Schulaufsicht sich als Berater aller am Lernprozeß Beteiligten und nicht als Kontrolleure staatlich festgelegter Lernziele verstehen.

2. Die *Pluralisierung der Lebensweisen und der kulturellen Hintergründe* muß sich in einer Abkehr von deutsch-ethnozentrischen Rahmenplänen und Umgangsformen in der Schule niederschlagen, genauso wie in

der Abkehr vom Versuch, bestimmte Geschlechter, Kulturen und Lebensweisen indirekt oder gar ausdrücklich als höherwertig darzustellen. Es ist eine Herausforderung für alle Pädagoginnen und Pädagogen, herauszufinden, wie *Vielfalt und Gemeinsamkeit in eine produktive Balance* gebracht werden können – und das könnte in jeder Klasse etwas anderes bedeuten.

3. Pluralität der Herkünfte bedeutet auch Akzeptanz der *Pluralität von Lernfähigkeiten und Lernwegen.* Das schließt Kinder mit Beeinträchtigungen der Aneignungsfähigkeit ebenso ein wie physisch behinderte Menschen. Daher ist – nicht nur für die Grundschule – die methodische *innere Differenzierung* der Kern einer modernen Didaktik. In der Grundschulpädagogik ist dies in der Theorie und auch praktisch in vielen Schulen bereits erfolgreich umgesetzt (vgl. u.a. Wallrabenstein 1991). Innere Differenzierung und »offener Unterricht« stellen sich jedoch auch als Aufgabe für den Fachunterricht in der Sekundarstufe – aller Schularten.

4. Offenheit hat die moderne Schule auch in anderer Hinsicht zu zeigen: offen für die Nutzung durch die Gemeinde am Nachmittag und Abend, offen für den Wunsch von Kindern und Jugendlichen, ihre Räume, ihre Ausstattung, ihre Flächen extracurricular nutzen zu können. »*Community School«, Kiezschule* heißt ja nicht nur, sich unterrichtlich mit den wirklichen Themen der umgebenden Stadt, des Dorfes, des Umlandes zu beschäftigen, sondern auch die Tore ganz konkret zu öffnen (vgl. Ernst 1986). Warum bleiben, beispielsweise, so viele Schulhöfe nachmittags verschlossen? Warum dürfen jugendliche Musikgruppen in der Schule nicht abends proben? Schulen sollten sich als Jugendhäuser verstehen; Hausmeister als Manager eines Lebensortes. Die Schulen sollten – wie in vielen anderen Staaten – *offene Ganztagsschulen* werden (vgl. ausführlicher Preuss-Lausitz 1992c).

5. Aus der eingangs dargestellten neuen Lebensweltfunktion der Schule ergibt sich die Notwendigkeit, Höfe und Schulgebäude so umzugestalten, daß die Kinder und Jugendlichen diesen Ort, der nur für sie geschaffen wurde, auch *für ihre Kommunikations- und Aktivitätsbedürfnisse nutzen können*: Sitzbänke und Gärten im Hof, kleine Gesprächszimmer, schalldichte Übungsräume, Räume, die leicht für Theater oder Disco umgestellt werden können, Werkstätten, eine wirklich attraktive Schülerbücherei ... und dies natürlich ganztägig zugänglich. Dies könnte die

Isolationsgefahr mancher Kinder erheblich verringern. Schule sollte bewußt Erfahrungsraum für soziale Beziehungen werden.

6. Aus der Abkehr von der bloßen »Bearbeitung der Köpfe« ergibt sich die Notwendigkeit, alle jene Teile von »Bildung«, die den *Körper und die ästhetisch-musische Produktivität* berühren, besonders zu unterstützen. Hier können die Lehrer von nichtschulischen Experten wie von Theater- und Musikpädagogen ebenso angeregt werden wie von Entwicklungen der Körpertherapien und moderner Sportarten, die den ganzheitlichen Aspekt der Körpererfahrung betonen (vgl. Scholz/Schubert 1982). Die Betonung der Körpererfahrung soll nicht als Gegensatz zum systematischen, kognitiven Lernen verstanden werden; vielmehr wird auch dieses besser gelingen, wenn von der alten Trennung Körper/Geist Abschied genommen wird und ein integriertes Verständnis in die Schulpraxis Eingang findet (vgl. Kap. 9).

7. Dem lebensweltlichen Defizit an Bewegung, an Verausgabung physischer Energie sollte die Schule kompensatorisch die *tätige Schule*, die Werkstattschule, die arbeitende Schule entgegenstellen. Kinder wie Jugendliche sind sofort bereit, tätig zu werden, wenn ihnen – ob innerhalb oder außerhalb des Unterrichts – dafür Möglichkeiten geboten werden. Alle Anregungen seit der Reformpädagogik – von Freinet und Kerschensteiner bis zur heutigen Laborschule – haben ihre Aktualität für das Jahr 2000 nicht verloren.

8. Innere Reform schließt die *ständige Erneuerung der Inhalte*, auch die Revision der Schulfächer, ein. So ist es völlig unverständlich, daß angesichts der heute bestehenden zentralen Rolle von Ökonomie, Recht und Medizin für das Leben jedes einzelnen diese Bereiche nur marginale Rolle im Fächerkanon finden. Auch »Ökologie« als Krisenerfahrung und zahlreiche Themen verschiedener Schulfächer berührender Komplex ist in die Gettos entweder der Biologie oder der Physik verbannt. Die innere Absenz vieler Schülerinnen und Schüler hängt auch damit zusammen, daß die außerschulischen Erfahrungen oft keine Widerspiegelung im schulischen offiziellen Curriculum finden.

9. Die Sinnkrisen der Risikogesellschaft müßten in einer verstärkten *schulischen Hinwendung zu subjektiv empfundenen existentiellen Fragen* thematisiert werden. Es gibt keine Lehrerausbildung für Ethik- oder Lebenskundeunterricht. Warum? Weil die vierte Funktion der Schule –

die Lebensweltfunktion – noch nicht ernst genommen wird. (Zugleich wird über desorientierte und gewalttätige Jugendliche geklagt.)

Diese neun Hinweise für eine *Pädagogik der Vielfalt in der Gemeinsamkeit* beziehen sich auf keine Schulform und keine Schulstufe – sie sind für alle gleicherweise gemeint. Von ständiger Schulreform ist kein pädagogischer Ort ausgenommen; sie stellt sich angesichts der heutigen Lebensbedingungen von Kindern und Jugendlichen gerade wegen der Pluralisierung grundsätzlich für alle als gleich notwendig dar.

Als Bücher zum Weiterlesen empfehle ich:

Rolff, Hans-Günter u.a. (Hrsg.): Jahrbücher für Schulentwicklung, alle 2 Jahre ein Band, seit 1980 (Bd. 7 Weinheim 1992)
Wallrabenstein, Wulf: Offene Schule – offener Unterricht. Reinbek 1991
Zedler, Peter (Hrsg.): Strukturprobleme, Disparitäten, Grundbildung in der Sekundarstufe I. Weinheim 1992

Kapitel 5
Ökologische Bildung

Die Erde wird noch mal ganz von vorn anfangen. Dann sind wir und die Tiere und die Gräschen zerstört und nicht mehr da.

Jonathan, 8 Jahre, über die Welt in 20 Jahren[1]

1. Schule und Ökologie – Herausforderung oder Überforderung?

Täglich erleben wir alle – Erwachsene wie Kinder – die zunehmenden Umweltschäden. Wir riechen die schlechte Luft im Wintersmog, die Abgase auf den Straßen. Wir sehen die blätterlosen Baumzweige im Sommer. Wir trauen uns immer seltener, ungecremt und lange in der Sonne zu liegen. Wir mißtrauen den vielleicht mit Schwermetallen, Bakterien oder Strahlungen belasteten Pilzen, Fischen und Teesorten.

Nicht alles, was sich an ökologischer Krise bis hinein in unsere Gefühle – in Ängste, Unsicherheiten, Zorn und Trauer – niederschlägt, ist sinnlich erfahrbar. Wir *sehen das meiste nicht, sondern »wissen«* es, oder genauer: Wir *glauben* den Medien und den Wissenschaftlern, die uns die Wirkungen der Verstrahlung, der schleichenden Vergiftungen, der schlechten Wasserqualität oder des größer werdenden Ozonlochs erzählen. Was wir individuell »erfahren«, ist oft eine Mischung aus sinnlichem Eindruck und abstraktem Wissen. Das bedeutet auch, *daß sowohl Wissensverarbeitung als auch eine neue Schulung der Sinne zur notwendigen Voraussetzung ökologisch angemessenen Verhaltens* werden: »Hätten wir sehend miterlebt, wie längst vor dem Waldsterben nach und nach bereits eine Pflanze nach der anderen: der Enzian, die Kornrade, der Rautenfarn, das Knabenkraut, der Sonnentau, das Weidenröschen

---

1 Zitat aus: Christiane Grefe/Ilona Jerger-Bachmann: Das blöde Ozonloch. München 1992, S. 16

und viele andere allmählich verschwinden oder bereits ganz verschwunden sind, dann hätte uns der Schreck wohl nicht so spät ereilt« (Meyer-Abich 1990, S. 17).

Die Zukunft ist, erstmals in der Geschichte der Menschheit und für alle gleichermaßen, global bedroht. Das Zerreißen der Ozonschicht gefährdet den überlebensnotwendigen Schutzgürtel; die Erwärmung der nördlichen Halbkugel bedroht riesige küstennahe Landstriche und das jahrtausendealte Gleichgewicht innerhalb des gesamten Lebens von Pflanzen, Tieren und Bakterien; die Vergiftung von Böden, Luft, Wasser und Nahrung bedroht unsere Gesundheit; der Müll der industriellen Gesellschaften landet als Umweltverschmutzung in den unterentwickelten Ländern; die Stromgewinnung durch Kernkraftwerke setzt einen ewigen Frieden, der atomare Müll eine auf Zentausende von Jahren angelegte technisch machbare Entsorgung voraus – wobei aber die Energieprobleme der rapide wachsenden Bevölkerungen nicht einmal gelöst wären. Wie der Golfkrieg von 1991 zeigte, wird ökologische Vernichtung – die Inbrandsetzung der Ölfelder und die Verseuchung des Meeres – von einzelnen Staaten als Mittel der Politik benutzt, ohne daß sich die Weltgemeinschaft dagegen wehren kann.

Was hat dies alles mit Pädagogik, gar mit Schule zu tun? Darauf gibt es erst einmal eine grundsätzliche Antwort. Jede erzieherische Absicht – von Eltern, von Lehrern oder anderen Pädagogen – ist auf die Zukunft gerichtet, auf die Zukunft der eigenen Kinder oder der ihnen anvertrauten. Eine bessere Zukunft soll es sein, in der die Welt durch die nachwachsenden Generationen sittlicher, das heißt mitmenschlicher werde. Klassische Bildung hatte dies zum Kern: den einzelnen zu fördern, damit das Zusammenleben aller vorankomme. Heute jedoch geht es gar nicht mehr darum: Wenn die Zukunft als Ganzes, also das Weiterbestehen der Menschen als Gattung bedroht ist, dann ist zugleich jede Erziehung in Frage gestellt. Wenn es keine Zukunft mehr gibt oder keine mehr geben könnte, dann hat Pädagogik keine Grundlage mehr. Eine rein gegenwartsbezogene Pädagogik kann es nicht geben. Es ist deshalb die grundlegende Aufgabe aller Erziehung, der öffentlichen wie der privatfamiliären, die *Voraussetzungen für die Möglichkeit von Zukunft überhaupt zu verteidigen.*

Aber ist es wirklich nötig, Familie und Schule eine weitere Aufgabe zuzuweisen, die sie eventuell überfordert? Wissen die Kinder und Jugendlichen nicht schon längst alles zum Thema ökologische Vernutzung der Erde (Halbing 1991, Grefe/Jerger-Bachmann 1992) aus den täglichen Fernseh-Horrormeldungen? Was begründet eigentlich neue Erziehungsziele im Hinblick auf die uns bedrohende ökologische Krise? Genügt es nicht, wie bisher auf Mündigkeit und kritisches Denken des einzelnen zu setzen und zu hoffen, diese Ziele würden später schon zu richtigem Verhalten führen, zu angemessenem Verhalten unter den ökologischen Krisenbedingungen des industriellen Mitteleuropa im 21. Jahrhundert? Ist insbesondere die Schule nicht schon überfüllt genug mit immer neuen Themen, als daß sie über eine Umweltlehre in Biologie oder in Sozialkunde hinaus sich noch mit einem *erzieherischen* Anspruch herumschlagen sollte? Und führt nicht die gutgemeinte Absicht, Kinder zu ›richtigem‹ ökologischen Verhalten zu führen, zu Manipulation und Zurichtung, stellt also traditionelle Nürnberger-Trichter-Pädagogik mit anderen Inhalten dar, die darüber hinaus womöglich das Gegenteil bewirkt?

Der Ernst der Lage, wie er übereinstimmend von internationalen Institutionen wie von einzelnen Forschern dargestellt wird (vgl. u.a. Meadows u.a. 1972, Global 2000 1980, Worldwatch 1990ff., Club of Rome 1991, Ditfurth 1988, Amery 1990, Meyer-Abich 1990) erfordert auch für die Schulpädagogik[2] ein *umfassendes Konzept*, das die Inhalte der Schule, die Art des Lernens, der Räume und der Umgebung, der Wissenschaftsauffassungen, die Lehrerrolle und das Schulleben insgesamt umfaßt. Es ist erstaunlich, daß die Erziehungswissenschaften selbst die basale Herausforderung für ihr Geschäft noch kaum erkannt haben; der erziehungswissenschaftliche Kongreß »Bilanz für die Zukunft« von 1990 (Benner 1990) hat beispielsweise die pädagogische Relevanz der ökologischen Krise schlicht ignoriert. In der führenden Fachzeitschrift »Zeitschrift für Pädagogik« erschien nach 1981 (Fingerle 1981) bis 1992 (Heid 1992) kein eigenständiger Aufsatz zur Umwelterziehung oder zur ökologischen Bildung. Das mag auch darin begründet gewesen sein, daß durch die Einführung des Begriffs »Ökopädagogik« (Beer/de Haan 1984) die Gefahr erzeugt wurde, eine Bindestrich-Pädagogik und damit eine separierte Gemeinde ökologisch orientierter Pädagogen zu schaffen, von der sich die übrige Erziehungswissenschaft sich entlastet fühlen konnte (zur Kritik dieses Begriffs vgl. de Haan 1985). Vielleicht war dies ein Grund, warum es bis Ende der 80er Jahre nur wenige Sammelbände

---

2 Ich diskutiere hier nur die schulpädagogischen Fragen, nicht die der Erwachsenenbildung, obwohl die Möglichkeiten hier größer sind, flexibel und alltagsnah und im Zusammenwirken mit Basisorganisationen unmittelbar auf individuelles Verhalten wie auf regionale Strukturen einzuwirken. Vgl. dazu u.a. Michelsen/Siebert 1985.

allgemeiner pädagogischer Überlegungen zur ökologischen Krise gab (u.a. Becker/Ruppert 1987, Callies/Lob 1987, Criblez/Gonon 1989, Gudjons 1988). Die ökologische Krise berührt jedoch die Grundlage sowohl der pädagogischen Wissenschaft wie der schulischen Praxis insgesamt.

2. Grundlegende Verantwortungsethik für Pädagoginnen und Pädagogen

Wenn es also neu ist, daß wir uns um die Erhaltung der Gattung Mensch (und des übrigen Lebens) und nicht nur um unsere eigenen Kinder oder die uns professionell anvertrauten kümmern müssen, dann ist von Eltern wie von Lehrern (die hier für alle pädagogischen Berufsangehörigen im weitesten Sinne stehen) *eine grundlegende Ethik in der ökologischen Krise* zu fordern. Diese Ethik hätte auf die Erhaltung des Lebens zu zielen. Auch Hans Jonas (1984) hält eine derartige ethische Forderung für unverzichtbar. Um Mißverständnissen vorzubeugen: Es geht hier nicht um die Forderung, individuelle Entscheidungen gegen das eigene Leben, also den Selbstmord, moralisch abzuwerten, oder individuelle Entscheidungen gegen künftiges Leben, also Abtreibung, bewerten zu wollen. Es handelt sich vielmehr darum, die Gesamtvoraussetzungen für Leben auf diesem Planeten *gattungsgeschichtlich* zu sichern, auch ihre Vielfalt, und durch eine individuelle, das Bewußtsein des einzelnen orientierende Ethik dazu beizutragen. Jonas begründet diese Forderung damit, daß nicht nichts sein soll; es gebe »eine Verbindlichkeit zur Seinswahrung, eine Verantwortung gegen das Sein«, »Seinsollen des Menschen in einer sollenden Welt« (Jonas 1984, S. 101). »Ich bin Leben, das leben will, inmitten von Leben, das leben will« (Schweitzer 1974 (1923) II, S.377). Wir könnten auch sagen: Leben will wachsen, sich entfalten; der Evolutionsprozeß begründet sich durch nichts anderes als sich selbst.[3] Wir sind davon Teil. Wir haben keine Legitimation, ihn zu zerstören. Wir würden dadurch jede Grundlage für unsere eigene Existenz entziehen. Wir sollten daher besser von »*natürlicher Mit-Welt*« (Meyer-

---

3 »Das Wesen des Willens zum Leben ist, daß er sich ausleben will. Er trägt den Drang in sich, sich in höchstmöglichster Vollkommenheit zu verwirklichen. Im blühenden Baum, in den Wunderformen der Qualle, im Grashalm, im Kristall: überall strebe er danach, Vollkommenheit, die in ihm angelegt ist, zu erreichen.« Schweitzer 1974 (1923), S. 346

Abich 1990, S. 51) als von *Um-Welt* sprechen. Der Mensch ist ein Teil der Natur, seine Natürlichkeit drückt sich auch in Leiblichkeit, in Körperlust, -schmerz, -leid und im Tod aus.

Jonas verweist darauf, daß bisherige Ethik sich auf die Menschen und auf das Hier und Jetzt bezog – im besten Fall also auf die gegenwärtige gesamte Menschheit. Nun jedoch wird die (übrige) Natur Teil menschlicher Verantwortung – da uns erstmals klargeworden ist, daß die Biosphäre durch die technischen Innovationen verletzlich ist und unser gegenwärtiges Handeln globale Folgen für Jahrtausende hat (wie etwa beim atomaren Müll oder der Tschernobyl-Verseuchung).

In der ökologischen Krise ist also, in der Auseinandersetzung mit Kindern und Jugendlichen, eine Wertneutralität – ob in der Familie oder in der Schule – nicht vertretbar, wenn die Zukunft dieser Kinder nicht vernachlässigt werden soll. Ethik zielt nicht auf Kontemplation und Analyse, sondern auf Praxis, auf das *Handeln* des einzelnen. »Verantwortung kann nur aus dem Handeln erwachsen, so wie jede Zukunftsethik nicht kontemplativ, sondern nur im tätigen Umgang mit den Zeitfragen entstehen kann« (Mikelskis 1988, S. 15). Lehrer, die sich zwar als freundliche, fachlich kenntnisreiche, durchaus kompetent beratende, im übrigen aber moralisch neutrale ›Agenten von Lernprozessen‹ verstehen, scheitern vor dieser zentralen pädagogischen Zukunftsfrage.

Es mag manche verwundern, wenn hier von Lehrern und Eltern eine *verbindliche Ethik* – die Ethik der Lebensorientierung in einer pluralistischen und multikulturellen Gesellschaft – gefordert wird, die gegenüber Schülern bzw. den eigenen Kindern auch sichtbar ist. War Moralerziehung als Aufgabe nicht immer eine konservative Angelegenheit, und protestierten fortschrittliche Pädagogen nicht immer dagegen? Tatsächlich klagten konservative Bildungspolitiker und Pädagogen in den 70er Jahren den vermeintlich verschwundenen »Mut zur Erziehung« ein; viele ihrer Gegner setzten den Verzicht auf Wertevorgaben dagegen, am deutlichsten unter dem Stichwort der ›Antipädagogik‹, andere mit dem Ruf nach einer konsequenten Anwendung einer – formal wertneutralen – Wissenschaftsorientierung in allen schulischen Bereichen (vgl. dazu Kap. 2).

Was Konservative mit »Mut zur Erziehung« meinten, waren jedoch Werte des 19. Jahrhunderts: Vaterlandsliebe, Familienorientierung, Treue, Pflichterfüllung (vgl. Fend 1984). Sie ergänzen es derzeit mit Forderungen nach Leistungsbereitschaft und Technikakzeptanz. Diese Vorstellungen sind meilenweit von Werten entfernt, die Handeln gegen die ökologische Krise motivieren könnten; aus dem bildungspolitischen

Konservativismus läßt sich in seinen gegenwärtigen Äußerungen eine ökologische Orientierung nicht erkennen.[4]

Nicht weniger fragwürdig ist eine unter (sich als fortschrittlich verstehenden) Pädagogen verbreitete Auffassung, die besagt, die öffentliche Erziehung solle ganz auf den Versuch der Vermittlung ökologisch grundlegender, lebenserhaltender Orientierungen verzichten. Bestenfalls dürften *Eltern* ihren Kindern solche Werte vermitteln (einige bestreiten selbst dies), Lehrer/innen jedoch nicht. Diese Auffassung beruht auf der verständlichen Sorge, Schülerinnen und Schüler könnten wie in alten Zeiten manipuliert, durch Klassenarbeiten und Zensuren zu vorgegebenen Meinungen gepreßt werden. Solche Bedenken äußern nicht nur jene Lehrer, die sich ausschließlich als Experten für ihr Schulfach verstehen, sich ansonsten jedoch gegenüber Schülern einer eigenen moralischen Position bewußt enthalten. Auch manche *pädagogisch* orientierten, »modernen« Lehrerinnen und Lehrer, die das Denken der Kinder nicht vorprägen wollen, sind überzeugt, daß es pädagogisch richtig ist, keine eigenen Standpunkte darzustellen oder gar »werbend« zu begründen.

Diese in der Praxis verbreitete Auffassung moralischer Unverbindlichkeit frustriert nicht nur Jugendliche, die sich an *erkennbaren* Wertorientierungen von Lehrern *abarbeiten* wollen – und sei es im verbalen Streit –, sie liefert die Nachwachsenden auch den übrigen Sozialisationsmächten aus, der »blinden Tradierung des Bestehenden« (de Haan 1985, S. 79). Die Medien, die öffentliche Werbung der Chemie- oder Autobranche, der Gentechnologen oder der Atomwirtschaft, aber auch der mit der Technologieentwicklung verbundene Wachstums- und Fortschrittsglaube sind ja nicht ohne Wirkung. Verzichten die Pädagogen auf das in Wort und Tat sichtbare *Beispiel* ökologischen Verhaltens, auf die Darstellung und Werbung für eine klare ethische Haltung, dann verzichten sie auf ihre pädagogische Aufgabe der Zukunftssicherung.

Der Anspruch an die Pädagogen, moralisch ›Flagge zu zeigen‹, Positionen einzunehmen, die die Vielfältigkeit des Lebens zur Grundlage haben und zur Verhinderung der Naturzerstörung beitragen könnten, bedeutet nicht, auf autoritäres Durchsetzen eigener Meinungen und auf Unterdrückung entgegengesetzter Äußerungen zurückzugreifen. *Eine*

---

4   Diese Feststellung gilt weniger für explizit christliche Positionen, die die Erhaltung der Schöpfung als Auftrag des Menschen gegenüber Gott begreifen und daraus ihre ethischen pädagogischen Begründungen ableiten. Vgl. etwa Altner (1987) in Anlehnung an die Schriften von Albert Schweitzer.

lebensfreundliche Moral kann sich im pädagogischen Bezug nur unter Respektierung der Individualität vom Kleinkind an werbend verbreitern. Das gilt für Eltern wie für Lehrer.

Die internationalen Studien, die sich mit der bedrohlichen ökologischen Lage seit den 70er Jahren befaßten, haben neben den vorgeschlagenen politischen, ökonomischen und technologischen Maßnahmen kaum an die individuelle Verhaltensänderung appelliert und lange Zeit der *schulischen* Bildung wenig Bedeutung beigemessen. Auch die bundesdeutschen Kultusminister haben erst 1980, und hier auch nur recht allgemein, auf die Bedeutung der »Umwelterziehung« hingewiesen (KMK 1980, Fingerle 1981).[5] Wenigstens auf internationaler Ebene scheint sich dies nun zu ändern: Der Club of Rome mißt nun der gezielten Bildung der Erwachsenen und der Kinder für die »globale Revolution« zur Überwindung der ökologischen Krise ein großes Gewicht bei (Club of Rome 1991). Allerdings führt dies bei ihm nicht zu konkreteren Vorschlägen. So sind die Pädagogen, die Schülerinnen und Schüler und die Verantwortlichen in den Schulämtern und Ministerien selbst gefordert, praktisch tätig zu werden, um die Voraussetzungen für die Möglichkeit ökologischer Bildungsprozesse zu schaffen.

3. Zurück zur Natur? Natur und Kultur

Die »Natur« erschien dem Menschen jahrtausendelang einerseits als Quelle des Lebens, andererseits als gewalttätig, unberechenbar und bedrohlich. Er hat sie deshalb zum Gegenstand von Beschwörung, von Glauben, von Neutralisierungs- und Beherrschungsversuchen gemacht. Er wollte von der Naturgewalt unabhängig werden und zugleich durch die Kopie der Naturprozesse sie zu seinem eigenen Nutzen dienstbar machen. Das schien ihm gelungen zu sein. Aber dieser Erfolg der »Naturbeherrschung«, oder genauer: ihrer Imitation durch Technik, schlägt nun in ihr Gegenteil um. Der Mensch sägt den Ast ab, auf dem er sitzt. Was haben wir falsch gemacht? Ist das Falsche ein mit der *Industriegesellschaft* in die Welt gekommenes Denken, das wir überwinden könnten durch die »Rückkehr zur Natur«, ähnlich der frühen Romantik? Hätten wir also in der Schule Industriekritik zu üben?

Carl Amery hat beschrieben, daß die modernen westlich-kapitalistischen wie die sozialistischen Länder gleichermaßen auf dem alttesta-

---

5   Erst 1993 liegt ein neuer gemeinsamer Beschluß zur Umwelterziehung vor.

mentarischen »Macht Euch die Erde untertan!« beruhen. Dies sind nach Amery die ›Garantien‹ der Schöpfungsgeschichte: »Einzigartigkeit des Menschen, sein Gegensatz zu jeder anderen Geschöpflichkeit; sein totaler Herrschaftsauftrag über die Welt; seine ursprünglich geplante und deshalb auch wieder erreichbare Vollkommenheit, welche die Unvollkommenheit kreatürlicher Existenz nur als Skandal empfinden kann; Garantie des ökologischen Gleichgewichts durch einen bilateralen Vertrag mit der Schöpfung – und, schließlich, die Gewißheit einer absoluten Zukunft, eines Endreichs, das zwangsläufig entweder durch göttliche Gnade oder durch den Gang der historischen Dialektik heraufgeführt werden wird« (Amery 1990, S. 186). Die ›Abschaffung‹ Gottes durch die Aufklärung und der Zusammenbruch des Sozialismus haben an dieser Philosophie nur insofern etwas geändert, als nun »Zukunft« als Heilsgewißheit entfällt. Selbst der aufklärerische innerweltliche Fortschrittsbegriff hat sich erschöpft: Nicht so sehr die »Dialektik der Aufklärung« (Horkheimer/Adorno 1969) als vielmehr das real möglich gewordene Ende irdischen Lebens läßt uns im postmodernen Hier und Jetzt fragend zurück.

»Natur« blieb lange Zeit der Gegenbegriff zu »Mensch« und vor allem zu »Kultur« – bzw. »Zivilisation« – und »Stadt«.

Solche scheinbaren Auswege sind heute mehr denn je als *allgemeine* Perspektive versperrt, so groß die Anziehungskraft auch sein mag, die nach wie vor von einem romantisierenden Naturerleben ausgeht. Das massenhafte Wandern – etwa in den Alpen – führt längst selbst zur Umweltzerstörung, und auch die Landwirtschaft ist in ihrer chemisiert-industriellen Form eine wesentliche Quelle der ökologischen Krise. Das ›Land‹ ist nicht weniger an der ökologischen Katastrophe beteiligt als die ›Stadt‹. Wir müssen also den vor-gesellschaftlichen Naturbegriff aufgeben. Der Slogan ›heraus aus Schule und Stadt – hinein in die Natur‹ kann nicht als Gegensatz von Gut und Böse, als Ausweg aufgefaßt werden. *Wir brauchen einen zivilisatorischen, ja einen kulturellen Naturbegriff,* der die gestaltete Landschaft einbezieht, dabei jedoch die Rekonstruktion bzw. Unterstützung ökosystemischer Zusammenhänge in den Mittelpunkt rückt (vgl. Meyer-Abich 1990). »Natur *ist* nicht Natur, sondern ein Begriff, eine Norm, eine Erinnerung, eine Utopie, ein Gegenentwurf« (Beck 1988, S. 65). Die Schule sollte unser Wissen darüber stärken, wie die jahrtausendealten Gleichgewichte und Anpassungsprozesse zwischen Pflanzen und Pflanzen, Tieren und Tieren, Tieren und Pflanzen, zwischen ihnen und Böden, Klimata und Gewässern aussahen und in welchem Verhältnis die kulturelle Bearbeitung durch Menschen dazu stand. Wir können versuchen, diese Gleichgewichte wieder zu konstruieren, wenigstens ansatzweise. Was wir z.B. als Biotop auf dem Schulhof einrichten, ist nichts anderes als ein kleiner Beitrag dazu. Seine Schaffung ist ein bewußter Vorgang, der glückhafte Erfahrungen von ›Natur‹ und gleichzeitig die Beobachtung sich selbst wieder regulierender Wechselprozesse ermöglicht. Erkenntnis von Zusammenhängen ist so mit Vergnügen an Schönheit und Wachstum, vielleicht auch mit der Akzeptanz von Vergehen und Sterben (als Teil des Lebens) verbindbar.

Für die Pädagogik steht also nicht der Verzicht auf bestimmte Rahmenbedingungen moderner Gesellschaften auf der Tagesordnung, kein Zurück zur Natur als Gegenbegriff zu Zivilisation und Stadt, wie dies bei Teilen der Reformpädagogen zu Beginn des Jahrhunderts der Fall war. Viele von ihnen haben damals – gerichtet gegen die Ausdehnung der industriellen Gesellschaft – einen vorgesellschaftlichen Naturbegriff vertreten, also Natur nicht als schon lange vom Menschen mitgestaltete Landschaft, sondern im Prinzip *als das Unberührte, das Wilde, das rational nicht Begreif-, sondern nur Erfühlbare* angesehen. Pädagogisch wurde dies einerseits im gemeinschaftlichen Hinaus in die Natur umgesetzt, etwa beim Wandervogel und der Bündischen Jugend, andererseits im Landschulheim. Naturerfahrung und landwirtschaftlich-körperliche Arbeit sollten Gegengewichte zur Einseitigkeit der Kopfschule und zur intellektualistischen Verkürzung des Bildungsprozesses schaffen. Nicht die Krise der Natur, sondern die der Stadt, der Fabrik, der Industrie war ihnen im Bewußtsein. »Natur« wurde aber auch, etwa im nationalsozialistischen »Blut und Boden« und der »deutschen Biologie«, dazu instrumentalisiert, Herrschaftssysteme mit schein-natürlichen Argumenten zu legitimieren (vgl. Trommer 1990).

Pädagogisch kann also nicht der Gegensatz von Natur und Zivilisation, sondern die unaufhebbare Verknüpfung von sozialen Verhältnissen, menschlicher und außermenschlicher Natur im Kulturprozeß, wie Meyer-Abich (1990) formuliert, Basis eines neuen, ökologisch bewußten Bildungsverständnisses sein. Wenn Kultur »der menschliche Beitrag zur Naturgeschichte« (Meyer-Abich 1990, S. 51) ist, dann ist natürlich zu fragen: Wann wird dieser Beitrag zerstörerisch? »Wieweit dürfen wir um den Preis anderen Lebens leben?« (ebd., S. 55).[6] Seine

---

6 »Auf tausend Arten steht meine Existenz mit anderen in Konflikt. Die Notwendigkeit, Leben zu vernichten und Leben zu schädigen, ist mir auferlegt ... Ich werde zum Verfolger des Mäuschens, das in meinem Hause wohnt, zum Mörder des Insekts, das darin nisten will, zum Massenmörder

Antwort ist: Dort, wo die »lebendige Ordnung des Alls, das Ganze der Natur auf diesem Globus«, wenn die »Biozentrik« – die Gemeinschaft der Lebewesen – bedroht ist, findet der nicht mehr akzeptable Umschlag von Kultur in Zerstörung statt. Meyer-Abich, Jonas und Amery treffen sich in der Forderung, nicht den gegenwärtigen blinden industriellen Fortgang global fortzusetzen, und alle verweisen auf die bei uns allen nötigen Bildungsprozesse. Wie könnten diese in der Schule unterstützt werden? Denn entscheidend im *schulpädagogischen* Zusammenhang ist ja die Frage, wie die Vermittlung zwischen dem Partikularen des unmittelbaren Alltags der Schülerinnen und Schüler und dem Universellen der ökologischen Krise hergestellt werden kann, und zwar so, daß Handlungsbereitschaft und nicht Resignation – die bei vielen Jugendlichen vorhanden zu sein scheint (Halbing 1991) – gefördert wird. *Faktisch geht es darum, daß im öffentlich organisierten pädagogischen Prozeß eine lebenswerte Welt als eine sinnliche, lebenspraktische und mitgestaltbare Vision für die Kinder sichtbar wird, und zwar nicht als Abstraktum, sondern als etwas, was mit den Gefühlen, mit den Sinnen, mit dem Bewußtsein handelnd »erkannt« wird.* Im folgenden sollen zur Umsetzung einige Anregungen formuliert werden.

4. Naturwissenschaft und Technik

Im Zentrum einer ökologisch bewußten Bildung scheint mir ein neues schulisches Verständnis des gesamten Zusammenhanges von Naturwissenschaften, der technischen Entwicklung in den letzten zweitausend Jahren, der abendländischen Religion und Philosophie und des Mensch-Natur-Verhältnisses zu stehen. So wie wir von dem kategorisierenden Vorgehen in Biologie zur ökosystemischen Betrachtungsweise übergehen müssen (vgl. Trommer 1990), *so müssen wir von den getrennten naturwissenschaftlichen Fächern zu einem übergreifenden Fach kommen,* das im Kern sich um physikalische, chemische, biologische, aber darüber hinaus auch um die ökonomisch-technischen, sozialen und geogra-

der Bakterien, die mein Leben gefährden könnten ... Niemand kann für ihn (den Menschen – PL) bestimmen, wo jedesmal die äußerste Grenze der Möglichkeit des Verharrens in der Erhaltung und Förderung von Leben liegt. Er allein hat es zu beurteilen, indem er sich dabei von der aufs höchste gesteigerten Verantwortung gegen das andere Leben leiten läßt ... In der Wahrheit sind wir, wenn wir die Konflikte immer tiefer erleben. Das gute Gewissen ist eine Erfindung des Teufels.« Albert Schweitzer 1974 (1923), S. 387f.

fisch-politischen Wirkungen der Welterklärung und der Technik zentriert. Das schlösse einen neuen Lehrer mit ein, der die Zusammenhänge aller Teildisziplinen zu verknüpfen wüßte, *im Kern allerdings naturwissenschaftlich-technische Fachkompetenz besäße*. Natürlich sollte darüber hinaus ökologische Bildung auch als *Unterrichtsprinzip* gelten; denn »Umweltschutz in der Schule geht ... weit über die Grenzen der Naturwissenschaft hinaus ... von Grünflächenerhalt und Gewässerschutz über Lufthygiene, Entwässerungen und Müllverbringung bis hin zu Fragen des Verkehrs, der Industrieansiedlung und der Baugenehmigungen ist fast alles von Belang« (Landsberg-Becher 1989, S. 1). Da aber die Gefahr besteht, daß »die Rede von der Umweltbildung als fächerübergreifendes Prinzip ... die gefällige Ausrede für Nichtstun ist« (ders. 1990, S. 44), ist ein eigenes, integratives Fach unverzichtbar.

Ich habe darauf hingewiesen, daß der technische Erfolg der Moderne auf ›Naturbeherrschung‹ beruht und wir die katastrophalen Folgen dieser ›Naturbeherrschung‹ – die technischen Geister, die wir nicht mehr los werden, in Form von Müll, jahrtausendlanger Strahlung, Aufheizung der Atmosphäre usw. – nur mit denselben Methoden begreifen und auch bekämpfen können, mit denen wir unseren industriellen Wohlstand erarbeitet haben. Ulrich Beck hat darauf hingewiesen, daß wir viele Vergiftungen und Zerstörungen gar nicht sinnlich erfassen können, wir sie also nicht selbst erfahren. Wir *wissen* nur, daß nach Tschernobyl halb Europa verseucht ist, daß Pilze und Schokolade verstrahlt waren, wir *wissen* nur, daß irgendein Labor wieder einmal irgendein Gift in irgendeinem Öl, Apfel oder Käse entdeckt hat. Wir müssen den Chemikern vertrauen, die uns dies erzählen, und es ist doch die gleiche Zunft – und es sind dieselben Verfahren –, die uns die chemisierte Landwirtschaft bescherten. Tatsächlich kommen die wirksamsten ökologischen Kritiker oft »aus dem Inneren des Wals«, sind also Experten im Dienste der Zerstörung gewesen – Klaus Traube als ehemaliger Atommanager oder Weitzenbaum als ehemaliger Computerplaner. Ohne Benutzung der herkömmlichen Strukturen von Technik und Wissenschaft (vor allem Naturwissenschaft und Planungswissenschaft) können wir also gar nicht effektiv die Folgen dieser Wissenschaften bekämpfen.

Für die Schule folgt daraus, daß eine *umfassende naturwissenschaftliche Bildung eine wichtige Grundlage für ökologisches Wissen und für eine begründete ethische Haltung ist*, diese Naturwissenschaft jedoch selbstreflexiv und erneuert begriffen werden muß. Neuere wissenschaftliche Auffassungen, die die Naturwissenschaft seit Heisenberg bestimmen, müssen in der Schulausbildung zur Kenntnis genommen werden (etwa Jantsch 1982, Prigogine/Stengers 1981, Briggs/Peat 1990). Das kann jedoch nicht dazu führen, die Kenntnis der herkömmlichen Wissenschaften abzuwerten: Um diesen Widerspruch kommen wir nicht herum. Wir können noch nicht einmal davon ausgehen, daß die Schülerinnen und Schüler dieses Wissen nicht später wieder mißbrauchen, wie dies Generationen vor ihnen getan haben. Nicht zuletzt deshalb ist die Art und Weise der Aneignung, die Glaubwürdigkeit der Pädagogen, die Einbettung des individuellen Bildungsprozesses in den sozialen Zusammenhang einer Lerngruppe mit emotionalen Bezügen untereinander und zum Gegenstand und mit praktischen Handlungsmöglichkeiten so wichtig: um die Gefahr des Widerspruchs von Wissen und eigener Praxis geringer zu halten. (Ein grundsätzliches pädagogisches Problem wie auch bei der Nichtraucherthematik oder der Drogenprävention in der Schule.)

Eine ökologisch bewußte, moralisch offensive Schulerziehung ist also nicht wissenschafts- oder technikfeindlich. Aber sie hätte zu untersuchen, *welche Formen von Wissenschaft und welche Techniken* in ihren Langzeitwirkungen zerstörerische Wirkungen hatten, haben und haben könnten bzw. welche Techniken der Entwicklung des Lebens auf der Erde nicht erkennbar schaden. Solche Technikfolgenabschätzung ist nicht deshalb überflüssig, weil in der Grundstruktur – wie Gerd de Haan immer wieder betont – jede Art Technik, auch die »sanfte«, gleich ist.

Philosophie und Naturwissenschaften verschränken sich nicht nur in den Chaos-Theorien (vgl. Briggs/Peat 1990), etwa in der Anerkennung des Zufalls oder der fraktalen Schönheit. Auch die Akzeptanz der grundsätzlichen Prognosefragwürdigkeit und vor allem des »Unfalls« als Teil der Menschennatur im Umgang mit Technik (und damit auch der Verzicht auf ein Konzept von ewigem Frieden bzw. von ewiger Sicherheit) sind sowohl naturwissenschaftliche wie philosophische Fragen – zentrale Grundlagen für existentielle Bildungsprozesse, wie sie Kinder und Jugendliche heute erkennbar beschäftigen.

Es wäre nicht zuletzt die Aufgabe einer anspruchsvollen ökologischen Bildung, zu untersuchen, welche *ökonomischen und politischen Interessengruppen* bei der Wissenschafts- und Technikentwicklung beteiligt sind und wie diese die Ökonomie beeinflussen, und wie politische Auswege aus dem Dilemma der Nichtnutzung bekannten Wissens (etwa bei der Kernenergie) gefunden werden können. Das intensive Gespräch zwischen Schülern, Lehrern und Vertretern der Wirtschaft wäre für alle Beteiligten nützlich – auch, um künftige Lösungen zu finden. Jede Rechthaberei von (ökologisch bewußten) Lehrern und Lehrerinnen ist fehl am Platze. Kinder und Jugendliche haben möglicherweise mehr Lösungskreativität, vielleicht auch Gruppen und Personen, die bislang wenig Einfluß auf Rahmenpläne und Lehrerausbildung hatten. (Ein Grund mehr, aus der Schule hinauszugehen und viele ökologisch Aktive als Fachleute in die Schule hereinzuholen, wie dies beispielsweise das Frankfurter Programm zur »Ökologisierung des Schullebens« vorsieht, vgl. Stadt Frankfurt 1992.)

5. Geplante emotionale und sinnliche Zugänge zur Natur

Die Berliner Kindheitsforscherin Waltraut Kerber-Ganse hat recht, wenn sie schreibt: »Hilflos die Aufklärung, die mit dem Zur-Verfügung-Stellen von Wissen sich an die Illusion klammert, daß exakte Daten über vernichtende Zusammenhänge der Macht gleichkämen, sie zu beherrschen« (Kerber-Ganse 1988, S. 215). Schülern zum x-ten Male nur darzustellen, wie die ökologische Zerstörung um sich greift, kann durchaus kontraproduktiv wirken. Dann kann eine Haltung entstehen wie: ›Wir wissen das doch alles, können aber nichts tun – also tanzen wir auf dem Vulkan – bis alles in Scherben fällt.‹

Um solch einer Haltung entgegenzusteuern, betone ich die Bedeutung der *emotionalen und der körperbezogenen Zugänge zu Natur.* Die Schule hat auch die Aufgabe, *Glückserfahrungen mit natürlichen Lebensprozessen zu ermöglichen.* Hier ist bedeutsam, daß wir selbst, unser Körper, Teil des Naturprozesses sind. »Die Umkehr beginnt deshalb mit einer Wiederbelebung der Sinne« (Meyer-Abich 1990, S. 13). Wie können Kinder und Jugendliche Erfahrungen mit natürlichen Entwicklungen, mit Leben und auch mit Sterben, mit dem *Naturhaften ihres eigenen Körpers,* im Wechselprozess mit äußeren Substanzen – der Nahrung, der Luft, dem gestalteten Raum, in der physischen Arbeit, mit Tieren und Pflanzen – so machen, daß sie daraus eine Quelle des Glücks gewinnen? Die heutigen Kinder und Jugendlichen haben ein starkes Körperbewußtsein entwickelt, weil die Unterdrückung ihrer körperlichen Bedürfnisse in der frühen Kindheit geringer war als bei früheren Generationen. Der eigene Körper wird – nicht nur bei Jugendlichen – immer wichtiger als Zentrum der Sinnstiftung, als für viele einzig noch verbleibender Ort von Befriedigung und Erfüllung (vgl. Kap. 9). Ein Ausdruck dieser Entwicklung ist der Umfang der Sport-, Theater-, Körpertherapie- und Bewegungsaktivitäten, aber auch die Gesundheitswelle. Der schöne, gesunde, braungebrannte und trainierte Körper ist sozusagen für viele der einzige Sinn geworden. Darin sehe ich neben einer fragwürdigen Vorstellung von einer technisch machbaren ewigen Jugend/Gesundheit auch die Chance, daß die Glückserfahrung des einzelnen mit und in der Natur ganz körperlich heute eine ungeheure Rolle spielen kann, daß daran auch die Erziehung anknüpfen könnte. *Wir sollten die moderne Lust an der körperlichen Expression, an Intensitätserfahrung, Sinnlichkeit und Selbstdarstellung durchaus aufgreifen, um sie zu verbinden mit Naturerfahrungen und der Lust am ›Naturschönen‹,* wie Gerd de Haan das nennt (de Haan 1985, vgl. auch Schneider 1991). Das kann während eines ›ökologischen‹ Schullandheimaufenthaltes ebenso geschehen wie bei einem Theaterprojekt, einem Unterricht über Euro-Landwirtschaft, über Ernährung und Armut in Entwicklungsländern oder bei einem sportlichen Vorhaben. Eine die Kreatürlichkeit des Menschen (Amery 1990) einschließende »Gesundheits«-Erziehung, wenn sie Krankheit, Behinderung und Verfall/Tod als Teil des Lebens akzeptiert, wird Teil ökologischer Bildung. Wir sollten vor einer technisch-modernen Bearbeitung des Körpers warnen, aber nicht in Körperfeindlichkeit zurückfallen, wie dies der Tradition christlicher und deutscher Pädagogik entspräche, sondern die Lust am Körpererleben mit der Einsicht in deren Voraussetzungen in der inneren und äußeren Natur und deren sozialen Einbettung verbinden; denn es gibt keine dauerhafte individuelle Körperlust ohne eine Wiedergewinnung äußerer, naturhafter Balancezustände, und dauerhaft auch nicht ohne intensive soziale Interaktionen.

Emotional bedeutsame Erfahrungen mit Natur müssen Eltern wie Lehrer heutzutage *planen und organisieren:*[7] der ökologisch angelegte Garten (also das *geplante* Biotop im Schulhof); der *vorbereitete* Umgang des Kindes mit dem Haustier; *geplante* ›wilde‹, ökologische Schulgärten, die Abschied nehmen von der militärisch ausgerichteten Anlage unverbunden nebeneinander aufgereihter Nutzpflanzen[8]; das *pädago-*

---

7 Es gibt kein pädagogisches Zurück mehr zu den glückhaften Selbstverständlichkeiten meiner Kindheit auf dem Land, wo wir uns Natur selbst eroberten; auch auf dem Land ist Gift auf jedem Feld, und die Kinder wissen das. Die Eltern verbieten ihnen das Spielen am Bach – weil abends die Kinderhände voller Ausschlag sind.

8 Wie sehr die – in allen Unterstufen verbindliche – Schulgartenarbeit in der ehemaligen DDR wenig mit ökologischer Orientierung, viel jedoch mit Arbeitserziehung und industrieller Bodenbearbeitung zu tun hatte, zeigt das Standardwerk »Schulgartenunterricht« (Kahlow 1983). In der Zielbestimmung wird gefordert, daß der Schulgarten »zur Liebe zur Arbeit, zur Natur und und Heimat beizutragen (hat). Das erfordert, daß die Schüler gesellschaftlich nützliche Arbeit zur Erzeugung von pflanzlichen Produkten und zur Verschönerung ihrer Umwelt leisten, indem sie Pflanzen anbauen, pfle-

gisch organisierte ökologische Schullandheim; der *gut vorbereitete* ana-
lytisch-handlungsorientierte Projektunterricht über die Ursachen der
Wasserverschmutzung in unseren Flüssen und Kanälen; die gemeinsame
Erarbeitung konkreter Initiativen zur Wasserverbesserung im eigenen
Schulbezirk als Folge solch eines Projekts ... Bücher mit zahlreichen
praktischen Ansätzen entstehen allmählich – nicht als Rezeptsammlun-
gen, sondern als Anregungen (z.b. Buddensiek 1991, Gesind/Lob 1991,
Gudjons 1988, Eulefeld u.a. 1981).

6. Schule als ökologischer Lernort

Die Schule ist heute, neben der Familie, für Kinder wie für fast alle Jugendlichen bis zur Volljährigkeit der zentrale Lebensort geworden, ein
Ort vor allem für soziale Erkundungen, für Freundschaften, für viele
auch ein Ersatzort für fehlende Nachbarschafts- und Geschwisterkon-
takte. Um so wichtiger ist das ästhetisch-emotionale Erleben der Verbindung von Natur und Architektur als Teil des Bildungsprozesses. Ökologisches Bewußtsein verankert sich bei Schülern nur dann durch Schule,
wenn diese sich nicht als eine Ansammlung von Räumen versteht, in denen vereinzelte Kinderkörper stillgestellt werden, sondern wenn die
Schüler/innen sich *mit anderen zusammen in einer sinnlichen und kultu-
rell-ästhetischen Umwelt sinnlich erfahren können*, an einem Ort, der
Lebendigkeit – im wahrsten Sinne – für pflanzliches, tierisches wie für
jugendliches Leben zuläßt, der die Vernetzungen und Verzahnungen der
natürlichen Lebensformen *erkennbar und genießbar* macht. Mit einer
Reihe Obstbäume, ohne jeden Bezug zur Buschrandbepflanzung auf den
Schulhof gesetzt, ist es da nicht getan. Das ist eher eine pervertierte, her-
kömmlich schulische, mechanistische Vorstellung von ›Umwelterzie-

gen und ernten ... Es werden solche Einstellungen und Verhaltensweisen entwickelt wie Arbeitsfreude, Ordnung, Fleiß, Gewissenhaftigkeit, Verantwor-
tungbewußtsein, kameradschaftliches Verhalten im Kollektiv und gegensei-
tige Unterstützung bei der Arbeit ...« (S. 10). »Die Arbeitsflächen (des Schulgartens) sollten nach Möglichkeit rechteckig und zu einem geschlossenen
Komplex angelegt werden. Das ermöglicht eine maschinelle Bearbeitung«
(S. 11). »In der sozialistischen Landwirtschaft dient dem rationellen Dün-
gereinsatz das für die Pflanzenproduktion entwickelte EDV-Projekt ›Dün-
gungsempfehlung‹. Für die kleinen Flächen des Schulgartens ist es empfeh-
lenswert, nach (diesen – PL) allgemeinen Düngungsempfehlungen zu verfahren« (S. 29).

hung‹. Ein wirklicher Obstgarten wäre etwas anderes. – Auch über die Zimmer, Flure und Treppen der Schulen wäre neu nachzudenken: Inzwischen haben nicht nur Waldorf-Architekten zahlreiche Ideen entwickelt, wie eine sinnlich und ästhetisch befriedigende Bauweise und Materialverwendung möglich ist (vgl. Senatsverwaltung 1990 b, Becker 1991, Niedersächs. Kultusministerium 1991). Jedes neue Schulhaus sollte »ökologisch« gebaut und geführt werden, in bezug auf seine Materialien, seinen Energieverbrauch, seine Müllverwertung, seine Nahrungs- und Bewegungsangebote, seine »Menschlichkeit«, seine Offenheit für Ökosysteme und Biotope, seine Flexiblität. Die sozialökologische Sozialisationstheorie (Walter 1990) und die entsprechende Kindheitsforschung (u.a. Harms u.a. 1985, Rauschenbach/Wehland 1989) weisen immer wieder darauf hin, wie wichtig solche Raumerlebnisse im Kindes- und Jugendalter für spätere Glücksvorstellungen und deshalb auch für politische Handlungsbereitschaft sind.

7. Ökologisches Lernen? Fragen an die Didaktik

Wie bei allen handlungsbezogenen Erziehungszielen wird auch ökologische Bildung den »heimlichen Lehrplan« des alltäglichen Schulunterrichts – über die ökologisch relevanten Unterrichtsinhalte hinaus – nicht ignorieren können. Manche sind sogar davon überzeugt, daß die Schulstrukuren so unveränderlich sind, daß sie keine Erwartungen an diese Institution mehr haben (Rüesegger 1989) und deshalb nur auf »wilde« Lernprozesse in der praktischen Ökologiebewegung setzen (Dauber 1985, Illich 1982); oder sie halten doch eine gründliche Schulreform als Voraussetzung ökologisch fördernder Lernprozesse für nötig (Oelkers 1989), etwa im Sinne des »ökologischen Lernens« (Beer/de Haan 1986) und eines »naturnahen Unterrichts« (Göpfert 1988). Was angesichts der Schule (aufgrund ihrer getrennten Fächer) unmöglich ist, meint Oelkers, ist die Suche nach »Ganzheit«; bestenfalls sei das Arbeiten in Zusammenhängen, als Vernetzung, realisierbar (etwa in Projekten), um *Verstehen* zu erreichen (ebd., S. 78). Das Verstehen der Zusammenhänge ist ein notwendiges, wenngleich nicht zureichendes Ziel schulisch-ökologischer Bildung; es wird durch die lebenspraktische *Handlungsbereitschaft* ergänzt werden müssen (vgl. Eulefeld 1987). Solche Handlungsbereitschaften entstehen auch in einer reformierten Schule nur, wenn Schülerinnen und Schüler zum einen als handlungsfähige – also eigenständige – Personen respektiert werden, wenn die kreative Kompetenz bei Lösungskonzepten ihnen ernsthaft (und nicht nur fiktiv) zugestanden wird, wenn Handeln in Ernstsituationen tatsächlich möglich wird, und wenn zum anderen Unterricht, Management des Schulgebäudes und des Schulgeländes, Möglichkeiten des Essens und des Sports und die Öffnung der Schule zur ökologischen Realität des Umfeldes tatsächlich erfahrbar werden. Dazu gehört auch die Unterstützung autonomer Schüler-Umwelt-AGs.[9] Es gibt daher keine spezifisch »ökologische« didaktische Überlegung, sondern nur die Anwendung all jener Einsichten, die über die Wirkungen des »heimlichen Lehrplans« schon seit langem bekannt sind (Fromm 1989), aber kreativ für ökologische Lernprozesse angewandt werden können. Ökopädagogische Konzepte, die auf die *inhaltliche* Auseinandersetzung mit ökologischen Fragen verzichten und *ausschließlich* auf das schulische Lernarrangement setzen, handeln letztlich ohne Vertrauen auf die Einsichts-, Verstehens- und Bildungsprozesse von Heranwachsenden. Auch das Umgekehrte gilt: Das bloße Vertrauen auf die inhaltliche Bearbeitung, ohne die Lernweisen und die außerunterrichtlichen schulischen Erfahrungsfelder im oben angedeuteten Sinn zu ändern, wird bestenfalls das Bewußtsein, kaum jedoch die emotionalen und handlungsmotivierenden Seiten des Bildungsprozesses der Kinder und Jugendlichen erreichen.

8. *Überforderung der Lehrer oder neuer pädagogischer Bezug?*

Wer als Lehrer bis hierher bereit war zu lesen, mag sich fragen: Alles schön und gut, aber dazu bis ich nicht fähig; ich rauche, obgleich ich doch weiß, wie schädlich es ist; ich fahre Auto und kenne die Folgen für den Ozongürtel; ich bin Biologielehrerin und weiß von Physik kaum et-

9 Die »SchülerInnen Aktion Umwelt« (S.A.U.) ist eine bundesweit aktive Schülervereinigung, die den Umweltgedanken praktisch und auf die Einzelschule bezogen in AGs und durch kooridinierte Aktionen in die Erfahrungswelt ihrer Gleichaltrigen einbezieht. Ansprechadressen in den Ländern sind erhältlich über S.A.U Berlin, Jagowstr. 12, 1000 Berlin 21. Auch das Falblatt »Der umweltfreundliche Schulranzen« des Ministeriums für Umwelt/für Bildung und Sport des Saarlandes (1991) bietet praktische Anregungen. Eine Synopse über alle umweltpolitischen Maßnahmen der Kultusminister und einzelner Initiativen legte Hoppe (1992) vor, die einen wichtigen Überblick über die gegenwärtigen konkreten Vorstellungen und Initiativen in einzelnen Bundesländern darstellt.

was, also wie soll ich »vernetzen« oder gar alles zusammen unterrichten? Die ökologische »Kompetenzangst« der Lehrer (Robert 1989) ist groß.

Tatsächlich kommen die Lehrer – wenn Mitwelt und Ökologie praktisches Unterrichtsprinzip werden – nicht darum herum, naturwissenschaftliche Grundkenntnisse zu erwerben (auch als, sagen wir, Deutschlehrer). Sie kommen nicht darum herum, sich den ethischen Fragen zu stellen, sie mit den Kindern zu erörtern – und eine eigene Position glaubwürdig darzustellen (und dazu gehört auch, die eigenen Widersprüche zur Diskussion zu stellen). Sie sollten, meine ich, gerade als Pädagogen eine klare ethische Haltung zur Verteidigung des Lebens, seiner Vielfalt und seiner über Jahrtausende gewachsenen Wechselbeziehungen einnehmen (analog zur ethischen Haltung der Ärzte) und solch eine Haltung auch praktisch werden lassen. Zyniker sind unter Lehrerinnen und Lehrern ebenso fehl am Platz wie unter Ärzten. Lehrer werden von der Gesellschaft auch bezahlt, um die Zukunft der Nachwachsenden weiterhin möglich zu machen – und auf diese Weise ist die *ökologisch-ethische Haltung eine (auch gesellschaftspolitisch) notwendige Grundlage des Lehrerberufs.* Auch die Pädagogen sind der ökologischen Krise unterworfen. Sie können also mit der Forderung, sich damit innerhalb der Schule auseinanderzusetzen, nur in dem Sinne »überfordert« werden, wie wir alle im Alltag auch: Denn die praktischen Auswege aus der Krise sind ja kaum individuell findbar.

Die ökologische Krise kann zu einem *qualitativ neuen Verhältnis zwischen den Generationen führen, auch in der Schule, gleichsam zu einem erneuerten »pädagogischen Bezug«.* Bislang wußten die Erwachsenen – oder glaubten zu wissen –, was gut ist für ihre Nachkommen oder die ihnen professionell Anvertrauten. Sie hatten einen Vorsprung an Wissen, Erfahrung, Fähigkeiten und Lösungskompetenz. Sie führten ein in die Welt der Erwachsenen. Der Weg zu diesem Ziel war 'mal streng (im Sinne der ›Schwarzen Pädagogik‹), 'mal großzügig-liberal vorgezeichnet. Nun jedoch ist eine neue Lage entstanden: Wir Erwachsene sind von der ökologischen Krise in gleicher Weise bedroht wie unsere Kinder, und unsere Lösungskompetenz scheint höchst fragwürdig, waren wir doch beteiligt am Herbeiführen dieser Lage. Die Bedrohung trifft Lehrer wie Schüler; es gibt keinen pädagogischen Schonraum mehr. (Die ökologischen Belastungen sind allerdings für jede jüngere Generation höher, da die Probleme sich in der Zeit potenzieren.) Die Differenz, die das pädagogische Grundmuster Erwachsener/Kind ausmacht, löst sich *unter diesem Aspekt* auf. Schon die Kinder erlebten nach Tschernobyl, daß sie nicht mehr im Buddelkasten spielen durften (wenngleich sie nicht *sehen* konnten, warum; die Eltern mußten darüber *mit ihnen sprechen*). Beim Essen müssen Eltern wie Kinder in gleicher Weise entscheiden, ob sie bestimmte Nahrungsmittel noch zu sich nehmen können. Als Käufer sind Jugendliche wie Erwachsene gleicherweise mit der Frage konfrontiert, welche Cremes, Schreibstifte oder Stoffgewebe gefährlich oder unschädlich sind. Zukunftsorientierung heißt also für Kinder wie für Eltern und Lehrer gleichermaßen Gegenwartssicherung. Die praktische Pädagogik ist nicht mehr in erster Linie auf eine (bessere) Zukunft, sondern unrettbar erst einmal auf die Erhaltung des Hier und Jetzt, auf den Alltag bezogen, und zwar auf den *ökologischen Krisenalltag der Erzieher wie der zu Erziehenden.* Die Sorge um die Kinder ist zugleich zur Sorge um das eigene Leben der Erwachsenen geworden.

Die ökologische Krise löscht zwar nicht die Generationsunterschiede im biografischen Standort der Krisenerfahrung aus – es ist ein Unterschied, ob ich als ehemaliges Nachkriegskind oder als Kind der 70er Jahre die Ökokatastrophen der 80er Jahre verarbeite –, aber sie umgreift alle. Erwachsene haben offenkundig keinen sicheren Vorsprung an Kompetenz, den sie weiterzugeben den Anspruch erheben könnten. *Das schafft für die Schule eine ganz neue Lage, die zugleich eine große Chance ist: Lehrer und Schüler können von der gleichen emotionalen und existentiellen Ausgangslage her fragen, untersuchen, forschen, Antworten erproben und Alltagshandeln entwickeln.* Lehrer brauchen, ja können nicht mehr so tun, als seien sie alltagspraktisch kompetenter. Was sie – als Vorsprung, aber auch als Verpflichtung – einbringen können, ist ihre persönliche Verantwortung für die Nachwachsenden. Es wäre tatsächlich »Überforderung«, wenn sie die Antworten in althergebrachter schulischer Weise in der Schublade ihrer Lehrzielkataloge parat hielten. Das »Flagge zeigen« ist dazu kein Widerspruch, sondern eine notwendige Voraussetzung, um gemeinsam mit den Heranwachsenden die als bedrohlich erlebten Zerstörungsmeldungen in zähneknirschende Handlungsbereitschaft zu übersetzen.

Die ökologische Krise kann nicht technisch bewältigt werden. Sie kann nur dann – als Krise – eine ›reinigende‹ Wirkung haben, wenn die Menschen gewonnen werden. Nur wenn der zynische Tanz auf dem Vulkan nicht als individuelles Glück, sondern als Versagen erlebt wird, wird unsere Zivilisation nicht scheitern. Deshalb müssen wir die Kinder und Jugendlichen für entschieden ökologisches Denken und Handeln gewinnen. Das ist die wichtigste Aufgabe der Erziehung für das 21. Jahrhundert.

Zum Weiterlesen empfehle ich:

Buddensiek, Wilfried: Wege zur Öko-Schule. Lichtenau 1991
Meyer-Abich, Klaus Michael: Aufstand für die Natur. München und Wien 1990
Gesing, Harald/Lob, Reinhold (Hrsg.): Umwelterziehung in der Primarstufe. Heinsberg 1991
Grefe, Christiane/Jerger-Bachmann, Ilona: Das blöde Ozonloch. Kinder und Umweltängste. Mit Serviceteil. München 1992

Kapitel 6
Gewalt und Friedensfähigkeit (in) der Schule

Es kommt darauf an, das Hoffen zu lernen. Der Affekt des Hoffens geht aus sich heraus, macht die Menschen weit, statt sie zu verengen ... Die Arbeit gegen die Lebensangst und die Umtriebe der Furcht ist die gegen ihre Urheber, ihre großenteils sehr aufzeigbaren, und sie sucht in der Welt selbst, was der Welt hilft.

Ernst Bloch, jüdischer deutscher Philosoph, Sozialist und Vertriebener, 1938[1]

1. Gewalt – ein neues schulpädagogisches Modethema?

Alle reden von Gewalt. Der Junge, dem auf dem Spielplatz die Jacke geraubt (»abgezogen«) wurde; das neunjährige Mädchen, der auf dem Weg von der Schule nach Hause von zwei 8jährigen Jungen die Alternativen geboten wurden: sich küssen zu lassen, sich auszuziehen oder 1 Mark zu zahlen (Rauschenberger 1992, S. 134); die türkische Jugendgruppe, die sich gegen eine deutsche Skinheadgruppe aufrüstet; die Lehrerin, die auf dem Pausenhof von dem älteren Bruder eines Schülers als »alte Schlampe« beschimpft und der dunkel gedroht wird, wenn sie den Jüngeren noch einmal (wegen Gelderpressung gegenüber anderen) anzeigen würde (Bericht 1991); und, nicht zuletzt, die Sozialforscher, die feststellen, daß über ein Drittel aller Jugendlichen in den neuen Bundesländern ausländerfeindlich seien, zumindest die Überfälle rechter Cliquen auf Asylbewerber billigen (Jugendszene 1992). In einer anderen Untersuchung wurde bei einem Viertel Berliner Jugendlicher Gewaltbereitschaft beobachtet; noch mehr – 85% – hatten allerdings auch oder zugleich Angst vor Aggressionen anderer (Merkens 1992).

Sind die Kinder und Jugendlichen der 90er Jahre gewalttätig gewor-

---

1 Aus der Einleitung zu: Ernst Bloch: Das Prinzip Hoffnung. Frankfurt/M. 1977, Gesammelte Werke Bd. 5, S. 1

den, geprägt von einem ego-monsterhaftem Durchsetzungswillen, der jede Toleranz – oder gar Solidarität – vermissen läßt? Verstehen die Konsum- und Krisenkinder der Risikogesellschaft Pluralismus als das darwinistische Recht des Stärkeren auf Rücksichtslosigkeit? Widersprechen diese Erscheinungen, die jedem von uns auch aus dem persönlichen Erfahrungshorizont bekannt sind, nicht der Kindheitsbeschreibung in Kapitel 3, wonach eine immer liberalere und triebfreundlichere Erziehung zu sensibleren und demokratischeren Haltungen bei Kindern führe und der »autoritäre Charakter« aussterbe? Ist gar die liberale Erziehung selbst schuld an vermehrter Gewalttätigkeit, wie manche vermuten?

Eine ähnlich hochgeschaukelte und zugleich diffuse Diskussion, wie sie über die vermeintlich gewalttätige Jugend geführt wird, läßt sich über die *Kinder als Opfer von Gewalt* beobachten. Kindesmißhandlung und kindlicher Mißbrauch (vor allem sexueller Art) haben als Thema öffentlicher Wahrnehmung Konjunktur. Dunkelziffern werden äußerst hoch angesetzt. Aber haben nicht schon Alice Miller (1983), Philippe Ariès (1975) und Lloyd deMausc (1980) darauf hingewiesen, daß Kindestötung, Kindesmißhandlung und Kindesmißbrauch uralte Erscheinungen sind? Neu wäre dann, daß wir nicht mehr nur das Extrem – den Totschlag –, sondern alle Formen der Gewalt gegen Kinder öffentlich mißbilligen, und daß die Gesellschaft, um dies durchzusetzen, neben den Gesetzen auch die Beratungs- und Auffangstellen für mißhandelte Kinder (und mißhandelnde Eltern) einrichtete.

Natürlich ist auch die Klage vieler Lehrer über unerwünschtes Verhalten ihrer Schüler nicht neu. »*Disziplinprobleme*« waren pädagogisches Hauptthema in Zeiten, in denen der Frontalunterricht und das dazu gehörende Lernen im Gleichschritt jede Abweichung tatsächlich zur Störung werden ließ. Für »*Verhaltensgestörte*« wurden eine – von der allgemeinen Schulpädagogik abgetrennte – eigene Bindestrich-Pädagogik und eigene Schulen geschaffen. Über *kriminelle Jugendgangs* klagten und forschten schon in den 40er Jahren die Amerikaner (vgl. etwa Cohen 1961). Die westdeutschen *Halbstarken* der 50er Jahre ließen manchen Pädagogen fürchten, die Jugend sei nicht mehr zu retten; diese Halbstarken sind heute ehrbare Großväter. Prügeleien auf dem Nachhauseweg sind für fast jeden ehemaligen Schüler und Anmache für fast jede ehemalige Schülerin erinnerbar. Haben wir also kein neues Problem, sondern die üblichen Schwierigkeiten einiger, meist in der Pubertät, die vorübergehen wie ein Gewitter auf dem Weg zum erwachsenen Leben?

Eine Schulpädagogik, deren Ziel es ist, daß die Kinder die moderne Vielfalt aushalten und die Gemeinsamkeit mit anderen nutzen und genießen lernen, muß sich natürlich fragen, wie deren Friedensfähigkeit in die Welt kommt und welche Beiträge die Schule dazu leisten kann. Läuft nicht das Entscheidene außerhalb ab, in der Familie, in den Medien, auf der Straße, in der Freizeit – und kann es in der Schule um mehr gehen, als trotzdem einigermaßen gesitteten Unterricht durchzuführen (was manchmal, etwa mit dreizehnjährigen Hauptschülern, schon ein großer Erfolg ist)? Ich werde darzustellen versuchen, daß für solch eine pädagogische Resignation wenig Anlaß besteht; vielmehr scheint mir, daß der Ort Schule – von der Gestaltung der Räume bis zum Unterricht – eine *einzigartige Chance bietet, auf Gewalterfahrungen produktiv zu reagieren.*

2. Gewalt – Definition und Ausmaß

Was Gewalt ist, das ist strittig. Für manche Innenminister war, in den friedensbewegten 80er Jahren, schon das Sitzen vor Kasernen Gewalt, und die Richter gaben ihnen recht. Dieselbe Handlung, als gewerkschaftlicher Streik vor Fabriktoren, wird jedoch allgemein als zu billigende Interessenvertretung definiert. Was Gewalt ist, definieren die Gewaltigen. Wer in einem Bürgerkrieg unterliegt, war Terrorist. Wer siegt, Revolutionär.

Aber wir brauchen uns nicht in die Sphäre politischer Gewaltdefinitionen zu begeben, sondern können im Pädagogischen bleiben. Die Ohrfeige der Mutter galt einst als völlig legitime pädagogische Tat, ja auch der Nachbar durfte die obststehlenden Kinder mit Billigung der Eltern schlagen (meist gab es von diesen noch zusätzlich was); heute würden die Eltern empört die Anmaßung kritisieren, daß Fremde ihrem Kind zu nahe treten. Und auch sie selbst entschuldigen sich oft zerknirscht bei ihren Kindern, wenn sie sich einmal »nicht beherrschen konnten«. Gewaltfreiheit im pädagogischen Umgang mit Kindern ist gesellschaftliche Norm geworden, und der Kinderschutzbund dringt darauf, daß dieser Grundsatz endlich von allen eingehalten wird. Wehe dem Lehrer, der dies nicht schafft: Physische Gewalt gegenüber Schülern ist nicht nur strafbar, sondern auch berufsgefährdend.

Gewalt, sagt Rauschenberger, »nennen wir die Art und Weise einer Handlung, die andere Menschen physisch oder psychisch beeinträchtigt, wobei diese Handlung oft mit einem Zwang verbunden wird, etwas Bestimmtes zu tun oder zu unterlassen« (Rauschenberger 1992, S. 135). Das scheint mir eine zu allgemeine Bestimmung, wird so ja auch die

Schulpflicht, die Klassenarbeit, ja die Anwesenheit nach dem Ende der Pause zur »strukturellen« Gewalt[2], soweit sie als »Beeinträchtigung« empfunden wird. Klaus Hurrelmann, der sich seit den 70er Jahren mit den einschlägigen Problemen auseinandersetzt (vgl. Brusten/Hurrelmann 1973, Hurrelmann 1990, 1992), rechnet zur Gewalt in der Schule »das ganze Spektrum von Tätigkeiten und Handlungen, die physische und psychische *Schmerzen oder Verletzungen* bei den im Bereich der Schule handelnden Personen zur Folge haben oder die auf die *Beschädigung von Gegenständen*[3] im schulischen Raum gerichtet sind« (Hurrelmann 1990, S. 365). Diese Definition schließt zwar auch eine Absicht (gerichtet auf Schaden) ein, zielt vor allem aber auf die *tatsächliche* Wirkung bei den Betroffenen (physische als auch psychische Schmerzen oder Verletzungen). Solche Folgen können auch ohne Absicht eintreffen – ein gerade unter Kindern häufiges Phänomen. (Aggression wird dagegen fast immer durch die Absicht zur Schädigung definiert.)

Es ist in der Regel kaum ausreichend, eine als Aggression oder Gewalt erlebte Handlung als Ausdruck einer – dauerhaften – *Eigenschaft* anzusehen, wie dies die traditionelle Verhaltensgestörtenpädagogik oder die Psychiatrie tat.[4] Rauschenberger geht weiter und versucht, Gewalt interaktionistisch »als Antwort auf mißglückende Beziehungen« (Rauschenberger 1992, S. 139) anzusehen. Mir scheint auch dies zu kurz gegriffen: Neben den personalen Beziehungen beeinflussen auch Dinge und Verhältnisse unsere Gewaltbereitschaft. Deshalb scheint eine *sozialökologische Betrachtung* geeigneter, das individuelle Endprodukt – das gewaltbezogene Verhalten – recht zu begreifen und angemessen dar-

---

2 Der Begriff »strukturelle Gewalt« stammt von Galtung und versucht die sozial einschränkenden Lebensbedingungen begrifflich zu fassen. Auch er kann wegen seiner Allgemeinheit leicht zur Abwertung jeglicher institutioneller Regelungen mißbraucht werden. Zur Diskussion dieses Konzepts vgl. Hennig 1989.

3 Die Sachbeschädigung innerhalb der Schulen wird in der Literatur gern »Vandalismus« genannt. Ich verwende den Begriff wegen seiner implizit ethnisch abwertenden Konnotation nicht.

4 Natürlich gibt es auch bei Kindern neurotische Störungen, die sich in Aggression äußern, und die Gegenstand kinderpsychiatrischer Therapien sind. Aber selbst derartige Verfestigungen gestörter Kind-Umwelt-Interaktion sind nicht individualistisch, sondern i.d.R. als Produkt lebensgeschichtlicher Verletzungen interpretierbar. Es ist gut, wenn Lehrer wissen, wie entprechende Kindertherapien heute arbeiten; eine quasi-therapeutische Einstellung zu den Schülern führt jedoch in aller Regel zu falschen Schlüssen. Vgl. Schön 1989.

auf reagieren zu können: Nicht nur die bisherige individuelle Lebensgeschichte (also die psychische Disposition), nicht nur die konkrete Interaktionssituation (etwa in der Klasse), sondern auch der Raum zur Entfaltung (ganz konkret: wieviel Spielraum gibt es auf dem Schulhof?) und die sozialen Lebensverhältnisse der Familie, die Einflüsse der Medien, der Peer-group, der aktuellen Politik usw. entscheiden letztlich das konkrete Verhalten. Wie kommt es, daß Jugendliche Steine und Brandsätze auf Asylbewerberheime werfen? Zur Erklärung müßten alle hier angedeuteten Ebenen mit einbezogen werden. Weder die bloße »Psychologisierung« (»die sind gewalttätig«) noch etwa die Zurückführung auf fehlende Jugendheime oder »die falsche Politik« könnten jeweils für sich ausreichen. Sie würden zu jeweils isolierten und letztlich mißglückenden »Lösungen« führen. Erst ein integrativer Ansatz, der alle Ebenen miteinander verbindet, brächte uns weiter.

Strittig ist, ob die Gewalt gegen und die Gewalt von Jugendlichen tatsächlich zugenommen haben oder dies nur in unserer Wahrnehmung (und der der Medien) so ist. Über den Umfang und den Wandel der Gewalt *gegen* Kinder wissen wir wenig. Harte Daten, wie die über etwa 400-600 Kinder, deren Tod jährlich durch Eltern verursacht wird, bleiben über die letzten Jahre konstant. Polizeistatistisch erfaßte Verstöße gegen § 176 StGB (sexueller Mißbrauch von Kindern unter 14 Jahren) sind zwischen 1973 und 1984 um ein Drittel zurückgegangen. Nicht so die Vermutungen über die – logischerweise spekulativ bleibenden – Dunkelziffern: Verbände, Medien, Beratungsstellen und Ministerien nennen Zahlen von zwischen 90.000, 300.000 und 1,2 Millionen jährlich mißbrauchten Kindern.[5] Katharina Rutschky (1992, S. 34ff.) hat gezeigt, wie bestimmte Zahlen zu »märchenhaft-mythischen Wahrheiten« werden, zu einprägsamen Chiffren, die niemand mehr ernsthaft in Frage zu stellen wagt, und daß sich dabei oft die Vorurteile der Öffentlichkeit und der Wissenschaft nicht unterscheiden. Sie verweist auch darauf, daß die Ausdehnung der Begriffe »Mißbrauch« und »Gewalt gegen Kinder« bis hin zu Anspielungen, Witzen und Blicken im Grunde Kinder unterstellt, die ohne jede eigene Aktivität, ohne Abwehrfähigkeit, die grundsätzlich Opfer und vorfreudianisch ohne jede Sexualität seien. Das ist kein Argument dafür, die Mißhandlung von Kindern und Jugendlichen nicht ernst zu nehmen; aber eines dagegen, daß die pädagogische Beachtung in irgendeiner Weise von der quantitativen Größe abhinge, und ei-

5   Zum Mißbrauch vgl. die Literatur bei Seifert 1992 und in Kap. 8.

nes dafür, enger gefaßte Begriffe zu wählen, um nicht alles mit allem zu vermengen.

Die Bundesregierung war Mitte der 80er Jahre über die Zunahme der Gewalt so besorgt, daß sie eine interdisziplinär zusammengesetzte »Unabhängige Regierungskommission zur Verhinderung und Bekämpfung von Gewalt« einrichtete. Die Kommission legte vier dicke Bände Analysen und Empfehlungen vor (Schwind 1990); ein Teil beschäftigt sich mit der Schule.[6] Dabei wird festgestellt, daß eine Zunahme *jugendlicher* Gewalt wissenschaftlich nicht eindeutig nachweisbar ist; auch aus der Zunahme in den Kriminalstatistiken (über schwerere Körperverletzungen durch Jugendliche) ließe sich dies nicht ableiten (vgl. im einzelnen Hurrelmann 1990, 1992).[7]

Dem steht der Eindruck vieler Lehrer gegenüber, vor allem in innerstädtischen Schulen. Jamie Walker, die in Berlin-Kreuzberg mehrere Jahre an der praxisnahen Entwicklung gewaltfreier Konfliktlösungsansätze im Klassenzimmer arbeitete, ist davon überzeugt, daß die aggressiven Auseinandersetzungen auf dem Schulhof in die Höhe schnellen, ebenso die Bedrohungen von Kindern und Jugendlichen durch Gleichaltrige auf U-Bahnhöfen und auf den Straßen, und daß gegenüber *ausländischen* Schülern Beleidigungen und Überfälle zunehmen (Walker 1991, S. 8f.).

Daß sich Jungen früher weniger als heute geprügelt haben, ist zu bezweifeln – nur wurde das vor Jahrzehnten selten zum pädagogischen Thema. Es gibt sicher Erscheinungsformen aggressiven Verhaltens, die historisch neu sind (wie das Erpressen auf dem Schulweg oder der Raub von Kleidung). Aber insgesamt kann vermutet werden, daß das, was wir als Gewalt und Gewaltbereitschaft wahrnehmen und ablehnen, sich verändert hat: Während vor einigen Jahrzehnten der Besitz eines Messers

---

6 Diese Bände bzw. die Familien- und Schul-Teile gehören in jedes Lehrerzimmer. Pädagogisch-soziologische Gutachter waren u.a. Klaus Hurrelmann und Thomas Feltes. Als Zusammenfassung für den Schulteil vgl. Schwind 1990, Bd. I, S. 68-76, S. 91-95, S. 150-157. Betreffend die Gutachten von Feltes und Hurrelmann vgl. Bd. III, S. 317-342 und 363-380. Das Gutachten Hurrelmann ist leicht verändert auch 1992 gesondert erschienen.– Zur Kritik der Gewaltkommission vgl. Albrecht/Backes 1990.

7 Die Zeitung »Die Woche« belegt mit Daten des Bundeskriminalamtes, daß der Anteil der Kinder und Jugendlichen an der *Gesamtkriminalität* in den alten Bundesländern, der 1970 bei 33 % lag, bis 1991 auf 24 % gesunken ist (Die Woche v. 18. 3. 93, S. 35). – Die plötzliche Gewaltzunahme nach der Vereinigung geht schon 1993 wieder zurück.

zu einem »richtigen« Jungen gehörte (und er es zu seinem Geburtstag von den Eltern oder Onkeln geschenkt bekam), werden Messer heute als »Waffen« definiert (teilweise von den Kindern selbst). Mädchen-Ärgern, in meiner Schulzeit ein beliebter Zeitvertreib von Jungen der 7. und 8. Klassen, gilt heute als sexueller Angriff.[8] Es ist nicht nur die Wirklichkeit, sondern auch der Diskurs, der sich ändert.

Meine These ist, daß die *Kinder nicht insgesamt gewalttätiger geworden sind, sondern daß sich eine Polarisierung vollzieht*: die überwiegende Mehrheit der Jugend lehnt Gewalt ab, ist selbst friedensfähig und sozial kommunikativ, und zwar auch die Mehrheit der männlichen Jugend. Andererseits wird ein *sozial desintegrierter* (Heitmeyer 1992) kleiner Teil aggressiver, destruktiver und auch politisch gewalttätiger. Dieser Trend, der der 2/3-Gesellschaft der 80er Jahre entstammt, schlägt seit der Auflösung der DDR und des zwangssozialistischen Wertekonzepts auch in den neuen Ländern voll durch.

Dennoch können einige empirische Tatsachen festgehalten werden: Direkte Aggressionen und Gewalthandlungen gehen eher von Jungen und von Haupt- und Sonderschülern aus. Zerstörungen von Gegenständen finden eher in großen Schulen und in monotonen Klassenräumen statt (Schwind 1990, S. 85f.). *Wir haben eine besondere Häufung aggressiver Akte dann, wenn eine ungünstige soziale Lage, eine negative schulische Karriere, eine herkömmliche männliche Sozialisation und ein unwirtlicher Ort zusammentreffen.* Schulpädagogisch, sozialpädagogisch und sozialpolitisch muß also auf verschiedenen Ebenen angesetzt werden, um diesen Zirkel, der auch zur sozialen Randständigkeit führen kann, aufzubrechen.

8   Meiner Erinnerung nach konnten die Mädchen sich dieses »Ärgern« durchaus vom Leibe halten, wenn sie wollten: Soweit sie schon Freunde in den höheren Klassen hatten (was einer der Gründe für den Ärger der Jungen war), machten sie den Versuch, alles zu ignorieren. Ging das nicht, kam der verbale Gegenangriff. Reichte das nicht aus, wurden die älteren Freunde gezielt auf diese Jungen angesetzt – für diese demütigend, aber sie fügten sich. Später wurde das »Ärgern« durch »Flirten« ersetzt – innerhalb der Klasse meist ebenso erfolglos. Aber das Klassenklima änderte sich schlagartig: Es machte Jungen wie Mädchen offenbar Spaß, die Versionen von Annäherungen, Abweisungen und Balance zu üben.– Die Formen der pubertären (Jungen-)Attacken auf Mädchen sind möglicherweise schon damals in Hauptschulen härter gewesen als in Gymnasien; das kann auf jeden Fall für heute vermutet werden.

3. Hintergründe widersprüchlicher Gewaltdisposition

Aggressions- und Gewalterfahrungen von Kindern der 90er Jahre sind sowohl geringer als auch häufiger denn je: Die liberaleren Erziehungsnormen haben tatsächlich dazu geführt, daß Kinder weniger geschlagen werden (vgl. Kap. 3). Das »Mittelschicht«-Modell der einfühlsamen, auf kindliche Bedürfnisse eingehenden Mütter und Väter ist ja nicht nur zur herrschenden Leitidee geworden, es wird auch immer häufiger praktiziert. Deren Kinder haben es psychisch nicht nötig, ihr Selbstvertrauen durch Aggression gegen Schwächere aufzubessern. *Triebfreundliche, gewaltfreie Erziehung ist immer noch die beste Gewähr gegen gewalttätige Nachfahren.* – Um so mehr sind jene Eltern, die aufgrund ihrer eigenen Kindheitserfahrungen, ihrer sozial randständigen Lage oder ihrer kulturellen Traditionen mit Kindern (noch) gewalttätig umgehen, unter öffentlichen Druck geraten. Beratungseinrichtungen, Schulpsychologische Dienste, Kinderschutzbünde, Familienfürsorge-Dienste u.a. tragen dazu bei, daß die öffentliche Aufmerksamkeit sich verstärkt auf immer neue Facetten von Gewalt gegenüber Kindern richtet.

Andererseits sind heute Eltern und Öffentlichkeit generell an einer *starken individuellen Durchsetzungsfähigkeit* der Kinder (von Jungen *und* Mädchen) interessiert. Kinder sollen also eine schwierige Balance lernen: Sie sollen die Durchsetzung eigener Interessen praktizieren, aber andere nicht schädigen. Der Erwerb solch einer Balance setzt jedoch die Reflexion ständig neuer sozialer Situationen voraus. Er verlangt Einfühlungsvermögen, und dieses braucht die *konkrete Erfahrung* der Artikulation anderer Bedürfnisse. Das können z.B. Kinder, die keine Geschwister haben und die die »Prinzen« oder »Prinzessinnen« ihrer Eltern sind, meist nur außerhalb der Familie lernen – bei Übernachtungen in anderen Familien, im Alltag der Krippe oder der Kindertagesstätte usw. Aber eben dort wird, auf zu kleinem Raum, wieder der Kampf um den Platz und um die Aufmerksamkeit der überlasteten Erzieherinnen nötig – auf Kosten anderer mit gleichen Wünschen. Ähnliches gilt in der Grundschulklasse, im Verein, im Jugendclub. Mit anderen Worten: Eine – sozial gebremste – Aggressivität, ein »gesunder« Egoismus werden gesellschaftlich gewünscht; abgelehnt wird der ungezügelte, ohne Rücksicht auf andere realisierte Durchsetzungswille; die *Bedingungen* für das erwünschte Verhalten werden jedoch nicht zureichend geschaffen. Die Differenz zwischen gewünschtem und abgelehntem Verhalten ist äußerst gering, ja sie verschwimmt oft.

Für jene, die als Kinder tatsächlich geschlagen, mißbraucht oder ge-

demütigt werden, die Gewalt als Durchsetzungsmethode physisch erleiden, ist der Erwerb dieser Balance des »modernen« Individuums zusätzlich erschwert (wenn auch nicht automatisch unmöglich, wie oft unterstellt): Die Gefahr besteht, daß sie in althergebrachter Weise eine autoritäre Persönlichkeitsstruktur erwerben, die physische Schädigung
anderer in Kauf nimmt oder gar lustvoll zur eigenen Ich-Stärkung nötig
hat. Früher konnte solch eine Sozialisation durchaus funktional sein,
etwa für das Militär oder für die Fabrik. Heute brauchen weder Militär
noch Unternehmen solche Sozialcharaktere, sondern selbstbewußte,
mitdenkende, kommunikative und zugleich anpassungsbereite »Mitarbeiter«. Was also als (überwiegend proletarische) Sozialisation einmal
normal war, wird heute randständig. »Schläger« oder gewalttätige Ju-
gendbanden sind auch unter den meisten Jungen nicht mehr beliebt, sondern eher gefürchtet; sie haben keine gesellschaftliche Lobby mehr. Ihre
– wenigen – Bewunderer dürften in ähnlich marginalisierter Lage sein
(Farin/Seidel-Pielen 1991).

Viele Pädagogen glauben, daß die *AV-Medien* – Fernsehen und Vi-
deo – mit ihrer Gewaltdarstellung die Gewaltbereitschaft der Jugendlichen erzeugen. Unstreitig können Kinder vermehrt Gewalt im Fernsehen, vor allem aufgrund der Verbreiterung des Angebots durch Verkabe-
lung, sehen. Und Abenteuer-, Fantasie-, Zeichentrick- und Actionfilme
mit aggressiven Handlungskomponenten sind unstreitig beliebtester
Bildschirmkonsum (vgl. Kübler 1992, S. 9). Kinder können sich in ihrer
Sehnsucht nach Macht und Größe mit den starken, durchsetzungsfähi-
gen und erfolgreichen Rauhbeinen identifizieren, können sich für eine
Weile stark fühlen und über die Realität hinwegsetzen.[9] Diese meist
männlichen Raubeine und Helden – He-Man, She-Ra, Rambo, Batman
und andere (Büttner/Wirtz 1992) – haben wenig mit der Wirklichkeit gemein. Vielleicht liegt gerade darin für die meisten Kinder deren Harm-
losigkeit: Sie sind so eindeutig Fantasiewelt, daß eine Übertragung ihres
Verhaltens auf die konkrete Lebenswelt gar nicht erst erwogen wird.
Nicht so für jene, die schon eine *gewalttätige Disposition* erworben haben: Sie neigen dazu, gewalttätige Fernsehdarstellungen als Verstärkung

---

9 Auch in der jüngsten empirischen Jugendmedienstudie wird auf den Zusammenhang von hohem Medienkonsum gerade aggressiverer Jugendlicher und
Problemen mit der Realität berichtet (Lukesch 1990, S. 332). Hohe Aggressivität wurde häufiger bei männlichen Hauptschülern niederer sozialer Herkunft festgestellt; die Bekräftigungsthese von Rogge zur Nutzung von Ge-
walt-Videos bzw. -Filmen für ich-schwache Kinder wird durch die Studie
bestätigt.

und Bestätigung für ihre eigene rücksichtslose Durchsetzungsphilosophie anzusehen (Bonfadelli 1986). Überblickt man, schreibt Rogge, »die weit über 2.500 Veröffentlichungen über die Auswirkungen von Mediengewalt der letzten Jahrzehnte, dann ist festzuhalten, daß die medialen Gewaltszenarien zwar keine gewalttätige Generation geschaffen haben. Genauso ist aber richtig, daß dadurch niemand friedfertiger geworden ist ... Nicht übersehen werden darf, daß bereits gewalttätig vorgeprägte Heranwachsende durch massenmediale Gewalt eine Bekräftigung ihres Handelns erfahren können« (Rogge 1991, S. 8).

4. Die ausländischen Kinder als Opfer und Täter von Gewalt

Die Lehrerinnen und Lehrer der 90er Jahre kommen nicht mehr umhin, sich einer besonderen Form der Gewalt zu stellen, die Sozialpädagogen in den Großstädten schon seit Jahren beobachten: Ausländische Jugendgangs rüsten sich auf, schlagen sich mit deutschen oder anderen nichtdeutschen Gruppen. Bei Auseinandersetzungen mit der Polizei (etwa nach Popkonzerten oder Maifeiern) sind 12jährige Türken unter den »Streetfightern« und Plünderern von Getränkeläden. Vom »Krieg in den Städten« schreiben die Kenner der Szenen Klaus Farin und Eberhard Seidel-Pielen (1991) in schmerzhafter Klarheit. Dabei wird deutlich, daß auch die multikulturell liberale Lehrerin nicht mehr umhinkommt, sich mit Kindern und Jugendlichen kritisch auseinanderzusetzen, die die Rechte anderer eben nicht (mehr) respektieren wollen: Farin/Seidel-Pielen beschreiben, wie sich gerade unter türkischen Jugendlichen der zweiten Generation einerseits eine Abkehr von den anpassungsbereiten und unbedingte Autorität einfordernden Eltern ankündigt, andererseits Auffassungen andauern, die – wie etwa im Bereich der Rollenzuschreibung von Männern und Frauen – eindeutig nicht unseren Vorstellungen von Gleichberechtigung und Selbstbestimmung entsprechen.

Der türkische Junge ist gemeinhin noch stärker als der deutsche Arbeiterjunge auf physische Stärke und auf Macht hin orientiert. Die schulische Karriere bietet ihm meist wenig Grund zu Stolz und Selbstbewußtsein: Die Schulerfolge der ausländischen Arbeiterkinder sind miserabel. Sie scheitern – z.B. in Berlin[10] – selbst in der Hauptschule viermal

10 Während im Schuljahr 1989/90 in Berlin (West) von den deutschen Schulabgängern 12% ohne Hauptschulabschluß abgingen, betraf dies 32% der

häufiger als ihre deutschen Mitschüler, die es ja selbst auch schon nicht geschafft haben, auf die Realschule zu kommen. Überdurchschnittlich viele ausländische Kinder geraten zudem in die Sonderschule für Lernbehinderte – in der Regel ohne Chance, einen Hauptschulabschluß zu erreichen. Das setzt sich fort: Wenige erhalten eine Lehrstelle, viele schließen die Ausbildung nicht ab. Was bleibt, sind kurzfristige, schlechtbezahlte und geringbewertete Jobs.

Während sie also in der niederen sozialen Lage ihrer Eltern bleiben, sind jedoch ihre Konsum- und Statuswünsche »deutsch«, d.h. anspruchsvoll. Als Staatsbürger dürfen sie nicht wählen, müssen jedoch, wenn sie Arbeit haben, Steuern bezahlen. Immer häufiger werden sie als unerwünscht angesehen, etwa in Diskotheken. Die Medien sind voll von Überlegungen der Politiker, wie man sie in ihre vermeintliche »Heimat« (es ist die Heimat ihrer Eltern oder gar nur die der Großeltern) schicken kann und wie man neuen Zuzug verringert. Sie fühlen sich zu Unrecht gleichgesetzt mit den Kriegs- und Armutsflüchtlingen aus Ost- und Südosteuropa, die als Asylbewerber kaserniert werden. Sie sind längst Stuttgarter, Hamburger oder Berliner. Mit den multikulturellen Festen der Kulturszene, bei denen ausländische Künstler und andere Vertreter des jeweiligen Bürgertums auftreten, haben sie meist wenig gemein: Es macht deshalb wenig Sinn, pauschal von »ausländischen Kindern« zu sprechen. Auch unter ihnen sind die sozialen Differenzen groß, vermutlich sogar noch größer als zwischen reichen und armen Kindern deutscher Herkunft.

Für diese – wenigen – gewaltorientierten ausländischen Jugendlichen gilt, was generell über den Schritt von der Frustration zur Gewaltpraxis gesagt werden kann: Sie ist *hilfloser Ausdruck von Desintegration, nämlich der Auflösung von direkten Beziehungen, des Ausschlusses aus gesellschaftlicher Partizipation und des Abbruchs von Verständigungen über gemeinsame Grundlagen des Zusammenlebens* (Heitmeyer 1992).

Bei diesen Jugendlichen findet ein sozialpsychologischer Prozeß des

---

ausländischen. 38% der deutschen, aber nur 9% der ausländischen Abgänger erwarben die allg. Hochschulreife. 1980 erreichten nur 5% das Abitur, dagegen mußten 51% die Schulzeit ohne Hauptschulabschluß beenden. Von den ausländischen Absolventen erreichten 1990 gleich wenige Mädchen wie Jungen das Abitur (je 9%), jedoch lag die Quote der Schulversager (ohne Hauptschulabschluß) bei den Jungen etwas höher (34% gegenüber 29% bei den Mädchen). Das entspricht den Verhältnissen bei den deutschen Kindern. Vgl. Senatsverwaltung 1991, S. 114-118; eig. Berechnung.

Aufschaukelns von Fremd-Zuschreibung (»Du bist und bleibst ein Ausländer«) und der Selbst-Annahme (»Dann bin ich eben ein richtiger Türke«)[11] statt. Different allerdings die Reaktion, und deshalb diskutiere ich diese Fragen hier: Während muslimische Mädchen aufgrund der ihnen familiär zugeschriebenen Rolle und der sozialen Kontrolle durch ihre Familien kaum die Möglichkeit haben, aus dem Zirkel von Geschlechtsrollenzuschreibung, Nationalitätenzuschreibung und niederen Bildungs- und Berufskarrieren auszubrechen, suchen türkische Jungen verstärkt die kollektive Demonstration von Stärke und Gewalt. Dies entspricht sowohl ihren sonstigen (geringen) Chancen als auch ihrer bisherigen Männer-Sozialisation: Der Macho in der Gang hat hier eine Identität, die intern etwas wert ist, ja die von »außen« gefürchtet wird. Polnische Jungen wie Mädchen dagegen machen meist das, was deutsche Flüchtlingskinder nach dem Weltkrieg taten: Über Bildungsanstrengungen versuchen sie, sich einen künftig besseren Platz in der Gesellschaft zu erobern. Die Wege der Kinder asiatischer oder europäischer Führungsschichten sind dagegen von denen deutscher Mittel- und Oberschichtkinder kaum unterschiedlich; sie werden ihren Gang durch das deutsche Schulsystem in die Universitäten schon finden.

Die Schule kann wenig tun, um die *gesellschaftliche* Lage der proletarischen ausländischen Kinder und Jugendlichen zu ändern. Aber was sie kann, sollte sie tun (und würde so indirekt zum Abbau zunehmender Gewaltbereitschaft beitragen): Sie kann die gettohaften »Ausländerklassen« sofort abschaffen. Sie kann den Schulanfang zumindest für größere ethnische Gruppen auch in ihrer Muttersprache beginnen lassen[12], wie dies an zu wenig Stellen erfolgreich praktiziert wird (vgl. Kupfer 1991, Nehr 1991). Sie kann in jedem Fach das Curriculum daraufhin durchsehen, wo für universell gehalten wird, was sehr deutsch – oder doch christlich-europäisch – ist, und wo ohne Verzicht auf Grundwerte mehr Erfahrungen aus dem Leben der hier eingewanderten Eltern und ihrer Kinder einbezogen werden können. Sie kann Projekttage oder Projekte durchführen, in denen die Ängste der Schüler vor Aggression und vor fremden Zuschreibungen aufgegriffen und spielerisch Alternativen zur Gewaltreaktion (»Wir müssen uns mit Waffen verteidigen«) erprobt

---

11 Max Frisch hat diesen Prozeß der Zuschreibung und schließlichen Übernahme einer vermeintlichen jüdischen Identität an der Gestalt Andri in dem Stück »Andorra« (1962) literarisch dargestellt. Das Stück eignet sich vorzüglich für Schülertheater.
12 Eine in den USA völlig selbstverständliche Praxis.

werden. Sie kann Vertreter der verfeindeten Banden in die Schule einladen, um einmal in anderem Rahmen gegeneinander und miteinander zu *reden*. Es gibt inzwischen eine Reihe kluger Anregungen, um die multikulturelle Realität der Kinder nichtdeutscher Herkunft auch in *erfolgreichere Bildungskarrieren* umzusetzen – und dies scheint mit die *wichtigste Aufgabe interkultureller Schularbeit* (vgl. u.a. Auernheimer 1990, Borelli 1986, Essinger/Ucar 1984, Marburger 1991).

5. Pädagogischer Kampf gegen Windmühlen?
Zu den Möglichkeiten der Schule, Gewalt zu verringern

Über die besonderen, die lebensweltlichen Probleme ausländischer Arbeiterkinder aufgreifenden Schritte gegen Gewaltbereitschaft hinaus haben Feltes (1990), Hurrelmann (1990, 1992), Walker (1992) u.a. auf den Beitrag der Schule zur Verringerung aggressiver Auseinandersetzungen hingewiesen. Im sozialökologischen Sinn wäre auf *unterschiedlichen Ebenen anzusetzen, schulpolitisch, innerschulisch, unterrichtlich.* Zur schulpolitischen Dimension gehört die Schaffung kleinerer Schulen bzw. von »Schulen in der Schule«. Zur Handlungsebene der Schulgemeinde gehört die Bildung ästhetisch angenehmer und wohnlich wirkender Klassenräume, Flure, Cafeterien usw.; dazu gehört die Umgestaltung der meist tristen Schulhöfe zu Flächen, die Klettergerüste und umzäunte Ballspielanlagen haben, im übrigen möglichst parkähnlich angelegt sind, um eine gelassene Erholungsatmosphäre zu fördern. Dazu gehört die Schaffung von Identifikationsmöglichkeiten mit der eigenen Schule über ihr Profil, ihren Namen, ihr Symbol, ihre Feste, ihren »Ruf«. Dazu gehört die Einbeziehung der Partizipation der Schülerinnen und Schüler in die Gestaltung des gesamten Schullebens – von der Gestaltung des Hauses über die Verausgabung der Gelder bis zur Unterrichtsdurchführung. Dazu gehört die Öffnung der Schule am Nachmittag für AGs und freie Gruppen der Schüler, aber auch für ehemalige Schülerinnen und Schüler usw. ... Nicht zuletzt verweist selbst die Gewaltkommission der Bundesregierung darauf, daß ein *verengter* Leistungsbegriff, der nur zählt, was an abprüfbarem Wissen in Noten ausdrückbar ist, gerade für Jugendliche mit Schulschwierigkeiten kaum eine Motivation aufbaut, um andere als gewaltförmige »Lösungen« für die Abfuhr ihrer Probleme zu suchen (Schwind 1990, Bd. II, S. 88, Bd. I, S. 153; zum pädagogischen Leistungsbegriff vgl. Kap. 4).

Gewalt erzeugt Gegengewalt (bzw. Wut und Aggression). Die gerade genannten Vorschläge bewirken wenig, wenn die *Lehrerinnen und Lehrer selbst* nicht mit *ihrer* vorhandenen (meist verdeckten und gebremsten) Aggressivität umzugehen lernen. Therapeutisch wäre es sinnvoll, sie ausagieren zu können; aber das kann in der Schule nicht erlaubt sein, will sie ein »gewaltfreies Schulklima« (Jochheim 1992) schaffen. Also muß die Wut auf manche Schüler, manches eigene Versagen, manche Situation in anderer Weise heraus: in der Supervision, der »themenzentrierten Interaktion«. Schleswig-Holstein hat den Lehrern angeboten, einen Teil der Kosten für Supervision zu übernehmen, um einen Anreiz zu schaffen, damit mehr Lehrer auf diese Weise zur Überwindung aufgestauter Frustrationen und heimlicher Aggressionen bereit sind. »Sozialintegrativer Unterricht« und ein entspannter Umgangsstil sind ja nicht nur eine Frage des Willens. Dazu ist zuweilen professionelle Unterstützung von Beratern und Supervisoren nötig.

Wenn wir selbst erkennen, daß und wie wir in unserem Verhalten als Pädagogen selbst zur Gewaltbereitschaft beitragen – ohne deren Hauptursache zu sein –, werden wir wahrscheinlich freier, Wut und Ärger in der Schule auch zuzulassen, anzuhören, nicht sofort stillzustellen und nach den Motiven zu forschen, um die in solch »unmöglichem Verhalten« versteckten Kontakt- und Veränderungswünsche herauszufinden. Das kann sehr gut über Rollenspiele, Theater, über mehr Sport und Bewegung auch zwischendurch geschehen: mehr Expression anstelle schädigender Gewalt (Preuss-Lausitz 1984). Die Schule könnte dann zu einem – vermutlich dem einzigen – Ort werden, wo Gewalt*phantasien* kontrolliert zugelassen werden, um sie gemeinsam zu bearbeiten; wo die »*Gewalt kultiviert*« werden könnte – indem »der Keim dessen, was eigentlich gemeint war«, im gemeinsamen Gespräch, vor allem aber im gemeinsamen Handeln herausgefunden wird (Rauschenberger 1992, S. 148).

Wenn Gewaltausübung auch Ausdruck von Angst und fehlendem Selbstbewußtsein ist, dann muß dieses gestärkt werden. Jamie Walker hat eine Reihe von Spielen und Übungen im Unterricht erprobt, die das Selbstbewußtsein stärken, die das Hineinversetzenkönnen in andere erleichtern, die die Kommunikation üben, die den Umgang von Mädchen und Jungen nichthierarchisch trainieren (Walker 1992, 1989, 1991).

Für diejenigen Kinder und Jugendlichen, die in der Familie direkte Gewalt erleiden, sollte die Schule stärker als bislang Partei nehmen (anstatt, wie meist, hilflos zu schweigen): Die Adressen der lokalen Kindernotdienste, der Kinderschutzhäuser, der verschiedenen Beratungseinrichtungen für Jugendliche *gehören in jedes Klassenzimmer*. Vertreter solcher Einrichtungen sollten regelmäßig in den Schulen die Möglichkeit haben, über ihre Arbeit (und damit über die Probleme von Kindern) zu sprechen. Lehrer selbst sollten wissen, wo solche Beratungsstellen sind, sie sollten auch die Beraterinnen und Berater persönlich kennenlernen. Dabei darf der *Respekt* vor der Entscheidung der Schülerinnen und Schüler, ob und wie sie über solche Erfahrungen von Gewalt und mit wem reden, nicht durchbrochen werden; auch die Entscheidung zu schweigen ist deren Recht (vgl. Rutschky 1992).– Das gilt auch für die Zusammenarbeit mit den Eltern: Wenn Kinder geschlagen wurden, müssen die Kinder (wenn sie mit Lehrern oder Schulpsychologen darüber gesprochen haben) entscheiden, ob und wie die Erwachsenen in das Eltern-Kind-Verhältnis eingreifen dürfen. Wenn wir heute Kindern fast auf allen Gebieten frühzeitig Selbständigkeit abfordern und zubilligen, dann müssen wir sie auch in der Schule respektieren, auch in ihrem Wunsch nach Privatsphäre. Nur die wirkliche Bedrohung von Gesundheit und Leben kann Grund sein, diese Autonomie zu durchbrechen.

Unsere Gesellschaft ist auf vielfältige Weise von Aggressivität und Gewalt durchzogen. Wenn Schule lebensweltlich orientiert ist, dann muß sie sich dieser Gewalt offensiv stellen: darüber sprechen, dagegen vorgehen, soweit das als Schulvorhaben Sinn macht, vor allem aber ein schulisches Klima schaffen, das ein Stück weit tägliche Lebenszeit mit wenig Aggressivität, mit viel Entspanntheit, mit Lust auf Lernen und auf sozialen Austausch ermöglicht. Viele Kinder gehen ja deshalb gern in die Schule: Hier sind die Freunde, hier macht der Alltag Spaß. Käme neu hinzu: Ich weiß, daß ich hier Ruhe habe und keine Angst vor Angriffen zu haben brauche ...

Der schulpädagogische *Mut zur Erziehung gegen Gewalt* ist nicht zuletzt ganz praktisch auf die Veränderung (meist proletarischer) *männlicher* Werte und Vorstellungen bezogen, soweit Jungen körperliche Auseinandersetzung und Gewalt gegen stigmatisierbare Personengruppen zum Mittel der eigenen Stärkedarstellung einsetzen. Dafür gibt es allerdings noch kaum Ansätze (vgl. Büttern/Dittmann 1992). Mir scheint jedoch, daß in der sich polarisierenden Zwei-Drittel-Gesellschaft an den Rand gedrängte männliche Jugendliche nicht nur sozialpolitische Unterstützung brauchen, um eine berufliche Perspektive zu erhalten, sondern in der Schule und in der Freizeitarbeit auch »modernere« Angebote, um ihre männliche Identität produktiver als durch die Verfolgung von Minderheiten und durch andere Gewaltaktionen auszudrücken. »Die Arbeit gegen die Lebensangst und die Umtriebe der Furcht ist die gegen ihre Urheber, ihre großenteils sehr aufzeigbaren«, wie Ernst Bloch – zitiert in der Einleitung zu diesem Kapitel – sagte. Zu dieser Arbeit beizutragen, um Gewalterfahrung zu verringern, braucht es eine demokratische Pädagogik der Vielfalt in der Gemeinsamkeit.

Zum Weiterlesen empfehle ich:

Auernheimer, Georg (Hrsg.): Einführung in die interkulturelle Erziehung. Darmstadt 1990

Farin, Klaus/Seidel-Pielen, Eberhard: Krieg in den Städten. Jugendgangs in Deutschland. Berlin 1991

Honig, Michael S.: Verhäuslichte Gewalt. Frankfurt/M. 1986

Walker, Jamie: Gewaltfreie Konfliktlösung im Klassenzimmer. Pädagogisches Zentrum Berlin 1991 (es folgen weitere Hefte für die Praxis)

Kapitel 7
Integration und Solidarität

Zur gemeinsamen Erziehung behinderter und
nichtbehinderter Kinder

> Integration ist ein Grundrecht im Zusammenleben der Menschen.
> Sie ist unteilbar.
> Jakob Muth, deutscher Erziehungswissenschaftler, 1992[1]

1. Die 90er Jahre: vor einer Weichenstellung

Kaum ein schulpädagogisches Thema ist seit dem Ende der großen Bildungsreformen um die Mitte der 70er Jahre öffentlich so beachtet worden wie die Frage, wo Kinder mit Behinderungen zur Schule gehen sollen: in Sonderschulen oder in »Regelschulen«.[2] Die ersten Forderungen nach »Abschaffung der Sonderschule« im Jahr 1969 folgten den Gesamtschulzielen wie Chancengleichheit und soziales Lernen; die Gesamtschulen klammerten Behinderte jedoch in der Regel ebenso aus wie der »Strukturplan für das Bildungswesen« des Dt. Bildungsrates von 1970. Erst 1973 wurde eine entsprechende Empfehlung vorlegt (Dt. Bildungsrat 1973), die eine grundsätzliche Präferenz für gemeinsame Erziehung behinderter und nichtbehinderter Schüler formulierte.[3] Sie wurde von keinem Kultusminister akzeptiert oder gar umgesetzt. Die ersten »Integrationsklassen« gab es in Deutschland erst 1976, an der Fläming-Grundschule in West-Berlin, und zwar auf Druck von Eltern aus einem integrativen Kindergarten (Projektgruppe 1988; zur Geschichte der frühen Integrationsentwicklung vgl. Preuss-Lausitz 1981).

---

1   Aus: Jakob Muth: Schule als Leben. Hohengehren 1992, S. 185
2   Juristisch sind auch Sonderschulen Regelschulen, da sie Teil des öffentlichen Schulwesens sind. Mit dem hier verwendeten Begriff »Regelschulen« wird die alltagssprachliche Abgrenzung von den Sonderschulen aufgegriffen, gemeint sind also die üblichen Grund- und Oberschulen.
3   Den Vorsitz führte Jacob Muth.

Seither ist die Zahl der Klassen, in denen behinderte Kinder gemeinsam mit sog. »Nichtbehinderten« unterrichtet werden, kaum noch zu überblicken, zumindest in den Grundschulen. Dabei gibt es länderspezifisch große Unterschiede: Während etwa in Bayern und Baden-Württemberg behinderte Kinder in Regelschulen nur (mit Unterstützung von Ambulanz-Sonderschullehrern) aufgenommen werden, wenn sie dem normalen Unterricht folgen können (sog. »zielgleiche Integration«), gehen z.b. in Berlin, im Saarland, in Nordrhein-Westfalen und seit 1991 in Hessen[4] schon Hunderte von Kindern mit Behinderungen gemeinsam mit anderen in allgemeinbildende Schulen – auch Kinder mit geistigen Behinderungen. In den Sekundarstufen sind dagegen Jugendliche mit Behinderungen bislang nur in relativ wenigen Schulen aufgenommen worden, Behinderte mit größeren Lernproblemen meist im Rahmen von Schulversuchen. Die länderspezifischen Unterschiede folgen eng bildungspolitischen Positionen: In sozialdemokratisch oder rot-grün regierten Ländern ist die Bereitschaft zur gemeinsamen Erziehung zumindest in der Primarstufe größer, in christdemokratisch regierten Ländern gering. Geistigbehinderte Kinder werden in konservativ regierten Ländern meist auch aus Schulversuchen ausgeschlossen (zu den einzelnen Ländern vgl. Senatsverwaltung 1990a, S. 8ff., Preuss-Lausitz 1993a).

Die starke Zunahme der gemeinsamen Erziehung seit den späten 80er Jahren und ihre breite fachöffentliche und medienwirksame Darstellung verdecken, daß nach wie vor nur eine verschwindende Minderheit integrative Schulerfahrungen macht. 1988 waren rd. 250.000 Kinder in Sonderschulen (Klemm u.a. 1990, S. 120) und maximal tausend Kinder mit Behinderungen in Regelschulen.[5] Auch rechtlich hat sich wenig verändert. Nur fünf Bundesländer haben ihre Gesetze so geändert, daß gemeinsame Erziehung behinderter mit nichtbehinderten Schülern als eine von mehreren Formen nicht mehr unter Schulversuchsregelung fallen muß: das Saarland (1986), Berlin (1990), Schleswig-Holstein (1990), Brandenburg (1991) und Hessen (1992). Berlin hat den Eltern behinderter Kinder ein *Wahlrecht* zwischen Sonderschule und Regel-

---

4　Die seit 1991 in Hessen regierende rot-grüne Koalition forderte im April 1991 die Eltern auf, zum neuen Schuljahr Anträge für integrative Förderung zu stellen. Schlagartig beantragten dies 1.623 Eltern; aus finanziellen Gründen konnten davon »nur« 396 bewilligt werden (Kinder aus den Vorklassen und den Klassen 1 und 2). Dafür wurden 100 Stellen bewilligt. Vgl. Batton/Gundlach 1991.

5　Wie im Sonderschulwesen sind in Integrationsklassen überwiegend Jungen aufgenommen worden. Vgl. Prengel 1990b.

schule gegeben, das nur noch durch finanzielle Bedingungen eingeschränkt werden darf, nicht jedoch durch pädagogische oder andere
Gründe. Im ersten Jahrgang hatten die Eltern zu 55% für gemeinsame
Unterrichtung, zu 45% für die Sonderschule optiert (Senatsverwaltung
1990a).[6]

In den neuen Bundesländern mußte als ein »Erbe« der DDR-Pädagogik für Kinder mit geistigen Behinderungen überhaupt erst einmal die
Schulpflicht geschaffen werden. Geistigbehinderte galten bis 1990 als
»schulbildungsunfähig«; unter diesen wurde noch zwischen »förderungsfähigen« und »nicht förderungsfähigen« Menschen unterschieden.
Bildungsfähigkeit wurde ihnen abgesprochen. Sie wurden in Anstalten
von Erziehern betreut, die nicht dem Volksbildungsministerium unter-
standen (vgl. Freiburg 1988). Seit der Vereinigung müssen für diesen
Personenkreis in den neuen Ländern – wie in den alten Bundesländern
während der 60er Jahre – erst einmal Schulen geschaffen und Lehrer
ausgebildet werden.

In keinem Bundesland – ob alt oder neu – wird das Sonderschulsystem insgesamt in Frage gestellt. Nur Bremen versucht im Grundschulbereich die »lernbehinderten« Kinder ganz einzubeziehen und dafür die
Grundstufe der Sonderschule für Lernbehinderte aufzulösen.

Lehrerinnen und Lehrer der 90er Jahre werden sich dennoch, vor allem in der Grund- und Orientierungsstufe, überall darauf einstellen müssen, gelegentlich nicht nur ein Kind mit einer Behinderung in der Klasse
zu haben, sondern auch einen weiteren Lehrer: Immer mehr Sonderpädagogen unterrichten, ambulant oder als Teil des Kollegiums, in der regulären Schule. So werden die Fragen und Themen der »Sonderpädagogik« immer enger verzahnt mit der »allgemeinen Schulpädagogik« –
auch in der Alltagspraxis der Lehrer, Kinder und Eltern.

Damit deutet sich möglicherweise – am Ende einer über hundertjäh-
rigen Entwicklung – der Übergang in eine neue Form der »Beschulung«
behinderter Kinder an. Erinnern wir uns: Anstalten für Blinde, Taube,
Stumme und Krüppel gab es seit Ende des 18. Jahrhunderts. Die »Hilfs-
schulen« kamen allmählich in den 80er Jahren des 19. Jahrhunderts dazu

6 Das Elternwahlrecht wird jahrgangsweise – beginnend beim 1. Schuljahr
   1989/90 – verwirklicht. Es wird auch von der schwarz-roten Koalition, die
   seit 1991 besteht, getragen. Auf die Ost-Berliner Bezirke wird es erst seit
   1992/93 angewandt. Außerdem werden Schulversuche zur gemeinsamen Erziehung im Oberschulbereich und mit Geistigbehinderten und Schwermehr-
   fachbehinderten im Grundschulbereich durchgeführt; für diese Gruppen gilt
   nur ein Antragsrecht.

(vgl. Möckel 1988). Von Beginn an waren sie umstritten. Ihre endgültige Absegnung erhielten sie wie das Sonderschulwesen für die Sinnes- und Körperbehinderten auf der Reichsschulkonferenz 1920, als auch die Einheitsschulvertreter davon ausgingen, daß es sich bei Krüppeln und bei den Debilen (also den Hilfsschülern) um Menschen mit ganz anderen Lernweisen, Trieb- und Persönlichkeitsstrukturen handle, für die eine besondere Pädagogik nötig sei, nämlich ein »triebmäßiger Erlebnisunterricht« (vgl. Preuss-Lausitz 1986). Die Lehrerausbildung für die Sonderschulen wurde von der der Volksschullehrer getrennt. Es wurden immer mehr Sonderschulen errichtet und so die neugeschaffene Grundschule – welche Nachfolgerin sowohl der gymnasialen Vorklasse wie der Volksschul-Grundstufe war – von diesen »ganz anderen« entlastet.

Die Nationalsozialisten hatten leichtes Spiel, an dieses »ganz andere« anzuknüpfen: Die Hilfsschule wurde als rassisches Ausleseinstrument mißbraucht. Alle Hilfsschüler mußten sich nach ihrer Überweisung einer Erbgesundheitsuntersuchung unterziehen. Attestierte man ihnen – mit oft fragwürdigen Verfahren – eine Erbkrankheit, wurden sie zwangssterilisiert. Behinderte Kinder und Jugendliche in Anstalten wurden zu Zehntausenden umgebracht (»Euthanasie«) (vgl. Rudnick 1985, 1990).

Bis Ende der 60er Jahre schien es in der pädagogischen Öffentlichkeit wie in der Elternschaft kaum Einwände gegen die Sonderschule zu geben. Das änderte sich vor allem durch die Erkenntnis, daß die meisten Sonderschüler (zumindest in der Hilfsschule/Lernbehindertenschule[7]) aus den untersten sozialen Gruppen stammen: Kinder aus Hilfsarbeiterfamilien, aus Arbeiter-Großfamilien, aus Frührentnerfamilien, aus Obdachlosensiedlungen (Begemann 1970). Das am Defizit orientierte Paradigma des »Debilen«, des »Eigencharakters«, des »ganz anderen« wandelte sich zur reformerischen Einsicht, daß soziale Verhältnisse Begabung und Lernen und damit den Schul(miß)erfolg bestimmen (Roth 1969). Am sozial selektiven Charakter der Sonderschule hat sich seither nichts geändert: Nur sind es jetzt überdurchschnittlich oft schulversagende *Ausländer*, die als »sonderschulbedürftig« definiert werden (Klemm u.a. 1990). Behinderung bleibt mit Armut und sozialer Randständigkeit verknüpft (Begemann 1992).

---

7 Bis 1965 wurde der Begriff »Hilfsschule« verwandt, danach der Begriff »Schule für Lernbehinderte«. Neuerdings wird in einigen Bundesländern von »Förderschule« gesprochen. In der DDR wurde durchweg der Begriff »Hilfsschule« beibehalten.

Die *Kritik an den Sonderschulen*, vor allem an der Schule für Lernbehinderte, kam von Sonderpädagogen selbst und von »außen«, von allgemeinen Pädagogen – Eltern artikulierten sich erst später, dann um so wirksamer. Kritik wird geübt an der Ineffektivität, was den Lernerfolg betrifft (u.a. Sander 1982); an den regional unterschiedlichen Überweisungsquoten[8], die darauf hindeuten, daß es von Stadt zu Stadt, von Land zu Land nicht um objektiv erfaßte »Lernbehinderung« geht, sondern daß oft ganz banale Bedingungen mit im Spiel sind (wie die Zahl gebauter Sonderschulen); kritisiert wird, daß extrem häufiger Jungen, Arbeiterkinder, Ausländer, sozial Randständige überwiesen werden; daß die Überweisungsdiagnostik selbst nicht das mißt, was sie zu messen vorgibt, und nicht zuletzt, daß die Eltern sich gegen eine Überweisung kaum wehren können (vgl. zur Kritik zusammenfassend Preuss-Lausitz 1986).

Diese *Legitimitätskrise des Sonderschulsystems* hält unvermindert an. Es ist nicht erkennbar, daß sie pädagogisch gelöst wird. Vor allem außer-pädagogische Gründe, nämlich die kostengünstigere Unterrichtung und die Entlastungsfunktion für die Regelschule erhalten die Sonderschulen. Eine *erziehungswissenschaftliche* Begründung ist für sie nicht mehr konsensual nachweisbar (vgl. ausführlicher Begemann 1992).

Die bildungspolitische Entscheidung darüber, ob Kinder mit zusätzlichem Förderbedarf separat oder innerhalb der Regelschule unterrichtet werden sollen, hängt von der allgemeinen Schulreform ab. Das zeigen ausländische Entwicklungen: Überall dort, wo die Integration der Sekundarstufen zu gesamtschulähnlichen Systemen mit innerer Schulreform verbunden wurde, erhielt zugleich die Integration von Kindern mit Behinderungen großes Gewicht.[9] So hat Italien schon 1976 grundsätzlich auf Sonderschulen verzichtet. Andere, wie Schweden oder Norwegen, sind von Kleinklassen innerhalb der Regelschulen zu integrativen Formen im Sinne der wohnortnahen Versorgung übergegangen. Spanien baut seit 1985 ein flächendeckendes Konzept der Integration auf. Die Europäische Gemeinschaft unterstützt diese internationale Entwicklung

---

8 1987 schwankten die »Behindertenquoten« für »Lernbehinderte« zwischen 1,7% in Bayern und 3,5% in Schleswig-Holstein, die der Sinnes-, Körper- und Geistigbehinderten zwischen 1,0% in Niedersachsen und 2,8% in Hamburg. Vgl. Klemm u.a. 1990, S. 122.

9 Die Gruppe »Lernbehinderte« kommt sonst nur in Österreich und der Schweiz vor. Sie machen in Deutschland jedoch die meisten Sonderschüler (rd. 70%) aus.

mit eigenen Programmen[10] (vgl. zu den internationalen Tendenzen Schöler 1990a, Kasztantowicz 1982, Behinderte 1982, Senatsverwaltung 1990a, S. 6ff.). Der Eindruck ist nicht von der Hand zu weisen, daß Deutschland am unbeweglichsten an seinem ausdifferenzierten Sonderschulsystem festhält.

2. Wer ist »behindert« oder »sonderschulbedürftig«? Ein überholtes Definitionsproblem

Auf die Krise der Sonderschule verweist auch die Unklarheit, worüber wir reden. Ich habe bislang von »Kindern mit Behinderungen« gesprochen. Schulgesetze sprechen oft von »Sonderschulbedürftigkeit«. Aber wer ist einer Sonderschule bedürftig? Gemeint ist doch, daß – angesichts überfüllter Klassen im ersten Jahrhundertdrittel – manche Kinder durch den Rost einer einheitlich voranschreitenden, individuelle Abweichung nur innerhalb enger Grenzen duldenden Frontalpädagogik in der Regelschule scheitern mußten. Aber jeder Versuch in den letzten hundert Jahren, einen wissenschaftlichen Konsens über jene Gruppen, die in Sonderschulen unterrichtet werden sollen, zu finden, ist gescheitert. Die am *Defekt* Orientierten sprachen früher von »Debilen«, heute sprechen sie von »Lernbehinderten«, so als ob es sich um eine konstante, eindeutig feststellbare Eigenschaft handle. Weder Psychologen noch Mediziner haben jedoch ein eindeutiges Merkmal (etwa einen hirnorganischen Schaden oder eine abgrenzbare psychische Struktur) gefunden. Auch Intelligenztestmessungen helfen nicht weiter (vgl. zu deren Kritik Kornmann 1977, Probst 1976). Die Sonderpädagogen haben längst den Versuch aufgegeben, eine objektive und allgemein akzeptierbare Definition der »Lernbehinderten« vorzulegen. Das ist ehrlich, zeigt aber auch, daß der von der allgemeinen Schulpädagogik getrennten Lernbehindertenpädagogik ihr Gegenstand theoretisch abhanden gekommen ist.

Nur scheinbar einfacher ist das Definitionsproblem bei Sinnes- und Körperbehinderten, wenn daran die »Sonderschulbedürftigkeit« oder der »sonderpädagogische Förderbedarf« festgemacht werden sollen. Wir assoziieren mit »körperbehindert« meist einen Rollstuhlfahrer. Aber

10 Die kostenlose Zeitschrift »Helios« der Kommission der Europäischen Gemeinschaft berichtet regelmäßig über die Aktivitäten des entsprechenden Programms, das gegenwärtig bis 1996 finanziert wird.

selbst dies ist wenig real: Die meisten Schülerinnen und Schüler, die
»Körperbehindertenschulen« besuchen, sind keine Rollstuhlfahrer, sondern haben sehr unterschiedliche körperliche und oft weitere Beeinträchtigungen. Die entscheidende Frage ist: Gibt es nur bauliche Gründe, besteht gar nur ein Wunsch, die bestehende, »rollstuhlfahrergerecht«
gebaute Sonderschule mit Schülern zu füllen, oder lassen sich pädagogische Argumente überzeugend finden? – Selbst die scheinbar klare
Feststellung »sehbehindert« ist eine relativ willkürliche Festlegung –
wenn schuladministrativ der Grad der Sehfähigkeit bestimmt wird, ab
wann ein Kind mit einer Sehbehinderung eine Sonderschule besuchen
muß und welche Sehbehinderung noch in der Regelschule akzeptiert
wird. Internationale Vergleiche zeigen, daß diese Frage sehr unterschiedlich beantwortet wird.

Ein Ausweg aus diesem Dilemma der Begriffsbestimmung ist eine
rein *pädagogische*, pragmatische und zugleich relativ inhaltsleere Definition: Wir verzichten auf die schulorganisatorische Einteilung (Sonderschulbedürftigkeit) und sprechen von »*Kindern mit zusätzlichem, besonderen Förderbedarf*«. Das ist eine Bestimmung, die darauf verzichtet,
Eigenschaften des Kindes – seien es kognitive, körperliche oder soziale – zur einzigen Grundlage zu wählen. Vielmehr wird gefragt, *unter
welchen gegebenen Rahmenbedingungen* eines regulären Unterrichts
ein Kind eine zusätzliche – also über die der normalen Klassensituation
hinausgehende – Förderung braucht. Diese Förderung muß nicht unbedingt von Sonderpädagogen kommen, es kann auch Unterstützung durch
einen regulären Lehrer, eine Therapeutin, einen Einzelfallhelfer oder gar
eine Spielpädagogin sinnvoll sein. Diese Definition richtet den Blick auf
die konkrete Klasse, *auf das gesamte Lernumfeld*, die außerschulischen
Hilfen, die evtl. gegebenen medizinischen Aspekte, die bisherige Bio-
graphie, die familiären Bedingungen. In diesem Sinn kann es in einer
Schule Schüler geben, die zwar – im medizinischen Sinn – eine gleiche
Sinnesbehinderung haben, aber pädagogisch durchaus unterschiedliche
zusätzliche Förderung brauchen. Nicht zuletzt ist es mit diesem Verfahren nicht mehr nötig, Kinder mit mehreren Behinderungen *einer* Sonder-
schulsparte zuzuweisen, also aus einem Kind mit vielen Problemen einen »Körperbehinderten« oder einen »Geistigbehinderten« zu machen.
»Integration Behinderter« heißt also: Ein Mädchen, ein Junge erhalten
zusätzliche Förderung zum normalen Unterricht, weil die Lernvoraus-
setzungen dieses einen Kindes aus sehr unterschiedlichen Gründen ungünstiger sind als bei den »normalen« Kindern.

Bei einer solch vagen und zugleich *ganzheitlich-sozialökologischen*

Definition kann nicht mehr eine Person allein entscheiden, wer diese Förderung erhält. Die Kenntnis der gesamten Umwelt muß in einem »Förderausschuß« erarbeitet werden von vielen, die professionelle oder alltagspraktische Erfahrungen mit dem Kind machten oder machen sollen: Erzieher, Ärzte, Therapeuten, Psychologen, Sonderpädagogen, die künftigen Lehrer und natürlich die Eltern.[11] Zugleich besteht bei einer derart umfeldabhängigen Definition des Förderbedarfs (sog. Kind-Umfeld-Diagnose) die Gefahr (oder die Chance), daß die Finanz- und Schulpolitiker die »Förderquote« vorgeben; denn wenn es kein (schein-)objektives Kriterium für »Sonderschulbedürftigkeit« mehr gibt, dann läßt sich der Anteil je nach Haushaltslage oder politischer Position ab- und aufstocken. Letzten Endes müssen solche Quoten dauerhaft festgelegt werden, etwa damit die Lehrerstunden-Bedarfsplanung (für Sonderpädagogen) für die nächsten Schuljahre gemacht werden kann. In einigen Bundesländern wird an solchen Quotenregelungen gearbeitet.[12]

Immer mehr *Eltern* von Kindern mit Behinderungen wollen, daß ihre Söhne und Töchter in die Regelschule gehen. Auch die allgemeine Bevölkerung stützt diese Absicht: 75% bundesdeutscher Erwachsener waren 1990 der Auffassung, daß die Eltern sich zwischen regulärer Schule und Sonderschule selbst entscheiden können sollen, nur 8% waren dagegen (Rolff u.a. 1990, S. 42). Wenn dieser Wille umgesetzt würde, dann gäbe es bald nicht mehr besonders hervorzuhebende »Integrationsschulen«. Vielmehr würde es zum pädagogischen Alltag einer Klasse gehören, daß ein oder zwei Kinder aus dem Wohnumfeld eine zusätzliche Unterstützung erhalten, die die anderen Kinder nicht brauchen.

11 Gerade weil Eltern der Unterschicht sich gegenüber diesen zahlreichen »Experten« oft kaum trauen, ihre eigene Meinung zu sagen, wird empfohlen, daß die Eltern eine »Person ihres Vertrauens« mit in die Sitzung des Förderausschusses bringen dürfen. Vgl. zu Förderausschüssen Senatsverwaltung 1990a, S. 25ff.
12 So sind in den Schulverwaltungen von Schleswig-Holstein und Berlin Quoten für die einzelnen Behinderungsarten, die sich an den jeweiligen Sonderschüleranteilen der letzten Jahre orientierten, zur Grundlage der Bedarfsplanung gemacht worden. Dabei wurden in regelrechten Verhandlungen innerhalb der Verwaltung vor allem im Bereich der »Lernbehinderten«, der »Verhaltensauffälligen« und der »Körperbehinderten« die Quoten pro Altersjahrgang erhöht bzw. gesenkt. Entscheidend ist natürlich, welche durchschnittliche Stundenzahl zusätzlicher (sonderpädagogischer) Förderung oder Betreuung pro »Behinderungsart« rechnerisch angenommen wird.

3. Ziele und Modelle der gemeinsamen Erziehung

Die Erwartungen und Hoffnungen, die mit gemeinsamer Erziehung verbunden sind, zielen natürlich darauf hin, die genannten Nachteile der Sonderschule zu vermeiden. Kinder sollen nicht in einem künstlichen Getto gleichartig behinderter Kinder aufwachsen, sondern zusammen mit jenen, mit denen sie auch sonst in ihrem Wohnviertel zusammen sind. Dieses »Normalitätsprinzip« schließt auch das »Unnormale« mit ein, wenn damit gemeint ist, daß in einer Wohngegend eben auch Kinder mit Sinnesbehinderungen, mit Kontaktproblemen, mit Lernschwierigkeiten, mit zeitweiligen oder dauerhaften Krankheiten leben. Eine Schulklasse sollte also ein Spiegelbild dieser »Normalität« – der Vielfalt – sein. Das zweite Ziel der gemeinsamen Erziehung ergibt sich daraus: Nur wenn die Vielfalt der Kinder untereinander erfahrbar wird – in integrativen Klassen –, dann ist soziales Lernen oder soziale Integration in dem Sinne möglich, daß gerade die Unterschiedlichkeit, aber auch die Beeinträchtigung solidarisch akzeptiert wird. Das gilt für die »Behinderten« wie für die »Nichtbehinderten«. Das dritte Ziel begründet sich durch lerntheoretische Einsichten: Wenn es stimmt, daß gerade Kinder mit Lernschwierigkeiten von Kindern mit schnelleren Lernauffassungen besonders profitieren, dann ist nicht die gesonderte, sondern die gemeinsame Lernsituation für sie produktiver. Es geht also auch um die Verbesserung der Lernergebnisse der Kinder mit besonderem Förderbedarf.

In der deutschen Integrationsentwicklung spielen vor allem drei »Modelle« gemeinsamer Erziehung in der Schule eine Rolle:

● Die *Einzelintegration*: Hier wird ein Kind mit zusätzlichem Förderbedarf in eine ansonsten unveränderte Klasse aufgenommen, meist unterstützt durch eine etwas geringere Klassenfrequenz und durch einige sonderpädagogische Stunden eines Ambulanzlehrers, der die Regellehrer berät und/oder mit dem Kind arbeitet.

● Die *Integrationsklasse mit genereller Zwei-Lehrer-Ausstattung* mit bis zu fünf »Behinderten« und ca. zehn »Nichtbehinderten«. Meist ist der zweite Lehrer ein Sonderpädagoge, gelegentlich ein Erzieher. Dieses Konzept ist zuerst von der Fläming-Schule in Berlin realisiert worden (vgl. Projektgruppe 1988). Es entspricht noch nicht dem »Normalitätsprinzip«, da in dieser Häufung Kinder mit Förderbedarf nicht existieren. Diese Gruppierung ist aber dort naheliegend, wo wenige integrative Alternativen für Eltern bestehen.

● Die *Integrationsklasse bzw. -schule nach dem »Normalitätsmodell«*:
Ein bis drei (meist zwei) Kinder mit zusätzlichem Förderbedarf werden
in eine Klasse mit 17–20 (meist 18) übrigen Schülern aufgenommen,
wobei keine volle Zwei-Lehrer-Ausstattung, sondern je nach Problematik eine feste wöchentliche sonderpädagogische Stundenzahl zugeordnet wird.[13] Die Sonderpädagogen kommen nicht ambulant in die Schule,
sondern sind Teil des Kollegiums. Dieses Konzept ist unter dem Stichwort »wohnortnahe Integration« zuerst von der Uckermark-Grundschule in Berlin verwirklicht worden (vgl. Heyer u.a. 1990, Preuss-Lausitz
1991, Heyer u.a. 1993).

Skeptiker haben bis heute immer wieder folgende Fragen zur gemeinsamen Erziehung gestellt:

● Welche Unterrichtsformen sind für gemeinsame Erziehung günstig,
welche erschweren die Integration?
● Leiden die »Behinderten« in der Regelklasse, vor allem, wenn sie
schlecht lernen? Fühlen sie sich nicht abgelehnt und zurückgesetzt?
● Werden die »Nichtbehinderten« in ihrem Lernen behindert?
● Lehnen die Eltern vor allem derjenigen »nichtbehinderten« Kinder,
für die eine höhere Schullaufbahn geplant ist, die gemeinsame Lernsituation ab?
● Gibt es »Grenzen der Integration« in dem Sinne, daß Kinder mit bestimmten Behinderungen grundsätzlich nicht erfolgreich in eine Regelklasse aufgenommen werden können (z.B. Geistigbehinderte, Lernbehinderte, Blinde, Gehörlose, Schwermehrfachbehinderte)?
● Sind die Lehrer der Regelschule in der Lage, angemessen mit »behinderten« Kindern umzugehen – obwohl sie in ihrer Ausbildung nicht darauf vorbereitet wurden?
● Kostet gemeinsame Erziehung nicht zu viel, kann sich das unsere Gesellschaft überhaupt leisten? Oder ist – wie andere vermuten – Integration gar ein heimliches Sparprogramm?

---

13 In Berlin wurden per Erlaß für Kinder mit geistigen Behinderungen bis zu
12 h, für Blinde bis zu 10 h, für sog. Lernbehinderte bis zu 4 h zur Grundlage
der Planung gewählt. Die übrigen Berhinderungen liegen zwischen diesen
Grenzen. Im begründeten Einzelfall kann auch nach oben abgewichen werden.

4. Ergebnisse der wissenschaftlichen Begleitforschung und Erfahrungen von Eltern, Lehrern und Schülern

Nach 15 Jahren Erfahrungsgewinnung und wissenschaftlicher Begleitung können auf die meisten gerade aufgeworfenen Fragen Antworten gegeben werden. Im folgenden werden die Ergebnisse der Forschung aus dem deutschsprachigen Raum zusammengefaßt (vgl. auch Eberwein 1988, Benkmann/Pieringer 1991, Deppe-Wolfinger u.a. 1989; zur internationalen Forschung Haeberlin u.a. 1990). Trotz sehr divergierender lokaler Bedingungen, sehr verschiedenartiger Behinderungen bei »Integrationskindern« und unterschiedlicher Forschungsmethoden kam die Integrationsforschung zu weitgehend übereinstimmenden Ergebnissen. Im folgenden sollen die wichtigsten Resultate referiert werden:

1. Gemeinsame Erziehung verlangt einen »*binnendifferenzierenden*« *und handlungsorientierten Unterricht*, der den breit gestreuten Lernauffassungen, Artikulationsmöglichkeiten und Interessen gerecht wird, der die Sinne der Kinder fördert und die motorischen Bedürfnisse aufgreift. Binnendifferenzierender oder offener Unterricht wird heute auch ohne Integration zumindest für die Grundschule gefordert (Wallrabenstein 1991). Kommen Kinder mit Förderbedarf hinzu, ist er jedoch *unabdingbar*. Neben Binnendifferenzierung ist aber auch die *Verabredung von Regeln* und die regelmäßige Wiederkehr bestimmter gemeinsamer »Rituale« im Wochenablauf wichtig: Morgenkreise, Tafelanschrieb der Tages- und Wochenaufgaben, Wochenplan, gemeinsamer Wochenabschluß, 10-Minuten-Diktate und -Rechenaufgaben usw. (vgl. Heyer 1990, S. 63ff.). Auch der Verzicht auf Ziffernzensuren und statt dessen die Einführung von Lernentwicklungsberichten, die für Schüler verständlich formuliert sind, dienen dem integrativen Lernprozeß und sind zugleich für die Orientierung der Kinder, Eltern und der Lehrer wichtig. Es ist kein Zufall, daß viele Lehrer in Integrationsklassen auf die Materialien der Montessori-Pädagogik, die vielfältigen Anregungen der Freinet-Pädagogik (Freinet 1975, 1980) oder der englischen »open education« zurückgreifen. Es scheint, daß die *allgemeine* didaktische Theorie durch die Erfahrungen mit und die ›Zumutungen‹ der Integration neue Impulse erhält (vgl. Riedel 1991, Demmer-Diekmann 1991).

2. Alle Erfahrungen zeigen, daß die *Regelschullehrerinnen und -lehrer* sich bislang erstaunlich rasch auf die erweiterten Unterrichtsaufgaben

eingestellt haben. Bei manchen bestand allerdings *vor* Beginn der Arbeit mit »behinderten« Kindern die Angst, vor den eigenen Ansprüchen und denen der Eltern zu versagen. Dort, wo begleitende Fortbildungsangebote und/oder regelmäßige Beratung durch Sonderpädagogen oder Wissenschaftliche Begleitungen vorhanden waren, wuchs das Vertrauen der Lehrer in die eigenen Fähigkeiten schnell. Hauptproblem der Regelschullehrer waren meist nicht die »neuen« Kinder, sondern die Unsicherheit darüber, wie mit einer Kollegin der Sonderpädagogik klarzukommen ist, die einerseits besser bezahlt, andererseits fachlich kompetent ist, drittens aber keine Erfahrung hat, in Regelklassen zu unterrichten, und nur unterstützende Funktionen haben soll. Genau das ist auch das *emotionale Problem der Sonderpädagogen*: Sie sind ja nun keine Klassenlehrer/innen mehr, sondern von der »Gnade« der Grundschul-Klassenlehrer abhängig; teilweise werden sie in die Rolle der pädagogischen Feuerwehr gedrängt. Wenn sich beide Kolleg/inn/en nicht verstehen, wird kaum eine nützliche Kooperation zustande kommen. Die Aufgaben der Sonderpädagogen müssen teilweise neu formuliert werden, und die Erwartungen von Regelschullehrern, Sonderpädagogen, von Eltern mit und ohne behinderte Kinder und von der Schulaufsicht müssen in ein neues Gleichgewicht gebracht werden[14] (vgl. Kreie 1985, Wocken 1988, Zielke 1990). Warum sollten Sonderpädagogen dort, wo alle Beteiligte dies für richtig halten, nicht die Rolle der Klassenlehrer und diese die der Sonderpädagogen übernehmen? Die Rollen- und Kooperationsprobleme sind zunächst nur durch gemeinsame und praxisbezogene Fortbildung (und durch die Bereitschaft zu flexiblen Lösungen) zu bewältigen, langfristig aber sind grundsätzliche Änderungen in der (Erst-)Ausbildung aller Lehrer nötig (vgl. Heyer/Meier 1988, Heyer 1989).

3. Die *Schulleistungen der »nichtbehinderten« Kinder* sind in integrativen Klassen nicht geringer als in vergleichbaren nichtintegrativen (Wocken/Antor 1987, S. 302), in der Tendenz eher positiver (dies., S. 299, Projektgruppe 1988, S. 58). Dies wird offenkundig auch von den

---

14 Mir sind mehrere Fälle bekannt, wo die Sonderpädagogen neue, allgemeine Impulse in die Grundschularbeit eingebracht haben, vor allem mit Spiel-AGs, mit Liedern auch im »normalen« Unterricht (etwas, was fast völlig aus unseren Grundschulen verschwunden ist), mit freiem Theaterspiel, mit Körper-Spielen zwischendurch. Diese Kreativität sollten sich die integrativ arbeitenden Sonderpädagogen unbedingt bewahren.

Eltern so wahrgenommen: Eltern mit höheren Bildungsaspirationen für ihre (»nichtbehinderten«) Kinder drängen in Integrationsklassen.

4. Integrative Lernsituationen sind erwartungsgemäß für Langsamlerner *lerneffektiver* als die Sonderschulklasse (Haeberlin u.a. 1990). Für Kinder mit Sinnes-, körper- und geistigen Behinderungen liegen (aufgrund geringer Zahlen) noch keine aussagekräftigen empirischen Studien vor; Lehrer, Beratungsstellen und Eltern dieser Kinder berichten jedoch immer wieder über überraschende Lernfortschritte (u.a. Lau/Lau 1987). Dort, wo die Sonderpädagogen ambulant mitwirkten, also nicht Teil des Kollegiums waren, sondern für wenige Stunden zusätzlich in die Schule kamen, konnte kein unterrichtsbezogener Lerneffekt der sonderpädagogischen Arbeit festgestellt werden (Reiser u.a. 1984, S. 91; Haeberlin u.a. 1990). Das schließt andere, nicht untersuchte Wirkungen nicht aus: Vor allem ist zu vermuten, daß die Regelschullehrer ihr Verhalten durch die Beratung der Ambulanzlehrer verändern.

5. Die *soziale Stellung der integrierten Förderkinder* ist nicht so ungünstig, wie oft vermutet wird. Aus Hamburg (Wocken/Antor 1987, S. 256), Bonn (Dumke u.a. 1989), aus der Fläming-Schule (Maikowski/Podlesch 1988) und der Uckermark-Schule in Berlin (Preuss-Lausitz 1990b) wird berichtet, daß die Beliebtheit der »Integrationskinder« im Durchschnitt der der übrigen Schüler entspricht. Soziale Zurückweisung erfolgt auch in Integrationsklassen vor allem dann, wenn Kinder (meist Jungen) aggressiv sind. Während in unteren Klassen häufig noch Distanz gegenüber Kindern mit auffälligem Verhalten und Aussehen beobachtbar ist (vgl. auch Dumke 1992), konnte an der Uckermark-Grundschule festgestellt werden, daß die Akzeptanz von Kindern mit Förderbedarf im Lauf der Grundschuljahre steigt (Preuss-Lausitz 1990b). Die Förderkinder selbst äußersten sich zumeist zufrieden, Wünsche nach einem Wechsel auf Sonderschulen gab es keine (ebd.). Diese Ergebnisse bedeuten jedoch nicht, daß gleichsam automatisch Kinder mit Lern-, Sozial- oder physischen Problemen von Gleichaltrigen akzeptiert werden; hinter diesen positiven Ergebnissen stehen intensive pädagogische Bemühungen und manche Fallbesprechung, manche Intervention, mancher Elternbesuch, manches Unterrichtsgespräch ...

Gegenteilige Ergebnisse werden von Haeberlin u.a. (1990) aus der Schweiz berichtet: Dort seien zwar gute Lernleistungen, aber schlechte soziale Integrationseffekte festzustellen. Die meisten Schweizer Integrationsklassen werden sonder-

pädagogisch ambulant betreut, das Kind wird in dieser Zeit meist im Gruppen-
raum getrennt unterrichtet. Methodisch-didaktische Veränderungen des Regel-
unterrichts sind nicht vorgesehen. Außerdem wird in der Schweiz an der Ziffern-
zensur festgehalten. Die Stigmatisierungswirkung dieser Form von Integration
ist naheliegend.[15]

Aufschlußreich sind Ergebnisse einer größeren Hamburger Untersuchung über soziale Distanz bzw. Nähe zu Behinderten bei Sonderschülern, Kindern aus Integrationsklassen und aus nichtintegrativen Grundschulen, Hauptschulen und Gymnasien: Die größte Distanz bestand insgesamt zu Verhaltensauffälligen, dann zu Kindern mit geistigen
Behinderungen; die geringste zu körperbehinderten und lernschwachen
Kindern. Im *Vergleich der Schulformen* wurde festgestellt, daß *soziale
Distanz zu Kindern mit Behinderungen in Integrationsklassen am geringsten, in Sonderschulen (!) am größten ist.* Hans Wocken, der diese
Studie (1993) durchführte, nannte das Ergebnis für die gemeinsame Erziehung erfreulich, für die Sonderschulen bestürzend. »Nirgendwo
stoßen Behinderte auf mehr Ablehnung, Unverständnis, Zurückweisung
als ausgerechnet dort, wo sie mit ihresgleichen zusammen sind, nämlich
in der Sonderschule selbst. Es bedarf wohl keiner Begründung, daß ein
hochgradig aversives Klima weder förderlich noch zumutbar ist, für
Schüler mit Behinderungen allemal nicht ... Die nichtbehinderten Schüler aus Integrationsklassen ... haben in der Tat gelernt, eine größere
Nähe zu andersartigen Schülern zu ertragen und zuzulassen. Die Untersuchungen können daher als wissenschaftlicher Beleg gewertet werden,
daß integrative Erziehung ... soziales Lernen und humane Akzeptanz
(fördert)« (Wocken 1993, S. 105f.).

Zusammenfassend kann man feststellen, daß *zumindest in Grundschulen die soziale Integration auch von sinnes-, körper-, lern- und geistigbehinderten Kindern erfolgreich ist,* wenn die Pädagogen die Vielfalt
der Fähigkeiten im Lernalltag zulassen (können) (vgl. zur Forschungs-
lage detailliert Podlesch/Preuss-Lausitz 1993). Schwierigkeiten haben,
wie immer, Kinder mit Aggressionen.– Die *Art* der sonderpädagogi-

15 Gegen die Übertragbarkeit der Schweizer Untersuchung auf bundesdeutsche
   Verhältnisse spricht darüber hinaus: Es wurden nur deutschsprachige Kinder
   untersucht (keine Ausländer, die bei uns einen überdurchschnittlichen Anteil
   der Sonderschüler ausmachen), die IQ-Werte lagen über denen unserer
   »Lernbehinderter« (nämlich zw. 70 und 100). Über die Unterrichtsform –
   Binnendifferenzierung oder Frontalunterricht – wird keine Aussage gemacht. Vgl. zur Kritik dieser Studie Preuss-Lausitz 1990c.

schen Hilfe scheint für die soziale Integration einflußreich: Solange sie die Gefahr der sichtbaren Ausgrenzung mit sich bringt, kann sie die Abstempelung stärken oder bewirken. Ist sie in den regulären Unterricht integriert – und möglichst nicht nur auf die »Förderkinder« begrenzt –, kann sie soziale Integration fördern (oder ihr doch nicht schaden). Soziale Integration hängt, verallgemeinert gesprochen, von den sozialökologischen Bedingungen ab. Bächtold faßt seine Untersuchungsergebnisse so zusammen: »Zunehmender Abbau der äußeren Differenzierung bei gleichzeitigem Aufbau innerer Differenzierung in der Regelklasse unter dem handlungsleitenden Prinzip, soviel Integration wie möglich im Sinne gemeinsamer Tätigkeiten zu verwirklichen ... Das Gelingen oder Mißlingen sozialer Integrationsprozesse geht also einher mit der Art der Unterrichtsorganisation (Verhältnis von Differenzierung und Integration), dem Erleben des Unterrichtsklimas (Interaktionsqualität) und mit bestimmten Mustern der Wahrnehmung abweichenden Verhaltens durch die Regelklassenlehrer« (Bächtold 1988, S. 272f.).

6. Die *Zufriedenheit der Eltern* mit der erfahrenen gemeinsamen Erziehung ist außerordentlich groß, und zwar bei allen Eltern. Das zeigten systematische Befragungen in Berlin (Heinrich 1989, Munder 1983, Projektgruppe 1988, Preuss-Lausitz 1990d), Hamburg (Wocken/Antor 1987), Bremen (Feuser/Meyer 1987) und Bonn (Dumke u.a. 1989, 1990). Dumke u.a. haben darüber hinaus durch den Vergleich mit Eltern von Kindern aus Parallelklassen und Hauptschulklassen deutlich gemacht, daß allein die räumlich-soziale Nähe positive Einstellungsveränderungen gegenüber gemeinsamer Unterrichtung bewirkt.

Nun ist bei Eltern, die selbst Integration durchgesetzt haben, eine positive Haltung ohnehin zu erwarten. Welche Haltung haben aber jene Eltern, deren Kind eher zufällig eine Integrationsklasse besucht? In der Uckermark-Grundschule im innerstädtischen Berlin-Schöneberg, die einen hohen Ausländer- und Arbeiteranteil hat und wo nicht die Eltern, sondern die Lehrer die gemeinsame Erziehung in allen Klassen eingeführt hatten, sprachen sich nach fünf Jahren erlebter gemeinsamer Erziehung über 90% *aller* Eltern dafür aus, diese auch an anderen Grundschulen einzuführen; 85% waren für die Fortsetzung nach der 6. Klasse. Ob Eltern mit Abitur oder mit Hauptschulabschluß: Immer lagen die zustimmenden Antwortquoten über 90%; türkische Eltern waren – mit »nur« 78% – etwas skeptischer; manche waren sich nicht sicher, ob ihre Wünsche nach Disziplin durch die Integration (bzw. den binnendifferenzierten Unterricht) erfüllt wurden (Preuss-Lausitz 1990d). Die Eltern dieser

Schule engagierten sich erfolgreich öffentlich, damit nach sechs Grundschuljahren die gemeinsame Erziehung in einer (Gesamtschul-)Oberschule fortgesetzt wurde.

7. Die Frage, ob *bestimmte Organisationsmodelle* pädagogisch besser sind als andere, läßt sich wohl so beantworten: Es geht – im Sinne Bächtolds – in erster Linie um die innere Unterrichtorganisation, um die Einstellung der Lehrkräfte, um deren Kooperationsfähigkeit, um die Unterstützung durch Eltern und Schulaufsicht. Grundsätzlich sind Kinder mit allen Behinderungen erfolgreich integriert worden; was »erfolgreich« bedeutet, muß individuell entschieden werden – das kann bei einem Kind mit schweren Mehrfachbehinderungen etwas anderes sein als bei einem Sprach- oder Verhaltensauffälligen. Optimal ist, vor allem bei genereller Verwirklichung, die »wohnortnahe Integration«: dann ist der Anteil der Kinder mit Behinderungen und Förderbedarf pro Klasse gering. Weniger förderlich für soziale Integration ist offenkundig das Ambulanzlehrermodell, soweit der allgemeine Unterricht dabei nicht verändert wird.

Erfahrungen aus Integrationsklassen haben gezeigt, daß eine Ganztags- oder »volle Halbtags«-Grundschule (mit Mittagessen und Nachmittagsangeboten für die Freizeit) sowohl für Einzelkinder, für Kinder mit berufstätigen Müttern als auch für Kinder mit Sinnes- und Körperbehinderungen besonders hilfreich sind. Für Kinder mit geistigen Behinderungen muß in jedem Fall eine nachmittägliche Betreuung sichergestellt sein. Diese kann allerdings auch in Horten oder in anderen, nichtschulischen Einrichtungen gewährleistet werden. Insofern verhindert der übliche Halbtagsbetrieb der Schulen die gemeinsame Erziehung nicht, aber das Nachmittagsangebot erleichtert sie. Die Verbreitung der »vollen Halbtagsschule« ist außer aus pädagogischen auch aus sozialpolitischen und Frauenförderungs-Gründen wünschenswert (vgl. GEW 1991).

8. Die Diskussion um die »*Grenzen der Integration*« ist eine unendliche Geschichte. Diese Geschichte ist eine Geschichte unserer Vorstellungskraft: Ich habe vor 20 Jahre heftig für die Einbeziehung der »lernbehinderten« Kinder in die (Gesamt-)Schule plädiert, hätte mir jedoch eine Unterrichtung geistigbehinderter Schüler in einer normalen Grundschule nicht vorstellen können. Während viele früher sagten, gut, warum soll nicht ein Kind mit Hörgeräten auch in einer üblichen Klasse sein, wenn zugleich ein Teppichboden installiert wird, aber Gehörlose haben davon

nichts: erleben wir nun Gehörlose in Regelschulen, und Fachleute erzählen uns ebenso wie die Eltern dieser Kinder, wie lerneffektiv und wie emotional befriedigend diese Schulsituation sei (vgl. die Beispiele bei Schöler 1990b, Günther 1991, Raidt 1990). In Berlin wie in anderen Städten gibt es nun blinde Gymnasiasten – überrascht (und oft beglückt) stellen Studienräte fest, daß sie ihre Vorstellungen darüber, »was heute möglich ist«, ändern. Mit anderen Worten: Grundsätzlich kann die »Grenze« der gemeinsamen Erziehung *nicht an irgendeiner Behinderung festgemacht werden*, sondern nur daran, ob diese konkrete Schule und diese konkreten Pädagogen mit diesem konkreten Schüler oder dieser Schülerin gemeinsam in eine fruchtbare Kooperationsbeziehung kommen können (davon berichtet anschaulich Schöler 1992b, c, 1993). Es darf daher keine gesetzlich festgelegten Grenzen geben. Grenzüberschreitungen müssen in unseren Köpfen beginnen – und sie dürfen nicht bürokratisch verhindert werden.

9. Politiker stellen zu Recht die Frage nach den *Kosten*, eine Frage, die von Pädagoginnen und Pädagogen gern als unpädagogisch, ja geradezu als unmoralisch zurückgewiesen wird. Wer jedoch eine Ausweitung der Integrationsentwicklung wünscht, muß sich dieser Frage stellen. Bislang war jede Integrationsklasse teuer, weil die Frequenzsenkung und die Sonderpädagogen *zusätzlich* finanziert wurden, *ohne* Umverteilung aus der Sonderschule. So kostet eine Integrationsklasse nach dem Modell der Uckermark-Schule (18+2-Modell) mit einer Klassenfrequenz von 20 Schülern zusätzlich zu den üblichen Grundschülerkosten 8 Sonderpädagogenstunden und ein Drittel eines Grundschullehrers (weil die Frequenzsenkung zu einer weiteren Klassenbildung führt). Gefragt wird allerdings nicht, was eingespart wird: Schließlich kommen nun zwei Kinder weniger in die Sonderschule.[16] Dort wird nicht etwa weniger Unterricht erteilt, sondern i.d.R. eine Klasse mit weniger Schülern geführt. Tatsächlich wird so nichts eingespart.[17]

16 Hinzu kommen die Einsparungen für den Taxidienst, da es bei wohnortnaher Integration kürzere Wege gibt. Dieser Kostenfaktor wird selten diskutiert, da es sich hier um Pflichtkosten des Staates handelt, die nicht in den Etats der Schulbehörde auftauchen. Die Kosten sind jedoch beträchtlich.

17 In einer Stadt, die konsequent in Richtung auf integrative Förderung arbeitet, kann auf Dauer natürlich die Zahl der Sonderschulüberweisungen so deutlich verringert werden, daß tatsächlich Klassen geschlossen und Schulen in allgemeine Schulen umgewandelt werden können. Das läßt sich an der

In Berlin, wo bis 1992 die Eltern in den westlichen Stadtbezirken schon bei drei Einschulungsjahrgängen entschieden haben, ob sie ihr Kind mit Förderbedarf in die Sonderschule oder in die Grundschule einschulen (eine knappe Mehrheit votierte für die Grundschule), kostete die integrative Erziehung 1991 und 1992 jährlich rd. 60 Stellen für die rd. 220 Integrationskinder eines neuen Einschulungsjahrgangs.[18] Im Sonderschulbereich wird jedoch nicht entsprechend der sinkenden Schülerzahl gespart. Das voll ausgebaute und ausdifferenzierte Sonderschulsystem (mit seinen bis zu 10 Schularten) kann aber auf Dauer nicht gleichzeitig mit allen – wachsenden – Wünschen nach integrativer Erziehung finanziert werden.

Die Lösung kann m.E. nur darin liegen, die weiterhin bestehenden Sonderschulen wirklich nur nach den vorgegebenen Frequenzen auszustatten (und das hieße real Stellen in die Grundschule zu verlagern) und zum zweiten einen »Strukturwandel« der Sonderschulen einzuleiten, wie dies die Berliner Senatsverwaltung 1990 vorschlug: nämlich *aus den Sonderschulen Grundschulen mit sonderpädagogischen Schwerpunkten zu machen*. Damit würden mehrere Fliegen mit einer Klappe geschlagen: Die Kollegien könnten teilweise zusammenbleiben, ergänzt durch Regelschullehrer. Die wachsenden Grundschülerzahlen könnten besser aufgefangen werden. Den unterrichtenden Sonderpädagogen wie den noch nicht erfahrenen Regelschullehrern könnte ein allmählicher Übergang in neue Aufgaben und Unterrichtsstrukturen erleichtert werden. Der Anschluß an die Entwicklung in der Europäischen Gemeinschaft könnte mit diesem grundsätzlichen Votum für die gemeinsame Erziehung gewonnen werden. Nicht zuletzt würde die gegenwärtige Doppelfinanzierung verringert werden können. Die Sonderschulen für Lernbehinderte, für Sinnes- und Körperbehinderte könnten ohne pädagogische Bedenken sofort auslaufen.

Eine solche bildungspolitische Entscheidung erforderte, in Deutschland, Mut: Konservative Parteien, der Verband Deutscher Sonderschulen in seiner Mehrheit und ein Teil der Sonderpädagogen an den Hochschulen lehnen solch eine Grundsatzentscheidung ab. Je mehr Integrati-

Schulpolitik des Berliner Stadtteils Spandau, einer Mittelstadt mit rd. 150.000 Einwohnern, nachweisen (vgl. Schöler 1992a, S. 6).

18 Nach Durchlauf aller Grundschuljahrgänge wären bei flächendeckender Integration alle Grundschulen mit Sonderpädagogen ausreichend ausgestattet (gleiche Schülerzahlen vorausgesetzt), so daß nun keine zusätzlichen Kosten mehr entstünden.

onsklassen jedoch eingerichtet werden, desto stärker wird der Zwang werden, sich zu entscheiden. Voraussichtlich wird sich diese Entscheidung danach richten, wieviel Druck Eltern in dieser Frage ausüben.

5. Schulpädagogische Schlußfolgerungen

Integrative Erziehung unterstützt die Pädagogik der Vielfalt in der Gemeinsamkeit. Individualität und Solidarität sind in ihr optimal miteinander verbunden (Preuss-Lausitz 1993b). Sie verbessert nicht nur für die Kinder mit Behinderungen die Möglichkeit, in Gemeinschaft mit den Kindern aus dem Wohnviertel zu lernen, sondern verändert insgesamt die Schule, zum Nutzen aller Schülerinnen und Schüler – und zwar über soziales Lernen zwischen Behinderten und Nichtbehinderten hinaus, in Richtung der gelebten Anerkennung der Vielfalt aller Art. Das konnte bislang vor allem für die Grundschule nachgewiesen werden.

Der historisch nächste Schritt wird die *gemeinsame Erziehung in der Sekundarstufe* sein müssen. Er wird schon in einzelnen Städten erprobt. Die Schwierigkeiten im Fachunterricht und mit anderen Ausbildungungs- und Berufstraditionen sind nur durch Erfahrungsgewinn zu überwinden. Erste, im ganzen ermutigende Erfahrungen liegen schon vor (vgl. u.a. Maikowski 1988, GGG 1989, Sander u.a. 1990, Pieringer 1990, Hokamp/Liebert 1990, Maikowski u.a. 1991).[19] An der Einstellung zur gemeinsamen Erziehung in der Sekundarstufe wird sich zeigen, ob die Aussonderungstendenz des Schulsystems sich gegen gemeinsame Erziehung behaupten wird oder ob die Individualisierung der Lernprozesse sich auch über die Grundschule hinaus ausdehnt.

Für den Primarbereich liegen derart zahlreiche wissenschaftlich abgesicherte und durch Äußerungen von beteiligten Lehrern, Eltern und Schulräten bestätigte zustimmende Ergebnisse vor, daß es keinerlei päd-

---

19 Welche Ängste in den Oberschulen die Frage der Integration noch auslöst, zeigt der Widerstand einer hessischen Gesamtschule gegen die Aufnahme *eines* (autistisch) behinderten Mädchens. Der Rektor wolle aus seiner Schule »keine Ersatzhilfsschule« machen, der angebotene zusätzliche Lehrer sei für das Kollegiums »nicht akzeptabel« (vgl. Tagesspiegel v. 13. 8. 1991). Solche »Argumente« wurden in den 70er Jahren auch in bezug auf die Grundschule geäußert. Sie sind nur durch Hospitationen, Erfahrungsvermittlung, Gespräche und wissenschaftliche Begleitung aufzubrechen (vgl. z.B. zur Integration eines autistischen Kindes Kellner u.a. 1991).

agogische Gründe mehr gibt, sich *nicht* für gemeinsame Erziehung zu entscheiden. Ein großer Schritt in diese Richtung wäre es, den *Eltern von Kindern mit Förderbedarf die Entscheidung zu überlassen,* ob sie ihr Kind in eine Sonderschule oder in die Grundschule ihres Wohnortes einschulen – solange es noch Sonderschulen gibt. Langfristig werden diese einen Strukturwandel erfahren müssen, wollen sie nicht »ausbluten« oder nur noch für diejenigen Kinder zuständig bleiben, deren Eltern sich aus vielerlei Gründen nicht in der Lage sehen, die gemeinsame Erziehung ihres behinderten Kindes zu unterstützen.[20]

Die Erfahrungen zeigen aber auch, daß die *Veränderung des Unterrichts* – in Richtung eines binnendifferenzierten und zugleich gut strukturierten Unterrichts – und die *Kooperation der Grund- und Sonderschullehrerinnen* (meist handelt es sich um Frauen) die wichtigsten »Variablen« für einen sozial integrativen gemeinsamen Unterricht darstellen. Beides ist nicht nur eine Wollensfrage; praxisnahe, möglichst parallel zum integrativen Unterricht stattfindende *Fortbildung* ist daher eine Voraussetzung für eine breitere Verwirklichung der Integration. Aber auch in die Lehrerausbildung der Regelschullehrer (und der Sonderschullehrer!) aller Ausbildungsrichtungen müßten integrationsbezogene Inhalte aufgenommen werden.

In einer »Integrationsschule« dürfte jedoch nicht nur der binnendifferenzierte, offene und tätigkeitsorientierte Unterrricht im Vordergrund stehen. Ebenso wichtig wäre es, im Unterricht selbst die Probleme von Behinderung, von Abweichung, von Fremdheit, von Schönheitswünschen und -normen, ja auch von Ekel zu thematisieren. Es leuchtet sofort ein, daß dies Ängste bei den Lehrern selbst, bei den Kindern mit Behinderungen und ihren Eltern auslösen könnte – und das darf nicht, auch nicht fahrlässig, hingenommen werden. Solche Gespräche müssen daher mit den betroffenen Kindern vorbereitet, ggf. mit den Eltern und Fachleuten besprochen werden. Aber ein Totschweigen etwa der Probleme eines hörgeschädigten, eines anfallbedrohten oder eines sozial auffälligen Kindes führt ja bei niemandem zu mehr Verständnis, Akzeptanz oder praktischer Hilfefähigkeit. Heterogenität – auch über die Behinderungs-

---

20 Elternwahlrecht kann nur ein Zwischenschritt sein auf dem Weg zu einer vielfältigen Schule für alle Kinder. Denn die meisten Eltern bisheriger Sonderschüler sind ausländischer oder sozial schwacher Herkunft. Deshalb hat der Sozialstaat die Verpflichtung, aus den Erkenntnissen über die Chancen gemeinsamer Erziehung diese auch in der Überwindung der Sonderschulen umzusetzen. Der Weg dazu ist die parlamentarische Gesetzgebung.

probleme hinaus – muß Gegenstand des Unterrichts im heutigen Europa von Anfang an werden. Nur so läßt sich praktische, kognitiv nachvollzogene (und nicht moralisch erpreßte) Solidarität entwickeln.

Aus den verschiedenen Erfahrungsberichten und Forschungsstudien wird deutlich, daß inzwischen Kinder mit allen jenen Behinderungen integriert worden sind, die auch in Sonderschulen vorkommen (bzw. sonst nur Hausunterricht erfahren). Die »Integrationsfähigkeit« hing in schwierigen Fällen eher von den beteiligten Erwachsenen und den Rahmenbedingungen als von den Kindern ab. Die »nichtbehinderten« Schülerinnen und Schüler haben häufig erstaunliche Strategien der Kommunikation und des Verstehens entwickelt – ohne sich im übrigen in ihren Interessen einzuschränken.[21]

Gelegentlich wird von »Integrationspädagogik« (Eberwein 1988) gesprochen. Es wäre ein Mißverständnis, wenn daraus der Schluß gezogen würde, für gemeinsame Erziehung bräuchte es eine besondere Pädagogik. Alle Erfahrungen und Untersuchungen zeigen: Die beste »Integrationspädagogik« ist jene moderne Schulpädagogik, die so zu kennzeichnen wäre: zeitlich flexibel, binnendifferenziert, offen für Eigeninteressen der Kinder, ganzheitlich, handlungsorientiert, vielseitig, materialreich, körperbetont und sinnesfreudig, kooperativ, auch unter den Lehrern, in ein verständnisvolles Schulklima eingebettet, das auch die Eltern und das Umfeld der Schule einschließt. Pädagogik der Vielfalt in der Gemeinsamkeit. Die Sonderpädagogen sind um so erfolgreicher in ihrer Arbeit, je mehr sie sich inhaltlich und formal einer solchen Pädagogik anschließen und sie praktisch ausfüllen.

Der Begriff »integrative Pädagogik« gewinnt dann seine gesellschaftlich richtige Bedeutung, wenn er ein zentrales Problem der 90er Jahre beschreibt: Immer wichtiger wird es, Kindern und Jugendlichen, die unter Individualisierungs- und Pluralisierungswidersprüchen aufwachsen, die Schule als einen Lebensort anzubieten, der *sozial integrativ* wirkt, ohne die individuellen Lebens- und Lernbedingungen zu ignorieren. Insofern ist die gemeinsame Unterrichtung von behinderten und nichtbehinderten Kindern eine Reaktion auf die allgemeine gesellschaftliche Pluralisierung, die sich allerdings bislang erst in der Primarschulpädagogik niederschlägt (Preuss-Lausitz 1993b). Hiller (1991) schlägt deshalb vor, daß die Schule insgesamt »von normierter Einfalt zu nor-

---

21 Solche Strategien müßten in weiteren Forschungsvorhaben im einzelnen dokumentiert werden. Vgl. u.a. zum Umgang mit geistig Behinderten Sucharowski u.a.1988.

maler Vielfalt« wechseln müsse; er bezieht dabei Kinder mit Behinderungen ausdrücklich mit ein. Praktische Solidarität untereinander kann nur durch konkrete Erfahrungen entstehen. So führt die Integration »Behinderter« in Regelschulen – auch nach der Grundschulzeit – vielleicht dazu, daß auch für andere von Ausgrenzung und Isolation bedrohte Kinder Wege für eine identitätsstärkende Schulpraxis gefunden werden.

Zum Weiterlesen empfehle ich:

Eberwein, Hans (Hrsg.): Behinderte und Nichtbehinderte lernen gemeinsam. Weinheim und Basel 1993 (3. Aufl.)
Heyer, Peter u.a.: Wohnortnahe Integration. Weinheim und München 1990
Heyer, Peter u.a. (Hrsg.): Zehn Jahre wohnortnahe Integration. Ak Grundschule. Frankfurt/M. 1993
Projektgruppe Integrationsversuch (Hrsg.): Das Fläming-Modell. Weinheim und Basel 1988

Kapitel 8
Jungen und Mädchen

Widersprüche zwischen Differenz und Gleichberechtigung
im Modernisierungsprozeß

Ich finde es blöd, wenn Jungen und Mädchen getrennt werden. Wenn wir etwas
nicht malen können, malen die Mädchen das. Ohne Mädchen ist es auch nicht
mehr lustig. Wenn wir uns verhäkelt haben, gehen wir zu den Mädchen. Mein
Freund und ich spielen oft zusammen, und dann kommt auch meistens noch
Helena oder Julia. Wenn die Mädchen nicht mehr auf dem Schulhof sind, ist es
gar nicht mehr lustig ... Ohne Mädchen ist es langweilig. Die Mädchen haben
aber auch ihren Spaß mit uns.   Zehnjähriger Junge, 1990[1]

1. Einseitige Diskurse, offene Fragen

Die Schule ist bei vielen Frauen ins Gerede gekommen: Sie bewirke, bei
formaler Gleichheit, eine »diskrete Diskriminierung« (Kauermann-Walter u.a. 1988). Viel mehr Zeit werde den Jungen gewidmet, vor allem ihnen gelte die pädagogische Aufmerksamkeit der Lehrerinnen und Lehrer
(Enders-Dragässer/Fuchs 1989). Die Mädchen dagegen seien »an den
Rand gedrängt« (Kauermann-Walter u.a. 1988), sie würden benachteiligt (u.a. Kauermann-Walter/Kreienbaum 1989), vernachlässigt und zu
wenig beachtet. Sie entwickelten dadurch ein geringes Selbstbewußtsein
(Mühlen-Achs 1986, Horstkemper 1987). Die Schule stärke die herkömmlichen, von Männermacht bestimmten Rollenbilder (8. Kongreß
Frauen und Schule 1991). Gegen die Aggressivität der Jungen müßten
die Mädchen geschützt werden – gegebenenfalls auch in reinen Mädchengruppen. »Die Schule ist männlich«, stellen Elisabeth Birmily u.a.
(1991) apodiktisch fest.

Die Koedukation ist also ins Gerede gekommen, besonders heftig im
englischsprachigen Ausland. Es gibt dort gelegentlich eine erstaunliche
Allianz zwischen kirchlich-konservativen und frauenbewegten Vertrete-
rinnen zur Erhaltung bzw. Durchsetzung von Schulen, Hochschulen

---

1 Aufgeschrieben von Hannelore Faulstich-Wieland: »Jungen und Mädchen
   sind wie ein Puzzlespiel ...«, Skript 1991b, S. 12

bzw. Fakultären nur für Frauen.[2] Bei uns wird besonders für die herkömmlicherweise von Jungen dominierten Naturwissenschaften, für Mathematik, Informatik und Sportunterricht wieder über geschlechtsgetrennte Konzepte debattiert; einzelne Schulverwaltungen stellen besondere Mittel für Erprobungen bereit.[3]

Männliche Schüler gelten in der Schule *insgesamt* als bevorzugt. Ist also *Chancengleichheit* für Mädchen in deutschen Schulen immer noch nicht erreicht? Ist die Pädagogik (die eine für Jungen sei) durch eine »Femagogik« zu ersetzen, wie dies z.b. Elke Ostbomk-Fischer (1991) fordert? Und wie kann auf die veränderten Kindheitsbedingungen der Kinder, auch als Jungen und Mädchen, angemessen im Rahmen der Pädagogik der Vielfalt reagiert werden?

Das Mädchen-Jungen-Thema ist gegenwärtig nicht nur Gegenstand eines modischen pädagogischen Diskurses, sondern ist auch bei vielen Pädagoginnen und Pädagogen emotional stark besetzt: Denn es berührt unsere eigenen Geschlechtererfahrungen in der Kindheit und unsere tiefverwurzelten Ängste und Wünsche. Davon zeugen die Verläufe mancher Diskussionen in Lehrerzimmern, an den Hochschulen, auf Tagungen, in Fernsehrunden. Beteiligt sich ein Mann – was selten genug vorkommt – an dieser Debatte, verstrickt er sich leicht in eine hoffnungslose Situation: Falls er nicht die gerade vorherrschenden Behauptungen und Theorien feministischer Meinungsführerinnen übernimmt oder doch wenigstens – fast rituell – einleitend Bekundungen über die Ablehnung der herkömmlichen Rollenbilder von Männern und Frauen abgibt, gerät er leicht in den Verdacht, ein frauendiskriminierender »Chauvi« zu sein, typisches Abwehrverhalten zu zeigen oder zu dumm zu sein, um zu begreifen, was die engagierten Frauen meinen. Die Folge ist, daß die weiblichen Schulforscher meist unter sich bleiben, die männlichen sich anderen Themen widmen.

Ich möchte in Kenntnis dieser Probleme versuchen, das Mädchen-

2 Ich verweise auf die Warnung von Béatrice Durand (Anmerkung 15 in Kapitel 2) vor einer »tribalistischen Entwicklung« im feministischen und ethnischen Bereich, wenn das Getrennte nicht mehr durch gemeinsame Grundwerte verbunden ist.

3 Über den komplementären, logisch sich ergebenden Schluß, für die Jungen getrennten Unterricht in Englisch, Französisch und Deutsch zu fordern – Fächer, in denen sie bekanntlich erheblich schlechter abschneiden als die Mädchen –, wird nicht diskutiert. Leider ebensowenig über die Tatsache, daß Geschichte und Politik bei Mädchen (im Wahlpflichtbereich) weniger Interesse erzeugt.

Jungen-Thema dennoch so aufzugreifen, daß deutlich wird, was über die Wirklichkeit in unseren Schulen gesichert ist, was unklar ist und was folglich weiter zu untersuchen wäre. Welche pädagogischen Schlußfolgerungen können gezogen werden? *Ein* Gewinn aus dem feministischen Beharren auf dem Geschlecht als einem sozialen Wirkungsfaktor auch in der Schule kann vorab festgehalten werden: Es ist deutlich geworden, daß die Geschlechtszugehörigkeit uns nicht nur als Lehrerinnen und Lehrer täglich bestimmt, sondern auch die der Kinder als Jungen und Mädchen – auch *vor* ihrer »Geschlechtsreife«. Die abstrakten »Zöglinge« oder »Schüler«, wie sie in den pädagogischen Büchern auftauchen, sind Jungen oder Mädchen in ihrer ganzen lebensweltlichen Erfahrung, Befindlichkeit und Entwicklung. Sie wie die Pädagoginnen und Pädagogen müssen sich mit den sozialen Geschlechtsrollen auseinandersetzen, wie sie sich gegen Ende des 20. Jahrhunderts in Europa ausdifferenzieren.

Das Thema *Jungen* taucht in der allgemeinen Erziehungswissenschaft wie in der Frauenschulforschung eher am Rande auf. Tatsächlich sind in der Zeitschrift »Frauen und Schule« zwischen 1987 und 1991 dazu keine direkten Beiträge erschienen. Die Männerrolle insgesamt wird zwar in den letzten Jahren von Männern thematisiert, etwa von Goldberg (1979), der den Mann »am Ende« sieht, oder von Hollstein (1991), der auf die Männerbewegung hofft. Die Reihe »Mann« des Rowohlt-Verlages hat es bis 1990 auf stolze 50 Bände gebracht. Aber erst 1990 erschien das erste Buch über »*Jungen* auf der Suche nach Männlichkeit«, mit dem bezeichnenden Obertitel »Kleine Jungen in Not« (Schnack/Neutzling 1990). Die Autoren stellten eine weiße, unerforschte Landschaft fest: Pädagogische oder sozialisationstheoretische Arbeiten über Jungen gibt es so gut wie keine. Erziehungswisenschaftliche Zeitschriften widmeten sich in den 80er Jahren kaum spezifischen Jungenproblemen.[4] Soziologen schreiben meist von »Kindheit« oder »Jugend« (wobei sie faktisch oft über Jungen sprechen und die Mädchen vergessen, vgl. Nissen 1990, S.150).

2. Schulleistungen und Schulversagen von Mädchen und Jungen

Die »katholischen Arbeiter-Mädchen vom Lande« waren den Bildungsreformern Mitte der 60er Jahre, am Ende der Adenauerära und zu Beginn

---

4   Eine Literaturrecherche über verschiedene Datenbanken ergab zwar zahlreiche, auch englischsprachige Titel zur Koedukations-Diskussion, aber fast keinen Titel zu Fragen jungenspezifischer Sozialisationsprobleme in der Schule. Auch als Forschungsgegenstand scheint dies nur als Vergleichsvariable (Jungen/Mädchen) aufgegriffen zu sein.

der Kulturrevolte der Studenten, die am meisten benachteiligten Kinder in der Schule (vgl. Kap. 4). Das wurde vor allem an ihrem unterdurchschnittlichen Anteil an höheren Schulabschlüssen festgemacht.

Für die Reformer war es eine Selbstverständlichkeit, vom Gleichheitsanspruch des Grundgesetzes her *auch für Mädchen gleiche Schulchancen* zu fordern. Auch für sie sollte die Moderne nun endlich gelten: ein *Ende mädchenspezifischer Unterrichtsfächer* bzw. Inhalte (wie Handarbeit nur für Mädchen, getrennter Sportunterricht, gemeinsamer Arbeitslehreunterricht usw.); eine Beseitigung *vorindustrieller* Darstellungen der Geschlechterrollen im Schulbuch (Beilfuß/Preuss-Lausitz 1971); eine Abschaffung reiner Jungen- und Mädchen-Schulen, die vor allem noch als Gymnasien existierten (getrennte Grundschulen wurden schon in den 20er Jahren abgeschafft). Während diese Reform auf die Schule zielte, vor allem auf ihre Inhalte, war die *geringere Beteiligung der Mädchen am Abitur* (und an wissenschaftlichen Studiengängen) nach Auffassung der Reformer weitgehend den Elterneinstellungen geschuldet. Die Vorstellung, für Mädchen sei die Investition in allgemeine Bildung nicht so wichtig wie für Jungen, schien noch weit verbreitet. Insbesondere in der Nachkriegszeit, als Geldknappheit in vielen kinderreichen Familien die schwerwiegende Entscheidung abverlangte, ob, und wenn ja, welche Kinder eben nicht nach der 8. Klasse schon zum Familieneinkommen beitragen mußten, sondern weiter zur Schule gehen durften, fiel die Entscheidung fast immer zugunsten der Jungen aus. Mädchen heiraten ja doch – wozu da Mittlere Reife oder gar Abitur?

Aber die *Bildungswerbung für Mädchen* fiel in den späten 60er Jahren auf fruchtbaren Boden. Zum einen brauchte die expandierende Wirtschaft, vor allem der Dienstleistungssssektor, mehr qualifizierte Arbeitskräfte. Zum anderen wurde schnell klar: Die Bevölkerung war so konservativ nicht mehr, wie oft vermutet wurde. Nachdem mehr Geld in den Familien vorhanden war, nachdem ein schulisch lang gebildetes Mädchen von öffentlichen Meinungsträgern nicht mehr als »Blaustrumpf«, sondern als »modern«, ja als »progressiv« und »zukunftsgewandt« bezeichnet wurde, schickten auch katholische Landarbeiter ihre Töchter auf Realschulen und Gymnasien.[5]

---

5 In allen Schichten ist die Bildungsbeteiligung der Mädchen höher als die der Jungen. In der Mikrozensusauswertung von 1989 waren von den 13-14jährigen weiblichen Beamtenkindern 62% im Gymnasium, von den männlichen 54%. Von den Arbeitertöchtern waren 11% im Gymnasium, von den Arbeitersöhnen waren es 10%. Vgl. Böttcher 1991, S. 157.

Zwischen 1950 und 1965 lag der Anteil der *Mädchen in Gymnasien* fast unverändert bei 40–41%.[6] Erst nach den Reformen, die mit der Bildungswerbung und der Koedukation verbunden waren, stiegen die Anteile stetig an: 1970 waren 44%, 1977 49% und 1988 waren schon etwas mehr Mädchen auf (west-)deutschen Gymnasien als Jungen, nämlich 50,6%.

Auch der Anteil der Mädchen an den *Abiturienten* stieg in den ersten Jahrzehnten der Nachkriegsgesellschaft nur wenig und steigerte sich nach der Bildungsreformkampagne. 1950 machten 9.673 Frauen das Abitur, das waren 32,4% aller Abiturienten. 1965 lag der Frauenanteil bei 35%; 1985 bei 50% (105.000). Im Abiturjahrgang der DDR von 1989 waren 57% Mädchen.[7]

Auch die *Abiturientenanteile am jeweiligen Altersjahrgang* stiegen nach der Bildungsreformwerbung dramatisch: Bei den Jungen stieg der Anteil zwischen 1965 und 1990 von 15% auf 26% aller Jungen, bei den Mädchen verdreifachte er sich von 10% auf 28%. (Bei den Jungen liegt also eine erheblich geringere Steigerungsrate vor.) Damit haben nun die Mädchen die Jungen im oberen Bildungsniveau ihrer Altersjahrgänge überrundet. Mädchen haben von der Bildungsreform der letzten 25 Jahre auffällig stärker profitiert als Jungen.

Zu diesem Ein- und Überholen des höheren Qualifikationsniveaus kommt zugleich das größere Versagen vieler Jungen innerhalb des Schulsystems: *In allen Schulformen bleiben Jungen erheblich häufiger sitzen als Mädchen*: 1986 waren von den sitzengebliebenen Grundschülern 57% Jungen, in der Hauptschule waren es 61%, in der Realschule 54%, im Gymnasium 57% (Schnack/Neutzling 1990, S. 143). An diesen Zahlen hat sich bis 1990 nichts geändert (Stat. Bundesamt). Dem entspricht, daß *von allen Jugendlichen ohne Hauptschulabschluß inzwi-*

6 Diese und die folgenden Daten beziehen sich, wenn nicht anders ausgewiesen, auf die Statistischen Jahrbücher der Bundesrepublik, der ehemaligen DDR bzw. auf Fachserien des Statistischen Bundesamtes. Vgl. auch Rodax 1989, S. 169ff.

7 Stat. Amt der ehem. DDR. In der 10. Klasse (Schlußklasse der Polytechnischen Oberschule) waren es nur 51%; das bedeutet, daß in der DDR Jungen häufiger nach der 10. Klasse in die Berufsausbildung gingen, was offenbar attraktiver war als zu studieren.– Zu beachten ist, daß die Abiturquote festgelegt war und bei etwa 10% lag.– Der Anteil der Frauen an den Studierenden lag 1980 bei 53%, 1989 bei 50%; er ging 1991 bei den Studienanfängern rapide zurück auf rd. 40% und erreichte damit den gleichen Anteil wie in den alten Bundesländern.

schen 60% Jungen sind (Schnack/Neutzling 1990, S. 142), 1988 waren es sogar schon 61,1% (Stat. Bundesamt). Diejenigen, die, im allgemeinen Schulwesen gescheitert, in die *Sonderschule für Lernbehinderte* kommen, sind ebenfalls auffällig häufiger Jungen: Vor Jahrzehnten schon lag der Anteil bei 58% (1940), seit 1950 bis heute liegt er konstant bei 61% aller Sonderschüler; in den Klassen und Schulen für Verhaltensauffällige sogar bei 75%; auch bei den Schulen für Sinnesbehinderte ist ein überdurchschnittlich hoher Jungenanteil festzustellen (Kerkhoff 1980).

Zugleich ist auffällig: Seit 1969 hat sich bei beiden Geschlechtern der *Anteil ohne oder mit niederem Schulabschluß* (Hauptschule) verringert, bei Jungen jedoch *langsamer*. Der Anteil derjenigen Jungen, die *ohne Abschluß die Schule verlassen*, hat sich halbiert (von 18 auf 9%); bei den Mädchen ist er deutlicher von 15% auf 6% zurückgegangen. Der Hauptschülerinnenanteil hat sich von 51% auf 27% aller Mädchen des Altersjahrgangs halbiert, während der männliche Hauptschüleranteil am Altersjahrgang zwischen 1969 und 1989 von 47% nur auf 32% zurückgegangen ist.

Wie läßt sich dieses größere Schulversagen von Jungen erklären? Mir scheinen vor allem folgende Gründe entscheidend:

● Jungen werden bislang von früh auf *weniger auf Anpassung und stärker auf Eigenständigkeit* hin erzogen als Mädchen. Anpassung wird jedoch in der Schule stärker belohnt.

● Es gibt mehr Jungen als Mädchen mit – nicht nur in der Schule – *deviantem Verhalten*, ebenso mehr Jungen mit erkennbaren psychischen Problemen, die sich als Lernbehinderungen äußern (Schnack/Neutzling 1990, S. 101ff.). Dort, wo der Unterricht frontal, einheitlich und lehrerzentriert stattfindet, haben Jungen wahrscheinlich mehr (Lern-)Probleme.

● *Mädchen schreiben schöner* (konformer) und korrekter. Das galt nicht nur früher, sondern zeigt sich auch in neuen Untersuchungen (vgl. Czerwenka u.a. 1990, S. 196). Schreiben ist – gerade in den ersten Schuljahren – weiterhin eine zentrale Schulerfolgsdimension in fast allen Fächern.

● Bei gleichen objektiven (Test-)Leistungen werden *Jungen schlechter bewertet* als Mädchen (Carter 1972, Hadley 1972, Ingenkamp 1978), von männlichen wie von weiblichen Lehrern. Mädchen erhalten von Lehrerinnen erheblich bessere Noten als Jungen (Carter 1972). In der Grundschule unterrichten vorwiegend Frauen.

Nicht Mädchen, sondern Jungen scheitern also in der Schule häufiger. Sie erreichen in allen Schulformen seltener den entsprechenden Abschluß. Nur im Gymnasium sind sie, wie ich gezeigt habe, unter den Abiturienten etwa gleich häufig erfolgreich. Chancengleichheit, nach den Maßstäben empirischer Bildungsforschung, besteht gegenwärtig für Jungen auf den *unteren* Rängen des *allgemeinen* Bildungssystems nicht.[8]

Es ist nicht zutreffend, diese Lage als »Nivellierung von Geschlechtsunterschieden« (Kauermann-Walter u.a. 1988, S. 161) zu kennzeichnen. Allerdings kann daraus auch nicht der umgekehrte Schluß gezogen werden, unsere Schulen seien besonders »mädchengerecht«. Hagemeister (1991) nimmt an, daß bei früher schulischer Belohnung von Anpassung und Reproduktion mechanischen Wissens spätere berufliche Eigenständigkeit, Durchsetzungsfähigkeit und Kreativität von Frauen eher behindert werden.

Erst *nach* der allgemeinen Schulzeit öffnet sich die Schere von Ausbildung, Einkommen und Macht wieder zuungunsten der Frauen (Faustich-Wieland 1984, Rabe-Kleberg 1990, Schlapheit-Beck 1987, Rudolph u.a. 1986, Krüger 1984).

Frauen aus den Generationen seit den 70er Jahren, der »Konsumkinder«, sind also insgesamt gebildeter als ihre Mütter. Das bedeutet nicht zuletzt einen großen Gewinn für die *Verankerung einer lebendigen Demokratie*: Denn viele Studien belegen, daß hohes Bildungsniveau mit liberalen und demokratischen Einstellungen, auch mit demokratischeren Erziehungsvorstellungen, hoch korreliert (u.a. Allerbeck/Hoag 1985). Viel mehr Kinder als früher haben deshalb, aufgrund eines insgesamt stark angehobenen Bildungsniveaus sowohl der Väter als auch – vor allem – der Mütter, frühzeitige und emotional positive Erfahrungen mit partnerschaftlichem und Selbständigkeit stützendem Umgang zwischen den Eltern und zwischen Eltern und Kindern. Dieser Aspekt des zunehmenden Schulbildungsniveaus von Frauen wird oft nicht   beachtet. Vielleicht müßte dann manche Schärfe der Kritik am gegenwärtigen Schulsystem, gerade von Frauen, zurückgenommen werden.

---

8   Eine analoge Entwicklung vollzog sich auch in anderen europäischen Ländern, z.B. in Österreich (vgl. Fischer-Kowalski/Seidl 1986) oder in den Niederlanden (Dronkers/Bosma 1990). Das ließe sich durch die generelle Veränderung der Sozialisation und der Rolle der Frauen zumindest in Westeuropa erklären.

3. Ein langer Weg: die Erkämpfung des Bildungsrechts für Frauen

Mit dem hohen Schulbildungniveau heutiger Mädchen und Frauen ist ein Prozeß vollzogen worden, der sich durch das ganze 19. Jahrhundert bis weit in die zweite Hälfte des 20. Jahrhunderts mit immer neuen Variationen hinzog (Tornieporth 1979). Im 19. Jahrhundert durften Frauen überhaupt keine »normalen« Gymnasien besuchen. Vielmehr absolvierten die Töchter des gehobenen Bürgertums Höhere Töchterschulen, während für die unteren Klassen die üblichen Armen- und Gemeindeschulen da waren. Erst 1908 konnten die ersten Frauen ohne Sondergenehmigung in Preußen Abitur machen, um zu studieren. Beim Abiturientenjahrgang des *Deutschen Reiches* von 1910 gab es von den rd. 18.000 Absolventen ganze 2.293 Frauen; das waren immerhin schon 13%.[9] Auch die *Weimarer Republik*, die im Grundsatz Schluß machte mit der formalen Benachteiligung der Mädchen in der Schule, bewirkte wenig in ihren kurzen 15 Jahren: 1926 war der Frauenanteil bei den Abiturienten sogar auf 9% gefallen; das waren auch absolut (1.857) weniger als 16 Jahre zuvor. Erst danach wuchs ihr Anteil wieder.

In der *Nazi-Zeit* galten gebildete Frauen wenig. Die Rolle der Frau sollte wieder die der Hüterin des Heims, der Mutter vieler Kinder und der treusorgenden Ehefrau (und glühenden Hitler-Verehrerin) sein. Die Lehrpläne wurden entsprechend geschnitten, die Eliteschulen den Jungen vorbehalten und Druck gemacht, damit der Frauenanteil in höheren Schulen sank (Keim 1988). Statistisch wirkte sich das, trotz der kurzen Zeit nationalsozialistischer Schulpolitik, tatsächlich aus: Während gegen Ende der Weimarer Republik (1932) unter den Abiturienten 20% Mädchen waren, sank ihre Anteil bis 1937 auf 16%. 1938/39 machten rd. 51.000 das Abitur; darunter waren 8.547 Frauen, das waren 17%; ein Jahr später stieg der Anteil allerdings sprunghaft auf 28% des Abiturjahrgangs, vermutlich eine Folge davon, daß viele Gymnasiasten Militärdienst machen mußten.[10]

Schon während des Krieges, als die jungen Männer für qualifizierte Funktionen in der Wirtschaft, der Justiz, der Medizin, dem Schulwesen

---

9 Stat. Jahrbücher des Dt. Reiches. Unter den Abiturientinnen sind nur 242 aus Gymnasien, die übrigen aus Höheren Mädchenschulen. Bei den 15.659 Jungen sind 10.300 aus Gymnasien, die übrigen aus Realgymnasien und Oberrealschulen.

10 Für die Zeit zwischen 1941 und 1945 gibt es keine reichseinheitliche Bildungsstatistik, da die Stat. Jahrbücher ab 1943 nicht mehr erschienen.

usw. ausfielen, bröckelte *in der Praxis* die repressive, frauenfeindliche Haltung der Nationalsozialisten. Auch nach 1945 war, für einige Aufbaujahre, klar: Auf Frauen konnte (für viele: leider) auch in qualifizierten Berufen nicht verzichtet werden. Erst in den 50er Jahren wurde für ein gutes Jahrzehnt wieder an die alten, scheinbar noch einmal herstellbaren Traditionen angeknüpft. Die Erziehung von Jungen und Mädchen war entsprechend. Wie in vielen anderen Lebensbereichen waren die 50er Jahre geprägt von der verzweifelten Suche nach einer Normalität, die die Jungen in weiße Strümpfe und in kurze Stoffhosen steckte, die Mädchen in Plisseeröckchen, um sie beide zum Sonntagsspaziergang der Familie mitzuzwingen. Für Mädchen genügte oft eine kurze Schulzeit, in den unteren Schichten oft ohne anschließende Lehre. Während die Jungen unter der Woche und außerhalb der Schul- und Familienaufsicht ihr unkontrolliertes und freies Leben zwischen den städtischen Trümmern oder in Feld und Wald lebten, war den Mädchen vieles untersagt: kontrolliert, an der kurzen Leine eines »braven« Mädchens gehalten, ohne Eigenständigkeit, auf Fleiß und Keuschheit getrimmt (Geulen/Schütze 1983).

Diese Mädchen sind die Mütter von heute, und vielleicht unterstützen deshalb viele so stark die Bildungswünsche und die Selbständigkeitsansprüche ihrer Töchter, weil sie einst unter ihrer eigenen Zurücksetzung und Zurichtung so gelitten haben. Vielleicht wurzelt ein Teil der Energie der neuen Frauenbewegung, von denen viele in den 50er Jahren ihre Kindheit verbrachten, in der anhaltenden Wut über das, was ihnen da in der Familie, in der Schule, in der ganzen Öffentlichkeit angetan worden war. Vielleicht erklärt sich aus dieser wütenden Trauer über Versäumtes auch manche Schärfe im Blick auf die Benachteiligung der Mädchen heute.

4. Werden Mädchen in koedukativen Klassen benachteiligt?

Der in den letzten 25 Jahren zu beobachtende wachsende Schulerfolg von Mädchen in den höheren Qualifikationsbereichen und der geringere Anteil von Mädchen bei Schulversagern läßt die feministische These von der »Benachteiligung der Mädchen« wenig überzeugend erscheinen. »Koedukation nützt nur den Männern« (Seeland 1986), wird behauptet. Die Schulklasse als »das ideale Übungsfeld für männliche Überlegenheit und weibliche Unterlegenheit« (Mühlen-Achs 1986)? Schneiden Mädchen trotz der besseren allgemeinen Leistungen in einigen Fächern – Sport, Mathematik, Naturwissenschaften – *aufgrund der Koedukation* schlechter ab? Könnte es sein, daß sie sich in der Schule *weniger wohlfühlen*, weil die Jungen sie sexistisch belästigen, aggressiv bedrängen, »an den Rand spielen«? Werden die Jungen »beim gemeinsamen Unterricht bevorteilt«? Lernt es sich »getrennt besser«? »Stören Jungen beim Lernen«? Sind »Mädchen in der Klasse die leisen Verliererinnen«? Sind »Mädchen ohne Jungen schlauer«? (Presseüberschriften, gesammelt von Hagemeister 1991, S. 1.)

Leider ist beim Überprüfen der Literatur festzustellen, daß die Diskussion überwiegend durch Meinungen, nur begrenzt durch nachprüfbare empirische Ergebnisse gekennzeichnet ist. Kauermann-Walter, Kreienbaum und Metz-Göckel geben zu, daß die meisten feministischen *Wirklichkeitsbehauptungen* den Charakter von *Hypothesen* haben (dies. 1988, S. 171). Auch werden die Aussagen ausländischer Studien oft bruchlos übertragen, so als wären es unstrittige Ergebnisse aus unseren Schulen, oder es werden qualitativ-beschreibende Studien zur Basis verallgemeinerter Aussagen gewählt (zu den methodischen Bedenken vgl. Preuss-Lausitz 1991b).

Exemplarisch sei für dieses Vorgehen auf die vielzitierte sog. *Interaktionsstudie* über die Beziehungen zwischen Mädchen und Jungen in Schulklassen hingewiesen (Enders-Dragässer/Fuchs 1988, 1989). Dort wurden *Lehrerinnen* über Interaktionen in Klassen befragt; nicht einmal die *Anzahl* der Befragten wird genannt. Kriterien der Text-Auswahl aus den Interviews bleiben für den Leser undurchsichtig, so daß der – vielleicht ungerechtfertigte, aber legitime – Verdacht, die Forscherinnen berichteten nur, was sie ohnehin belegen wollten, nicht ausgeschlossen werden kann. Videoaufzeichnungen von ganzen 5 Stunden werden ausgewertet. *Darauf beruhen Aussagen über die massive Bevorzugung der Jungen im Unterricht*; eine quantitative Analyse selbst dieser wenigen Stunden wird abgelehnt, nichts ist überprüfbar. Der Hinweis, daß politische Gründe zu einer Verkürzung der Untersuchung (im damals CDU-regierten Hessen) führten, schützt die Verfasserinnen nicht davor, bescheiden mit dem qualitativen Material umzugehen. Sie selbst haben die Studie mehrfach publizistisch ausgewertet, dort jedoch nicht mehr auf die schmale oder unklare Grundlage hingewiesen. Das klingt dann etwa so: »... haben wir einen ziemlichen Leidensdruck bei Schülerinnen ... feststellen können« – ohne Mädchen je gefragt zu haben! (Enders-Dragässer 1989, S. 24). Bei renommierten Frauenforscherinnen liest sich die Rezeption dieser Studie so: »Verbal und nonverbal zwingen Jungen den Mädchen ein bestimmtes Redeverhalten auf (Fuchs/Schmidt 1987, Enders-Dragässer 1987). Sie hören den Mädchen nicht zu, wenn diese länger reden.« (Kauermann-Walter u.a. 1988, S. 171.)[11]

11 Eine methodische Relativierung erfolgt erst am Schluß des Literaturüberblicks von Kauermann-Walter u.a., und zwar pauschal für alle Studien.

Auch ein anderer Aspekt des Vergleichs zwischen koedukativen und Single-sex-Schulen wird in der Hitze der Debatten gelegentlich übersehen: Reine Mädchenschulen sind in ihrer Schülerinnenauswahl häufig selektiv. Sie haben einen höheren Anteil von Schülerinnen aus Elternhäusern mit hoher Leistungsmotivation und/oder »strengeren« Anpassungserwartungen, oft aus katholischen Familien, wie in der einzigen frühen bundesdeutschen Studie (Hepting 1978) berichtet wird.[12]

Ein weiteres methodisches Problem wird bei aller Vergleicherei oft ignoriert: Wie wir aus der empirischen Gesamtschulforschung wissen, spielen das jeweilige Schulklima, die Lehrerzusammensetzung, der Unterrichtsstil, die Sozialstruktur des Einzugsgebietes, kurzum das gesamte sozialökologische Umfeld eine wesentliche Rolle bei Leistung und Verhalten. Die Wirkung eines *einzelnen* Faktors – gemischte oder homogene Geschlechterzusammensetzung – kann daher, wenn die übrigen Faktoren nicht gleich gehalten werden können bzw. nicht untersucht werden, nur äußerst vorsichtig interpretiert werden.[13] Diese Vorsicht ist bei vielen Studierenden, Lehrern, Politikern und Presseleuten nicht mehr gegeben; Pauschalurteile beherrschen die Debatte.

Ich möchte mich bei der neueren Koedukationsdiskussion (zusammenfassend vgl. Faulstich-Wieland 1991a) auf drei Problemkreise beschränken: auf die Diskussion *fächerspezifischer Koedukationsfragen*, auf die *sozialen Beziehungen* von Mädchen und Jungen in der Schule und auf die *subjektive Sicht* der Schülerinnen und Schüler zur koedukativen Erziehung.

Schon Mitte der 60er Jahre wurde eine große internationale *Mathematik*-Studie (mit über 100.000 Schülerinnen und Schülern) durchgeführt. In den 7. Klassen waren tatsächlich die Testleistungen in reinen

12 Daß in dieser Studie keine besseren Schulleistungen aus den Mädchen-Schulen festgestellt werden konnten, spricht angesichts der Vorselektion eher gegen die Leistungseffektivität der damaligen Single-sex-Schulen.

13 Das gilt um so mehr, als geringe, aber statistisch nachweisbare Differenzen zwischen den Geschlechtern oft überinterpretiert werden und nur über die Differenz debattiert wird, dabei aber oft nicht beachtet wird, daß evtl. gerade die Mehrheit von Jungen und Mädchen übereinstimmen. Wenn z.B. Mädchen zu 70% für, zu 30% gegen eine Sache sind, die Jungen aber zu 60% für, zu 40% dagegen, dann bedeutet dies allererst, daß die meisten übereinstimmend für die Sache sind. In der Rezeption heißt es dann gern: »Mehr Mädchen sind für...«, und in der weiteren: »die Mädchen sind für ..., die Jungen dagegen«. Gerade in der Frauen-Schul-Diskussion, vor allem in der Öffentlichkeit, tauchen solche Fehler häufig auf und sind Anlaß für Mißverständnisse.

Jungen- bzw. Mädchen-Schulen leicht besser als in koedukativen. In den 10. Klassen, also am Ende der allgemeinen Schulpflichtzeit, war es umgekehrt: Nun schnitten die Mädchen in koedukativen Schulen erheblich besser ab als in reinen Mädchenschulen (Husén 1978, S. 90).[14] Husén betonte darüber hinaus, es gebe eine »ganze Anzahl von Ländern«, deren »Mädchen (im Mittel) den Jungen anderer Länder überlegen sind« (ebd., S. 91).[15]

Für Großbritannien wurde in einer größeren Analyse festgestellt, daß die *naturwissenschaftlichen Leistungen* in Single-sex-Schulen bei Mädchen und Jungen etwas besser waren, aber auf die soziale und Leistungsselektivität dieser Schulen zurückgeführt werden können (Bell 1989). In einer auf drei Jahre angelegten westdeutschen Längsschnittstudie wurden die Leistungen von Jungen und Mädchen im (koedukativen) *Physikunterricht* in der 5., 6. und 7. Klasse gemessen. Jungen waren zuerst besser; im 7. Schuljahr hatten die Mädchen die Jungs überflügelt. Mädchen scheinen also in ihren Leistungen nicht durch die Jungen beeinträchtigt zu sein. Nun machte der Verfasser ein interessantes Experiment: Bei unangekündigten Wiederholungstests zeigten die Jungen bessere Physikkenntnisse. Offenbar hatten sich die Mädchen für die (angekündigten) Klassenarbeiten kurzfristig mehr gemerkt, die Jungen dagegen, weniger schulerfolgsorientiert, hatten längerfristig mehr gespeichert (Hell 1984, S. 315f.). Hagemeister vermutet, daß hier die Jungen »im Fach Physik die langfristig effektivere Lernstrategie hatten« (Hagemeister 1991a, S. 17; vgl. Hagemeister 1991b und Horstkemper 1991). Durch weitere Studien müßte geprüft werden, ob dieses Ergebnis verallgemeinerbar ist.

Es ist bekannt, daß das Interesse vieler Mädchen an Naturwissenschaften in der Sekundarstufe stark nachläßt (Hoffmann/Lehrke 1984). Das trifft allerdings auch für die Jungen zu (ebd.), wenn auch auf – teilweise – höherem Niveau. Das sinkende Interesse vieler Mädchen *korreliert jedoch nicht mit den Schulleistungen*: Dort, wo keine Wahl besteht, sind Mädchen genauso gut (oder schlecht) wie Jungen (Metz-Göckel

14 Jungen waren in Jungenschulen auch in der 10. Kl. etwas besser als in koedukativen Schulen, was der These besonders widerspricht, daß die Jungen von koedukativen Lernsituationen (in Mathematik) besonders profitierten.
15 Kromholz/Schäfer (1991) belegen in einer empirischen Studie, daß Mädchen und Jungen in der 1. und 2. Klasse gleiche Mathematik-Leistungen erbringen. Pollmer (1991) hat für die DDR gezeigt, daß die Mathematik-Leistungen ab der Pubertät bei Mädchen schlechter waren als die der Jungen, und führt dies im wesentlichen auf motivationale Gründe zurück.

1987, S. 461). Diese Ergebnisse für den Bereich Naturwissenschaften werden auch aus Österreich berichtet (Schneeberger 1988). Daraus müßte der Schluß gezogen werden, daß Naturwissenschaft Pflichtfach für Mädchen und Jungen bleibt und nicht in den Wahlpflichtbereich kommt (und damit abgewählt werden kann).

Für den neuerdings ebenfalls umstrittenen gemeinsamen *Sportunterricht* – der gegen konservative Widerstände in den 80er Jahren allmählich auch in der Sekundarstufe realisiert wurde – gibt es einige aufschlußreiche neuere Studien. So haben Niewerth/Pfister (1988) festgestellt, daß die meisten Jungen und Mädchen in der gleichen Leistungsbreite lagen. Hall/Lee (1984) und Bierhoff-Alfermann u.a. (1986) bestätigen dies. Letztere stellten jedoch geschlechtstypisches Verhalten bei Ballspielen fest: Jungen wählten als Partner eher Jungen, Mädchen häufiger Mädchen und Jungen (in den Klassen 3, 7 und 9). Beim Volleyballspiel wurde beobachtet, daß in gemischten Gruppen Mädchen geringere Spielanteile hatten als in reinen Mädchengruppen (Fischer/Zoglowek 1990). Gerade beim Sport muß beachtet werden, daß in den letzten Jahrzehnten auch immer mehr Mädchen Sport (in Vereinen) treiben (Büchner 1990) und daß sich das gesellschaftliche Bild des sportlichen, sich ebenso wie die Männer fit haltenden Mädchens etabliert hat (Tully 1985). Wie die Kinder sich im gemeinsamen Sportunterricht fühlen, bleibt strittig; es gibt Berichte über Zustimmung und Ablehnung (Pfister 1981; Krause-Ide 1986). Alter, konkrete Rahmenbedingungen und Sportinhalte sind vermutlich die entscheidenden Faktoren für die Beurteilung durch Mädchen und Jungen (vgl. Fischer/Zoglowek 1990).

Wir können also *zusammenfassend* festhalten, daß – *soweit es die Schulleistungen in den »Jungen«-Fächern Mathematik, Naturwissenschaft und Sport betrifft – der gemeinsame Unterricht offenkundig die Leistungen nicht beeinträchtigt.* Das schließt geschlechtspezifische (herkömmliche) Einstellungen nicht aus: So wurde in Österreich bei Mädchen ein geringeres Selbstvertrauen in die eigenen (guten) mathematisch-naturwissenschaftlichen Leistungen (Schneeberger 1988) und eine skeptischere Haltung zu Computern (Gaspar-Ruppert 1989) festgestellt, obwohl die tatsächlichen Leistungen denen der Jungen auch in den vermeintlichen Jungen-Fächern ebenbürtig waren (Fischer-Kowalski/Seidl 1986, S. 106ff.).[16]

16 Andererseits stellten Czerwenka u.a. (1990, S. 88) überrascht fest, daß in der Auswertung von über 1.000 Aufsätzen zur Schule Mädchen »dem mathema-

Herkömmliche geschlechtsunterschiedliche Einstellungen schlagen sich vor allem dann nieder, wenn es im Rahmen der Schule *Wahlmöglichkeiten* gibt: vor allem in der Sekundarstufe II. Hier dominiert die »klassische« geschlechtsspezifische Option (Heinrichs/Schulz 1989), wenngleich die Minderheit der stark naturwissenschaftlich interessierten Frauen (bzw. der sprachlich-ästhetisch interessierten Männer) nicht ignoriert werden darf.

Als Beispiel soll die Leistungskurswahl in der (West-)Berliner gymnasialen Oberstufe im Jahr 1990 dienen.

Sekundarstufe II:
Leistungskurse von Jungen und Mädchen, 1990

Bereich	Jungen	Mädchen
Sprachen	45%	88%
(Engl)	(27%)	(36%)
Ästhetik	9%	21%
Pol/Geo/Wi	44%	26%
Psych	1%	1%
Bio	30%	39%
Phys/Chem	35%	11%
Math	27%	11%
Sport	11%	5%
Summe	202%	202%

Ausgewertet wurden die Daten von 11.769 Schülern, zu je 50% Mädchen und Jungen.– Quelle: Senatsverwaltung für Schule 1991, S. 82 (eig. Berechnung). Die Schüler hatten je 2 Leistungskurse zu wählen. Daher ergeben sich 200%.

Aus diesen Optionen – die ja generell nicht nur durch das Interesse, sondern auch durch die pragmatische Einschätzung des Erreichens guter Noten entstehen – kann geschlossen werden, daß weniger der gemeinsame Pflichtunterricht als vielmehr die freie Wahl Geschlechtsdifferenzen zur Geltung kommen läßt.[17]

tischen, aber auch dem naturwissenschaftlichen Bereich nicht anders gegenüberstehen als Jungen«.

17 Ein gemeinsames Fach Science/Naturwissenschaften in der Sekundarstufe (auf einem Lernbereich ökologischer Grundbildung in der Primarstufe aufbauend), das Biologie, Chemie und Physik verbinden würde, entspräche nicht nur den neueren vernetzenden Entwicklungen dieser Wissenschaftsbe-

Als Beleg für die Behauptung, daß die koedukative Schule mitverantwortlich für diese gesellschaftlich bedingten Wahlentscheidungen sei (die zu entsprechenden Studien- und Berufsoptionen führen), wird in der Bundesrepublik eine nordrhein-westfälische Untersuchung angeführt: Dort wurde festgestellt, daß überdurchschnittlich häufig Chemie- und Informatikstudentinnen von Mädchengymnasien stammten (Kauermann-Walter u.a. 1988). Regional-kulturelle Faktoren standen im Vordergrund: Aachen hat eine »katholische Tradition« (ebd. S. 179) und einen hohen Anteil an Mädchenschulen. Stammten die Studentinnen von Mädchenschulen, hatten häufiger die Eltern als bei Studentinnen aus Koedukationsschulen die Schule ausgewählt. In welcher Weise gerade das Interesse der Eltern auch auf die Studienentscheidung – direkt oder vermittelt – wirkte, wäre hier eine besonders aufschlußreiche Frage: katholisch, leistungsorientiert, bildungsnah, flexibel? Leider gibt es aus anderen Bundesländern keine vergleichenden Studien, um alle diese Faktoren zu prüfen.

In einem über die fachspezifischen Fragen hinausgehenden Argumentationskreis werden von vielen feministischen Schulpädagoginnen vor allem die »*diskreten Diskriminierungen*« innerhalb des gemeinsamen Unterrichts beklagt. Die Thesen – oben angedeutet – lauten: Jungen seien dominant; Mädchen würden an den Rand gedrängt (Kauermann-Walter u.a. 1988); Mädchen entwickelten geringeres Selbstbewußtsein (Horstkemper 1987); sie würden in der Schule leiden (Enders-Dragässer 1989).

Hier soll nicht angezweifelt werden, daß es alle diese Prozesse in unseren Schulen gibt – Herabsetzen, Lächerlichmachen, körperliches Angreifen, Abwerten, Verängstigen –; vermutlich sind Jungen wie Mädchen daran beteiligt. So erzählen österreichische Mädchen besonders anschaulich, welche Erfahrungen sie selbst sowohl in reinen Mädchenklassen wie in gemischten Klassen mit aggressiven Jungen und mit aggressiven Mädchen gemacht haben und welche Widerstandsformen jeweils entwicklt wurden (vgl. Fischer-Kowalski/Seidl 1986, S. 129ff.). Es geht mir hier nur um die Frage, ob solche Aussagen wie »Mädchen leiden an den Jungen« oder »Jungen sind gegenüber Mädchen dominant« die vorwiegende Wirklichkeit in den Schulen der 80er und 90er Jahren beschreiben.

Hepting hat schon in den 70er Jahren festgestellt, daß *Mädchen lie-*

reiche, sondern würde Jungen und Mädchen an ihnen evtl. fremdere Bereiche heranführen, ohne das ihnen näherliegende Feld auszuklammern.

ber koedukative Schulen besuchen als reine Mädchenschulen (Hepting 1978; für England Stables 1990). Aber haben sie sich Illusionen hingegeben? Mehrere Tausend Schüler(innen)aufsätze über die Schulerfahrungen (Czerwenka u.a. 1990) lassen einen anderen Schluß zu: Mädchen können kaum derart – wie oft behauptet – leiden, wenn sie eher als Jungen positive Urteile über das soziale Klima in den Schulen äußern (ebd. S. 195). Erwartungsgemäß äußern die Mädchen häufiger als die Jungen, wie wichtig ihnen die Möglichkeit ist, in der Schule Freundschaften zu schließen (25% aller Mädchen; 16% aller Jungen).»Hinsichtlich der negativen Sozialbeziehungen (Isolierung, Angst, Konkurrenz, Leiden unter Streit und Aggressionen) zeigen sich jedoch entgegen unseren Erwartungen keine deutlichen Unterschiede« (ebd. S. 197). Mehr Mädchen als Jungen lobten die Bemühungen der Schule um das soziale Klima (25% gegenüber 16%, ebd.).[18]

Überraschend ist auch die Feststellung:»Jedenfalls kann keine Rede davon sein, daß die Mädchen insgesamt den mathematisch-naturwissenschaftlichen Fächern distanzierter gegenüberstünden als die Jungen« (ebd.). Mädchen sehen die Schule insgesamt etwas positiver (wenngleich nicht weniger kritisch) als die Jungen. Die Autoren fassen zusammen:»Im großen und ganzen scheint das Urteil über die Schule nicht von der Geschlechtszugehörigkeit abhängig zu sein« (ebd. S. 198).

Kann es sein, daß die *heutigen* Schülerinnen und Schüler – mit einer veränderten Kindheit und Erziehung (vgl. Kap. 3) – andere Erfahrungen sammeln und sich anders verhalten, als dies manche unserer feministischen Schulforscherinnen aus ihrer eigenen Schulzeit noch leidvoll in Erinnerung haben? Könnte es sein, daß Mädchen heute selbstbewußter, durchsetzungsfähiger, kompetenter und – auch in der Schule – aktiver sind als in früheren Generationen und daß auch die meisten Jungen insgesamt eine weniger machtorientierte und zur Aggressivität führende

---

18 Auch die differenzierte empirische Studie von Marianne Horstkemper (1987), die über je drei Jahre bei Gesamtschülern durchgeführt wurde, kommt zu dem Ergebnis, daß Mädchen die Schüler-Lehrer- und die Schüler-Schüler-Beziehung besser bewerten als die Jungen. Überrascht hat mich, daß für das Selbstvertrauen der jüngeren Jungen (5.-7. Schj.) ein positiv bewertetes Klassenklima wichtiger ist als für Mädchen. Jungen wie Mädchen haben mehr Selbstvertrauen, wenn sie gute Noten haben – aber Mädchen durchweg auf niedrigerem Niveau. Horstkemper glaubt, daß nur ein Teil des geringeren Selbstvertrauens, »vielleicht nicht einmal der größte Teil« (S. 224) durch schulinterne Faktoren erklärbar ist, also auch auf gesamtgesellschaftliche (Sozialisations-)Bedingungen verweist.

Sozialisation erfahren und sich kommunikativer verhalten? Hannelore Faulstich-Wieland stellt nach der Auswertung von 170 Aufsätzen von Jungen und Mädchen zur Koedukation fest: »Das ›typische Jungenverhalten‹ findet allerdings auch Kritik bei Jungen selbst, die sich offensichtlich davon ebenso wie Mädchen bedroht fühlen« (Faulstich-Wieland 1991b, S. 11). Diejenigen Jungen, die immer noch glauben, körperliche Stärke und Dominanz sei ein Signum eines »echten« Mannes, werden von der Mehrheit auch der übrigen Jungen eher zurückgewiesen (vgl. die empirischen Ergebnisse bei Faulstich-Wieland/Horstkemper 1992).[19]

Die Behauptung, *Mädchen seien an den Rand gedrängt*, ist ebenfalls zweifelhaft. Eher gibt es gegenteilige Untersuchungsergebnisse: Mädchen sind häufiger beliebt, übrigens auch bei den Jungen (Petillon 1978). In einer Langzeitstudie an 18 Klassen einer Großstadtschule wurde festgestellt, daß die Beliebtheit der Jungen wie der Mädchen im Laufe der sechs Grundschuljahre wuchs, die Mädchen jedoch immer erheblich beliebter blieben. Unter den »Stars« waren gleich viele Jungen und Mädchen; unter den »Schwarzen Schafen« aber zu drei Vierteln Jungen. Mädchen wie Jungen begründeten ihr Urteil über *unbeliebte* Schüler fast durchweg mit deren vorlautem, störenden, aggressiven Verhalten.[20] Das waren tatsächlich überwiegend Jungen; aber eben nur eine verschwindende Minderheit (Preuss-Lausitz 1990b, 1992).

Ein Junge soll heutzutage zwar sportlich, aber nicht aggressiv sein; die »Verhandlungs«-Erziehung auch gegenüber Jungen (vgl. Kap. 3) führt zur Übernahme analoger Umgangsformen auch unter den Gleichaltrigen. Daß sich die veränderte Erziehung von Jungen wie von Mädchen vielleicht auch in anderen Ländern in gewandeltem Verhalten der Jugendlichen niederschlägt, zeigt eine neuere Studie aus den USA: Dort wurde festgestellt, daß Werte wie Humanität, Gruppenorientierung, Demokratie, Aktivität, Einkommen, Altruismus bei beiden Geschlechtern gleich verteilt waren; nur in zwei Dimensionen gab es – unerwartete – Unterschiede: Nicht Jungen, sondern Mädchen hatten eine *stärkere* Vor-

---

19 Das könnte im übrigen einen Teil der Zurückweisungen jener ausländischen Jungen erklären, die glauben, bei (deutschen) Mädchen mit Superman- und Macho-Verhaltensformen reüssieren zu können.

20 Auch in der Schülerbefragung von Czerwenka u.a. (1990, S. 141) wird festgestellt, daß »Aggressivität ... die Liste der Klagen bei beiden Geschlechtern« anführt.

liebe für *Unabhängigkeit* und eine schwächere Vorliebe für Freizeit[21] (Erez 1989).

Die *sozialen Beziehungen* zwischen Jungen und Mädchen sind, wie Oswald/Krappmann (1986) festgestellt haben, durchaus nicht nur geschlechtshomogen (bzw. gegengeschlechtlich-aggressiv), sondern je nach Alter unterschiedlich. Zu Beginn der Grundschulzeit sind unterstützende, spielerische und spaßige Kontakte ohne Ansehen des Geschlechts vorhanden. In der späteren Latenzphase – bei den 10jährigen – sind Spiel und Spaß über die Geschlechtsgrenzen hinweg selten, Ärger und Streit füllen zwei Drittel aller Kontakte. Bei den 12-13jährigen geht dieser Anteil von Attacken wieder zurück, die Kontakte werden positiver und gelten bewußt dem anderen Geschlecht (Oswald u.a. 1986, 1988). Klaus-Jürgen Tillmann kommt nach der Durchsicht der empirischen Studien zu der Auffassung, Mädchen verfügten »trotz ihrer konfliktträchtigen Situation zwischen dem 13. und dem 16. Lebensjahr über die weit besseren Quellen zur Stützung eines positiven Selbstbildes. Denn sie sind nicht nur auf der erotischen Dimension innerhalb der Altersgruppe weit ›erfolgreicher‹ als die gleichaltrigen Jungen« (Tillmann 1992, S. 34).[22]

Die Jugendlichen lernen in der koedukativen Schule, wie Freunde und Freundinnen erfolgreich gewonnen werden können und welche Kontaktformen weniger akzeptiert werden. Es gibt Hinweise darauf, daß die Rigidität der Geschlechtsrollenstereotype durch den gemeinsamen Unterricht abgebaut wird bzw. geringer ist als in reinen Jungen- oder

21 Grundlage war eine Befragung von 290 Mädchen und 190 Jungen. Nur die Hälfte beider Geschlechter war noch an herkömmlichen Geschlechtsrollenmustern orientiert, die übrigen wurden dem »androgynen« Typus zugeordnet.

22 Tillmann wundert sich, warum Jungen trotzdem selbstbewußter sind. Die Antwort gibt Marianne Horstkemper: Es gibt schulische, vor allem jedoch außerschulische Bedingungen, die dazu führen, daß Selbstbewußtsein bei Mädchen (noch) weniger belohnt wird (Horstkemper 1987, S. 224). M.E. ändert sich diese Einstellung der Erwachsenen derzeit und wird in wenigen Jahren zu einer Angleichung auch in diesem Feld führen.– Anna Kreienbaum kommt nach ihrem Vergleich zwischen einem ehemaligen Mädchen- und einem koedukativem Gymnasium zu der skeptischen Frage, ob diese Differenzen dauerhaft bleiben und nicht »kompensatorisch durch Lebenserfahrung ausgeglichen werden«. Auch vermutet sie, daß die soziale Herkunft doch gegenüber der Geschlechtersozialisation dominant sei (Kreienbaum 1992, S. 266). Das schlösse den Abschied von der Patriarchatstheorie und die Rückkehr zu sozialstrukturellen Theorieansätzen ein.

Mädchenklassen (Harris 1986). Mädchen und Jungen fühlen sich gelegentlich voneinander genervt, aber zugleich brauchen sie sich: »Jungen und Mädchen sind wie ein Puzzlespiel, und wenn wir nicht mehr zusammen sind, ist die Schule öde«, sagt eine Zehnjährige, und ein gleichaltriger Junge stimmt zu: »Man würde (ohne Mädchen) auch keinen Spaß mehr haben. Dann hat man auch keine guten Lehrer, und es werden nur noch Jungenspiele gemacht. Dann kennt man auch seine Freundinnen nicht mehr« (Faulstich-Wieland 1991b; S. 8, 11).

Aber sind nun die Klagen, die viele feministischen Schulforscherinnen äußern, völlig unbegründet? Was ist mit der Behauptung, daß *Jungen mehr Aufmerksamkeit* im Unterricht erhalten, wie sie etwa durch die Studie von Frasch/Wagner (1982), die englische Untersuchung von French (1984) oder die Analyse eigener Unterrichtsabläufe von Spender (1985) aufgestellt wird? Dabei wird gern (in Anlehnung an Spender) davon gesprochen, daß Jungen zwei Drittel, Mädchen ein Drittel aller Lehreraufmerksamkeit erhalten, so als ob es sich um eine allgemeingültige, unstrittige Tatsache handle. Was »Aufmerksamkeit« durch Lehrer heißt, wissen wir als ehemalige Schüler: Ansehen, Kontrollieren, Aufrufen, Ermahnen, Loben, Kritisieren, Blamieren ...

Selbst wenn Jungen häufiger mehr von dieser Aufmerksamkeit erhielten: Die Schlußfolgerung, daß damit die Mädchen *benachteiligt* seien in dem Sinne, daß ihnen weniger Förderung ihrer Person zukäme, ist eine denkbare, aber keine zwingende Schlußfolgerung. *Für viele Schüler ist es durchaus besser, sie werden nicht ständig von Lehrern mit »Aufmerksamkeit« bedacht.* Für Kinder, die *Hilfe brauchen*, ist es andererseits pädagogisch richtig, *ihnen mehr zu geben als anderen* (wir kennen dies etwa aus der gemeinsamen Erziehung behinderter mit nichtbehinderten Kindern). Es wäre also die (empirisch zu prüfende) Frage, ob denjenigen Jungen, denen mehr Lehrerzeit gewidmet wird, dies unter pädagogischen Aspekten, die nur situativ entschieden werden können, zu Recht zukommt.

Auch die Behauptung, *Mädchen würden in unseren Schulen lernen, daß sie zum machtlosen Teil der Gesellschaft gehören,* scheint mir zweifelhaft. Begründet wird dies mit der unstrittigen Tatsache, daß Schulleiter häufiger Männer als Frauen sind. Erfahren die Schülerinnen und Schüler jedoch Macht nicht in erster Linie von den jeweiligen Lehrkräften, und zwar aufgrund ihrer Rolle als Bewerter und Benoter, zum anderen aufgrund deren alltäglicher Befehls- und Eingriffsmacht? Ist der Schulleiter in der kindlichen Lebenswelt nicht ein Abstraktum – und ist er heutzutage nicht auch gegenüber Kollegen kaum die Macht, wie sie in Lehrerfilmen karikiert wird?[23] Was lernen Kinder also heute in der Schule, in den prägenden Grundschuljahren: daß Frauen als Lehrerinnen die Macht haben, ihnen vier (oder in Berlin/Brandenburg sechs) Jahre lang zu sagen, wo es langgeht, ihre Schulkarriere zu bestimmen, sie zu kritisieren und zu benoten. Wenn die Pädagoginnen gut mit ihrer Macht umgehen, profitieren die Kinder davon; wenn nicht, lernen sie daraus, daß auch Frauen Macht mißbrauchen können. In jedem Fall jedoch ist die Behauptung fragwürdig, in der Schule würden die Kinder Männer als die Mächtigen und Frauen (die Lehrerinnen) als die Ohnmächtigen oder gar Unterdrückten erleben. Was an Grundschulerfahrung gemacht wird, lebt im übrigen besonders untergründig weiter. Für eine moderne Schulpädagogik wäre es aufschlußreich zu wissen, wie *heute* Lehrerinnen und Lehrer mit ihrer Macht, ihrer faktischen Herrschaft über Kinder umgehen, ob beispielweise Frauen häufiger originellere oder subtilere Formen der Konfliktregulierung praktizieren als ihre männlichen Kollegen. Der in Untersuchungen verwendete scheinprogressive Begriff »LehrerInnen« verwischt genau diese Frage.

Zusammenfassend ergibt sich für mich der Schluß, daß Zufriedenheit, soziale Beziehungen und fächerspezifische Ergebnisse gemeinsamer Erziehung die verbreiteten Behauptungen über die negativen Wirkungen der Koedukation kaum bestätigen. Vielleicht ist dies durch die veränderte Sozialisation begründet. Um so mehr müßte der Schluß gezogen werden, vermehrt methodisch überzeugende Studien durchzuführen, die vor allem auch das konkrete Umfeld einbeziehen (Preuss-Lausitz 1991b).

5. *Schlußfolgerungen für ein Konzept vielfältiger Geschlechtsrollen und eine veränderte Jungen- und Mädchen-Erziehung in der Schule*

Leid, Marginalität und Hineinzwängen in herkömmliche Geschlechtsrollen kann in heutigen Schulen so verbreitet wie oft behauptet nicht sein. Unstreitig gibt es solche Erfahrungen; die wenigen empirischen Daten weisen jedoch nicht darauf hin, daß sie besonders die Mädchen treffen. Natürlich gibt es subtile und direkte Bestätigungen derjenigen

---

23 Kein Schulleiter kann einer ausgebildeten Lehrerin in den Unterricht hineinreden; es besteht hier die »pädagogische Freiheit« im Rahmen der Rahmenpläne.

sozialen Geschlechtsrollen, die die Lehrerinnen und Lehrer, aber auch die Eltern jeweils leben. Festzuhalten ist, daß es eine erhebliche Minderheit gibt, die in der Schule versagt, der es nicht gelingt, soziale Anerkennung zu finden und deshalb hilflos mit Aggression Aufmerksamkeit zu gewinnen trachtet. Das sind immer noch überwiegend Jungen aus sozial benachteiligten Schichten. Selbst wenn solch ein – letztlich erfolgloses – Verhalten von einem patriarchalischen türkischen Jungen praktiziert würde – *gerade ihm* müßte unsere verstärkte pädagogische Aufmerksamkeit gehören. *Ich möchte die These zur Diskussion stellen, daß weder die vorherrschende feministische Sicht vom Verhältnis der Mädchen und Jungen in der Schule noch die allgemeinpädagogische, abstrakte Betrachtung, die das Geschlechterverhalten ignoriert, für die Schulpraxis und für die Theorie befriedigend sind.* Vielmehr glaube ich, daß *sowohl manche Mädchen als auch manche Jungen unter den Geschlechtsrollenzumutungen und -rollenveränderungen leiden* – nicht nur in der Schule, aber auch dort. Eine pädagogische Theorie, die nur »Jungenarbeit« oder nur »Mädchenarbeit« im Kopf hätte, müßte scheitern (vgl. auch Horstkemper 1987, S. 227, Büttner/Dittmann 1992). Wer die oben genannte Minderheit aggressiver Jungen für ihr Verhalten gegenüber den Mädchen verantwortlich machte, so, als seien sie diejenigen, die sich vom Kuchen der sozialen Aufmerksamkeit zu viel abschnitten, vergäße, daß die Heldenrolle ihnen abverlangt wird, daß sie ihr weithin nicht genügen (können), daß sie oft Angst und es gerade deshalb nötig haben, sich als stark, heldenhaft, unverletzbar und unsozial zu *inszenieren* (Schnack/Neutzling 1992). Auf dieses Phänomen kann nicht der Appell folgen, nun statt der auffälligen Jungen die stilleren Mädchen zu beachten, sondern allen Schülerinnen und Schülern je nach ihren individuellen Bedürfnissen mehr Achtung und Beachtung zu schenken, eine Schulerziehung ohne Gewalt und Gewaltbelohnung, aber mit Bekräftigung für »Fürsorglichkeit und Dasein für andere« (Horstkemper 1987, S. 227), bei Mädchen und Jungen zu praktizieren. Das ist, zumindest in der Grundschule, eine Aufforderung vor allem an Frauen: Mit ihnen müssen sich die 6-12jährigen in der Schule in erster Linie auseinandersetzen. Von ihnen erwerben sie Verhaltens- und Rollenmodelle.

Der Wandel und Umbruch der Geschlechtsrollen in den letzten Jahrzehnten schließt ein, daß für lange Zeit sowohl traditionale wie modernisierte Auffassungen und Erziehungspraktiken parallel existieren, oft sogar innerhalb einer Familie oder Person. Das entscheidende Kennzeichen der heutigen Situation ist gerade die *Vielfalt und Widersprüchlichkeit von Erwartungen*, denen Mädchen und Jungen ausgesetzt sind. Ich glaube, daß viele Mädchen und Jungen diese Widersprüchlichkeit diffus empfinden. Mädchen haben gegenwärtig Vorteile: Das »modernisierte« Frauenbild – selbstbewußt und erfolgreich im Beruf, sozial kommunikativ, einfühlsam als Mutter, partnerschaftlich als Ehefrau usw. – wird in allen Medien in immer neuen Variationen vorgeführt. Die (alten) Männer sind auf der öffentlichen Anklagebank, ohne daß der »modernisierte« Mann so recht überzeugend erkennbar ist. Kein Wunder, daß die »kleinen Helden in Not« (Schnack/Neutzling 1990) sind, da sie nicht so recht wissen, welches Bild zwischen Softie-Langweiler und Superman-Fiktion sie für sich selbst finden können. Die Pädagogen jedenfalls, Feministinnen wie männliche Erziehungswissenschaftler, haben sie bislang meist sich selbst überlassen.

Mädchen – und Jungen – sind nicht nur Opfer von Verhältnissen. Sie eignen sich die Umwelt auch aktiv an, sie wählen aus – vor allem wenn sie die Wahl haben (Bilden 1991). Sie passen sich an und leisten, oft gleichzeitig, Widerstand. Daher kann vermutet werden, daß die Veränderung der Kindheitsbedingungen zum »neuen« Mädchen wie zum »neuen« Jungen mehr beiträgt als alle Pädagogik – und daß die Kinder sich darauf *produktiv* einstellen. *Das können sie am besten, wenn sie vielfältige Erfahrungen mit Gleichaltrigen des anderen Geschlechts und mit einer »Modellvielfalt« sowohl der Frauen wie der Männer machen können.* Empirische Daten weisen darauf hin, daß die Verhaltensunterschiede zwischen Jungen und Mädchen abnehmen und »sich Geschlechtsrollen zunehmend angleichen« (Oswald/Boll 1992, S. 48).

Theoretisch ist nicht vom bipolaren, zeitübergreifenden »Wesen« von Frauen und Männern auszugehen, wie dies noch im ersten Jahrhundertdrittel unsere Reformpädagoginnen und -pädagogen und auch die Entwicklungspsychologen taten (Brehmer 1987). Gerade die verbreitete Unsicherheit darüber, wie sich Männer gegenüber Frauen (und umgekehrt) im Restaurant, im Bus, beim Tanz, bei der Arbeit, in der Partnerschaft verhalten sollen, zeigt, daß diese Rollen sozial bestimmt sind und einem rapiden Wandel unterliegen.[24] Davon sind heutige Krisenkinder innerhalb und außerhalb der Schule nicht ausgenommen.

---

24 Das gilt auch dann, wenn konservative Frauenministerinnen dies aus nationalen Gründen ablehnen: »Angesichts der schwierigen nationalen Lage ist momentan nicht der Zeitpunkt, das klassische Verständnis von Mann und Frau zu ändern. Es sind nun mal fast alle Krankenschwestern Frauen, fast alle Schlosser Männer.« (Angelika Merkel, Bundesministerin für Frauen und Jugend, Die Zeit v. 17. 5. 1991)

Annedore Prengel hat daraus einen weiterführenden Schluß gezogen (Prengel 1989, 1990): Sie fordert zwar *Gleichheit* im Hinblick auf Zugangschancen, materielle Ressourcen und Teilhabe an demokratischen Entscheidungsstrukturen; im übrigen aber beharrt sie auf einer *inhaltlich ausgewiesenen »Differenzpädagogik«*: Verzicht auf Hierarchiebeziehungen, Akzeptanz unterschiedlicher Lebensentwürfe und Lebenserfahrungen, Ablehnung auch jeglicher moralischen Überbewertung von Frauen als solcher. »All jene Tendenzen, die monistisch, totalitär, hegemonial, ausbeuterisch und diskriminierend die Gleichberechtigung des Differenten zu zerstören trachten, können aus dieser Sicht nur bekämpft werden« (Prengel 1990, S. 43).

Dieses »Differenzmodell« darf jedoch nicht nur die Balance *zwischen* Jungen und Mädchen (bzw. zwischen anderen Gruppen wie Behinderten/Nichtbehinderten, Deutschen/Ausländern) im Auge haben. Theoretisch ist es vielmehr besonders wichtig, davon auszugehen, daß es eine *Pluralität gleichwertiger Lebensentwürfe auch innerhalb der Geschlechtsrollen* (bzw. anderer Gruppen) gibt (vgl. auch Bilden 1991). Das gilt für jene türkischen Mädchen und Jungen, die sich in Abweichung von christlich-abendländischen Konzepten an herkömmlichen islamischen Geschlechtsrollen orientieren (aber *auch für sie* muß es praktische Möglichkeiten des Abweichens von *diesem* Modell geben). Das gilt für jene Mädchen und Jungen, die in der Pubertät entdecken, daß sie lieber sexuelle Beziehungen mit Menschen ihres eigenen Geschlechts aufnehmen wollen. Auch sie müssen als »richtige« Mädchen und »richtige« Jungen gelten können. Das gilt für diejenigen Mädchen, die lieber Physik als Sprachen lernen, oder für die Jungen, die Computer langweilig finden und statt dessen Gedichte schreiben. Die Liste können Sie als Leser/in aus Ihrem Erfahrungsbereich ergänzen ...

Das »Differenzmodell« schließt solche Vielfalt nicht aus, stellt sie theoretisch jedoch nicht in den Mittelpunkt. M.E. ist aber nur die *Auflösung der bipolaren sozialen Geschlechtsrollen und das offene Angebot einer Vielfalt von Lebensformen und Rollenidentitäten* innerhalb der jeweiligen Geschlechter – ohne in eine allgemeine Gleichheit von »Androgynität« zu versinken – die pädagogische Antwort auf das unstreitige Rollenidentitätsproblem heutiger Mädchen und Jungen.[25]

25 Auch Helga Bilden kritisiert in ihrem wichtigen Handbucharikel von 1991 zur geschlechtsspezifischen Sozialisation die Theorien mit implizitem bipolarem Geschlechterdualismus und setzt auf die Annahme vielfältiger Differenzierungen innerhalb der Geschlechter, im Sinne sozialkonstruktivisti-

Lehrerinnen und Lehrer dürfen ihren Schülerinnen und Schülern ihre jeweilige Auffassung (und ihren eigenen Lebensstil) nicht oktroyieren – auch nicht die feministischen Lehrerinnen (Prengel 1990, S. 44). Aber erzählen, welche Erfahrungen sie selbst gemacht hat, bewußtmachen, welche Unterschiede es heute gibt und welche heimlichen und offenen Stereotype in den Köpfen der Kinder stecken, ist eine Voraussetzung für die Bereitschaft, daß Jungen von Mädchen und diese von Jungen lernen und daß vor allem Jungen und Mädchen auch untereinander verschiedene Geschlechtsrollen-Selbstbilder akzeptieren. Es gibt Hinweise darauf, daß der »offene Unterricht« – im Gegensatz zum frontalen, lehrerzentrierten Unterricht – die Geschlechtsstereotypien der Kinder stärker zum Ausdruck bringt. Projektarbeit (Brehmer 1987), Rollen- und Theaterspiel (Staudte 1991), der gemeinsame Vortrag vor der Klasse, die Ersetzung eines machtorientierten durch einen verhandlungsorientierten Untericht u.a. (Büttner/Dittmann 1992) eröffnen die Chance, daß die unbewußten Auffassungen von Kindern bewußt werden und die Vielfalt wahrgenommen wird, ohne als Bedrohung der eigenen Identität zu gelten. Was wir brauchen, ist nicht eine »mädchengerechte« Didaktik (Kaiser 1991)[26], sondern Schulklimata und Umgangs- wie Lernformen im Unterricht, die diese Vielfalt bei Jungen wie bei Mädchen produktiv zur Geltung kommen lassen.[27] Nichts wäre pädagogisch verwerflicher, als wenn Mädchen gegen Jungen ausgespielt würden (oder umgekehrt). Dichotomisches Denken ist ein Feind einer produktiven Pluralität und hat in der heutigen Schule nichts zu suchen.

Es gibt jedoch eine »Vielfaltsform« von Kinderverhalten, die nicht einfach hingenommen werden kann: Wenn nämlich auf Kosten anderer eigene Machtwünsche, Interessen und Bedürfnisse realisiert werden, sei es durch Aggression gegen andere, sei es durch raffiniertere Methoden. Gerade dann, wenn aus dem außerschulischen Erfahrungshorizont die

scher Sichtweise, ohne also in einen agesellschaftlichen Individualismus zu verfallen. Ihr eigener Vergleich zwischen ihrem Handbucharktial von 1980 und 1991 zeigt im übrigen die Weiterentwicklung und Differenzierungen innerhalb der feministischen Schulforschung.

26 Wie wir an den Schulleistungen und bei den Verhaltensauffälligkeiten sahen, ist die Schule in keiner Weise »jungengerecht«.

27 Es scheint, daß die außerschulische Jugendarbeit in der praktischen Erarbeitung von Konzepten weiter ist. Vgl. dazu Brenner/Grubauer 1991. Für den Kindergarten- und Grundschulbereich ist der Sammelband, der von Büttner und Dittmann (1992) herausgegeben wurde, sehr hilfreich. Er bezieht ausdrücklich die Jungen in die Öffnung der Geschlechterrollen ein.

Erfahrung von Machtlosigkeit, Unterdrückung und Perspektivverlust mitgeschleppt wird, werden Lehrer/innen und die Mitschüler/innen die Projektionsfläche für Kompensation. Nicht die Unterdrückung dieser Wünsche, sondern das pädagogisch kontrollierte Ausagieren sind darauf die richtige Antwort (vgl. Prengel 1990 und Kap. 6).

Bei aller Akzeptanz von Vielfalt ist – wie bei der multikulturellen Erziehung – die Frage, wo denn neben der Förderung des individuellen Interesses und der Unterstützung der biographischen Erfahrungen das *Verbindende* bleibt. Es wäre pädagogisch unerträglich, nun auch in der Schule einfach nur anzustreben, daß nun jeder Junge und jedes Mädchen monadisch sein eigenes Leben bastelt (im Sinne Becks 1986). Mädchen und Jungen haben neben individuellen auch gemeinsame Erfahrungen, Interessen und Ziele: Diese zu unterstützen ist eine gleich wichtige Aufgabe der Lehrerinnen und Lehrer. *Neben der Vielfalt muß auch die Gemeinsamkeit gesucht und unterstützt werden*, als Pädagogik der Vielfalt in der Gemeinsamkeit (vgl. Kap. 2). Das ist nur in einer Schule möglich, die die mit den Geschlechtsrollen verbundenen Probleme und Erfahrungen ernst nimmt und in der die Pädagoginnen und Pädagogen sich bewußt sind, daß sie selbst möglicherweise nicht die endgültigen Antworten zum Thema des »richtigen« Mannes und der »richtigen« Frau gefunden haben.

Zum Weiterlesen empfehle ich:

Büttner, Christian/Dittmann, Marianne (Hrsg.): Brave Mädchen, böse Buben? Erziehung zur Geschlechtsidentität in Kindergarten und Grundschule. Weinheim und Basel 1992

Faulstich-Wieland, Hannelore: Koedukation – Enttäuschte Hoffnungen? Darmstadt 1991

Schnack, Dieter/Neutzling, Rainer: Kleine Helden in Not. Jungen auf der Suche nach Männlichkeit. Reinbek 1990

Kapitel 9
Der Körper, die Sinne

Pädagogisierung oder Einkehr der Sinnlichkeit
in die Schule?

> Außer meinem Körper ist mir
> nichts wirklich wichtig.
>
> Mohamed Choukri, marokkanischer Schriftsteller, 1973[1]

1. Schule und Körper: eine leidvolle Geschichte

Die Geschichte der Erziehung ist auch eine Geschichte der Disziplinierung, ja der Gewalt gegen die kindlichen und jugendlichen Körper: Der
rohrstockschwingende Pauker war über Jahrhunderte geradezu *das*
Symbol des Lehrers. Heute scheint es, als ob *dieses* Kapitel »Schwarzer
Pädagogik« (Rutschky 1977, bes. Kap. VII) abgeschlossen ist: In allen
Richtlinien ist die Prügelstrafe, wie jeder andere unmittelbare körperlicher Angriff auf Schülerinnen und Schüler, untersagt. Die »Wiederkehr
des Körpers« (Kamper/Wulf 1982, Pazzini 1989) wird auch in der Pädagogik gefeiert.

Die Sinne sind Teil des Körpers, aber auch Voraussetzung und Teil
der Wahrnehmung, des Denkens, der Gefühle, der »Seele«. Deshalb hat
die Pädagogik der Kopf-Bearbeitung die Sinne dann thematisiert, wenn
es für die Ausbildung des Denkens und Wissens *nützlich* schien. Reformpädagogen haben später die Einbeziehung der Sinne in die Schule
schmackhaft gemacht, haben Bewegung und freien Ausdruck als we-
sentliches Moment schulpädagogischer Orientierung definiert. Sind damit nicht die Verirrungen unserer pädagogischen Vorgänger überwun-
den, so daß wir uns höchstens noch didaktischen Überlegungen widmen
müssen – wie nämlich im je konkreten Fach der Körper, die Sinne beachtet werden können?

---

1 Aus: Mohamed Choukri: Das nackte Brot. Roman, Frankfurt/M. 1990 (erstmals 1973), S. 47

Ich glaube, daß dem nicht so ist. Aus zwei Gründen: Zum einen, weil über die Hintergründe und Folgen der pädagogischen Körperfeindschaft in den klugen Büchern zur Geschichte der Erziehung kaum nachgedacht wird. Zum zweiten, weil es gegenwärtig eine Beachtung der Sinne in der Schulpädagogik gibt, die die Sozialisation, die Probleme und Bedürfnisse *heutiger* Kinder und Jugendlicher eher ausklammert als aufgreift. Mit anderen Worten: Die »Wiederkehr des Körpers« ist eher einseitig und nicht nur ein Problem der praktischen Umsetzung. Eine schulpädagogische, ganzheitliche Theorie des Körpers steht aus.

Der pädagogische Blick auf die kindlichen Körper war aus mehreren Gründen meist mißtrauisch, selten freundlich: Aus christlicher Überzeugung – besonders kraß in der pietistisch-protestantischen Variante – mußte den Kindern von früh an ihre (Erb-)Sündhaftigkeit, ihre Triebhaftigkeit, ihr Böses ausgetrieben werden – durch Unterdrückung ihrer »Triebe« und ihres Willens, um ihre Seele zu retten.[2] Und selbst wenn der Geist willig wäre – das Fleisch ist schwach. Der Körper ist lasterhaft von Grund auf, er muß also diszipliniert werden. »Die Disciplin muß weislich geschehen, so daß den Kindern die Eigenliebe als die Quelle aller Sünden entdecket und ihre Abscheulichkeit gewiesen, der Eigenwille oder Eigensinn mit Fleiß gebrochen werden« (Hecker 1763 nach Dreßen 1982, S. 118). Durch körperliche Strafen: »Christliche Zucht und Bestrafung der Bosheit an den Kindern ist in den Schulen sehr notwendig, und von Gott in seinem Wort auch ernstlich anbefohlen«, schreibt 1713 der Pietist A. H. Francke (Rutschky 1977, S. 382).[3] In diesem Sinne funktionierte Untertanenerziehung bis weit ins 20. Jahrhundert hinein.

2 Elisabeth Moltmann hat jüngst (1992) aus einer kritischen Betrachtung der Geschichte des Körpers im Christentum gefordert, »den Leib-Körper wieder ins Zentrum der Kirche zurückzuholen«. Die Kirche solle »sich des eigenen, gefährdeten und heiligen Körpers und der ganzen bedrohten Schöpfung vergewissern«. Sie solle sich an einem Körper orientieren, »der seinen Geist entfalten kann, einen Geist, der aus dem Körper sich nährt, aus den Sinnen, der Phantasie, der Erfahrung, dem Unbewußten« (Moltmann 1992, S. 21).

3 Francke schlägt in 45 Punkten vor, wie dies zu geschehen habe, und er hat dazu eine Reihe Bibelzitate zur Legitimierung der Prügelstrafe mitgeliefert, die den Kindern vor der Bestrafung vorgetragen werden sollen. Die bestraften Kinder sollen sich anschließend für die »väterliche Züchtigung« bedanken und mit »göttlicher Hilfe Besserung geloben« (Rutschky 1977, S. 386). Da die Kinder die Erzieher lieben sollen, von denen sie aus Pflicht geschlagen werden, kann so der sado-masochistische Charakter der Autoritären Persönlichkeit entstehen, den Adorno u.a. (1973) beschrieben haben.

Die Aufklärer – allen voran Rousseau – hielten von derlei Zurichtung wenig.[4] Da der Mensch von Grund auf nicht sündig, sondern gut sei, brauche es auch keine Prügel. Vielmehr müsse der Körper anders diszipliniert werden: durch Abhärtung, über Arbeit, Klima und die realen Widrigkeiten des Lebens. Affekt- und Körperbeherrschung aber müsse sein, denn jeder solle brauchbar werden: Körpersozialisation als Fähigkeit zur (Industrie-)Arbeit. Auch zur Ablösung der Fremd- durch Selbstkontrolle. Dieser »Prozeß der Zivilisation« (Elias 1980) schuf den nachmittelalterlichen, nämlich agnostisch-bürgerlichen Menschen, der sich von *äußerer Körperkontrolle* und Zwang befreit durch den *inneren* Aufbau der (gesellschaftlich definierten) Schamgrenzen, und der »Geist« und »Körper« als Gegensatz, ja als Kontrahenten betrachtet. Die aufklärerische Schule trug dazu bei, indem sie durch sportliche Übungen »in Ertragung körperlichen Ungemachs und Schmerzen« (Campe nach Müller 1986, S. 59) Selbstbeherrschung aufbaut. Sportpädagogen wie Gutsmuths haben (1793), zu Zeiten der Französischen Revolution, gegen die feudalen »Treibhäuser der Weichlichkeit und Wollust« der »verfeinerten, halbsiechen Volksklassen« das Training des jugendlichen Körpers in der Schule gefordert, damit er »kraftvoll und thätig werde, den Geist belebe, ihn männlich, kraftvoll, unermüdlich, standhaft und muthvoll mache« (Müller 1986, S. 66). »Turnvater« Jahn setzt dieser Vision noch die Absicht hinzu, die – auch außerschulischen – Turnvereine mögen zur nationalen Vereinigung beitragen (Müller 1986, S. 13ff.). Die Gesundheit der jugendlichen Arbeitskraft, ihre nationale Gesinnung und ihre funktionalisierbare Selbstdisziplin sind miteinander verbunden. Und da Schule in Preußen wie anderswo weitgehend von der Kirche beherrscht wurde, kam zu diesem Syndrom die christliche Leibfeindschaft – in teilweise widersprüchlicher Absicht, jedoch häufig in kumulieren-

---

4 Lange vor Rousseau hat – erstmals 1580 – Michel de Montaigne gegen die Prügel in den Schulen und für eine »natürliche« Erziehung plädiert, allerdings ohne zur Arbeit, sondern für eine Einheit von Spiel, Weltläufigkeit und Realitätsnähe der Jungen zu erziehen. »Hinweg mit Zwang und Gewaltsamkeit: nichts ist nach meiner Meinung so dazu angetan, eine wohlgeartete Natur verkommen und verdummen zu lassen ... Härtet ihn ab gegen den Schweiß, die Kälte, den Wind, die Sonne und die Unfälle ... entwöhnt ihn aller Weichlichkeit und Verzärtelung in Kleidung und Bett, Essen und Trinken; gewöhnt ihn an alles ... Die meisten Schulen sind aber wahre Kerker einer gefangenen Jugend ... Kommt nur in die Klassen beim Abhören der Lektionen: ihr hört nichts als Geschrei geprügelter Kinder und zorntrunkener Lehrer.« Montaigne 1984, S. 203f. Vgl. auch S. 372.

der Wirkung: So waren die Kinder insgesamt der Knute, dem Drill, der »Ertüchtigung« und der Lustfeindlichkeit ausgesetzt.

Was hier grob umschrieben ist, meint immer Jungen. Den Mädchen galt weder die Sorge um ihre Arbeitskraft noch um ihre soldatischen Tugenden. Körpererziehung sowohl der Kirche als auch der bürgerlichen Gesellschaft zielte für Mädchen auf Tugendhaftigkeit als Selbstkontrolle, auf (auch) körperliche Darstellungsfähigkeit für den bürgerlichen Salon, auf Anmut, Haltung und Gesundheit, um die Kindererziehung und den Haushalt selbst in die Hand nehmen zu können. Gymnastik war die dafür adäquate Sportart, ansonsten war der Mädchenkörper versteckt, mit Kleidern, die Passivität und vorsichtige Bewegung geradezu erzwangen.[5]

Der Körper als Gegenstand der Pädagogik – das ist also *immer auch politische Sozialisation*. Nicht nur die Zurichtung der Köpfe, sondern auch die der Körper schafft diejenigen Sozialcharaktere, die die jeweilige Gesellschaft verlangt. Auch die Erziehung im 20. Jahrhundert läßt sich so als Geschichte unterschiedlicher Körpersozialisationen darstellen. Aus dieser Geschichte lassen sich Schlüsse für eine körper- und sinnesfreudige Pädagogik ziehen, die zugleich ein politischer Beitrag zum Aufrechten Gang sich selbst sicherer und liebender, sozialer und demokratischer Menschen sein könnte.

2. Von der Untertanenerziehung zum lustvollen Genießen? Körper-Sozialisationen

Der Körper kann unter drei Aspekten betrachtet werden: als das Zentrum von Kraft, Gesundheit oder Krankheit (und Tod), von Hunger und Sattheit; also als Zentrum der Energie; als Träger von Rollen und sozialen Attributen, von Haltungen, von Attraktivität, von Hingabe, Weichheit und Härte; also als Träger von Symbolen; und als Mittelpunkt von Lust und Schmerz, der Libido und der Sexualität, als Objekt für andere und Subjekt eigener Wünsche; also unter psychosexuellen und affektiven Aspekten. Das sind analytische Trennungen, denn Emotionen, Sym-

---

5   Der Aufklärer Joachim Heinrich Campe fordert in »Väterlicher Rath für meine Tochter« (1988, erstmals 1789, S. 165) von dieser: »Dein jungfräulicher Leib müsse für dich selbst, wie für Andere, ein Heiligthum sein, bedeckt und geschützt vor entweihenden Blicken und vor entehrenden Berührungen.«

boldarstellung und Energieverausgabung sind miteinander verknüpft. Die getrennten Aspekte sind jedoch nützlich, um verschiedene Phänomene zu beschreiben.

Betrachten wir von heute aus die Körper-Sozialisationen *dieses Jahrhunderts*, so ließe sich, zusammengefaßt[6], davon sprechen, daß *am Beginn jene Untertanenerziehung steht*, die literarisch im »Törless« (von Robert Musil 1906), im »Untertan« (von Heinrich Mann, geschrieben 1906–1914) und in »Unterm Rad« (von Hermann Hesse 1903), wissenschaftlich-psychoanalytisch von Adorno als »Autoritäre Persönlichkeit« (Adorno 1973, erstmals 1950) oder von Theweleit (1980) bei den Männern des präfaschistischen Terrors der zwanziger Jahre beschrieben wurde.

Die um 1900 allgemein anerkannte körperliche Züchtigung durch den streng-liebevollen Vater, der zugleich geliebt werden sollte (und im Idealfall auch wurde), erzeugte die *sado-masochistische Bereitschaft,* einerseits Gewalt lustvoll zu erleiden, wenn sie von (geliebten oder als geliebt imaginierten) Stärkeren ausging, andererseits Gewalt selbst lustvoll an Schwächere weiterzugeben, um zum einen die Abwehr gegen die eigenen – öffentlich wie subjektiv verbotenen – Körperwünsche nach außen zu richten, zum anderen sich als stark zu phantasieren und sich so mit dem geliebt-gehaßten Stärkeren zu identifizieren. Die so strukturierte Autoritäre Persönlichkeit erträgt keine Widersprüchlichkeit (auch nicht bei sich selbst) und keine Normabweichung, weil diese das eigene starre und schwache Selbst bedrohen.

Der um 1900 schlagende Vater handelt idealtypisch nicht im Affekt, sondern aus pädagogischer Absicht. Das Kind soll Dankbarkeit für die erzieherische Bemühung des Vaters empfinden, es »soll nicht merken« (Alice Miller 1983) – daß es leidet. Es darf den Schmerz nicht herausschreien, sondern soll ihn unterdrücken. Seine Wut kann sich nicht gegen das Aggressionssubjekt, sondern nur gegen andere – oder sich selbst – richten. Minderheiten, ob es Juden, Schwarze, Schwule, der »Erbfeind« oder »Ausländer« sind, sind als Aggressionsobjekte psychisch austauschbar.

Der patriarchalische Vater stand nicht allein. Ihm zur Seite die Kirche, die Schule, die Lehrherren, das Militär, der Staat. Es gab da für Kinder kaum ein Entkommen: Leib- und Sexualitätsfeindlichkeit, körperliche Gewalt, nicht zuletzt die Stillstellung des Körpers in der Schule. Ulrich Bendele hat in seinem aufregenden Buch »Krieg, Kopf und Körper«

6   Vgl. zum folgenden ausführlicher Preuss-Lausitz 1987, 1983.

(1984) dargestellt, wie die schulische Untertanenerziehung nicht nur durch Prügelpädagogik, sondern auch durch die Gestaltung der Schulhäuser, der Sitzbänke, der Toiletten, der Frontalunterrichts-Didaktik, der starren Körper-Schreibhaltung, der Pausen- und Schulordnungen usw. die jugendlichen Körper ihrer individuellen Ausdrücke beraubte, sie dem industriell-militärischen Gleichschritt und der sado-masochistisch strukturierten Autoritätsstruktur unterwarf. Die Körper sollten als Maschinen durchaus funktionieren: Hygiene war großgeschrieben in den damaligen pädagogischen Diskursen (Bendele 1984, S. 98ff.). Der Körperenergie galt die Sorge, der Körperlust der Verdacht, die Symbolsprache des Körpers war gesellschaftlich eng normiert.

Bewegungs- und Triebbedürfnisse von Kindern und Jugendlichen lassen sich jedoch nicht völlig kanalisieren. Bei vielen brach sich die Wut über die Zurichtung Bahn: in der Freikörperkultur, im Wegwerfen von Korsett und Vatermörder-Kragen, im Wandern in der Natur, in der Hinwendung zur »Jugend als Eigengestalt« – ohne die alten Autoritäten. Aber auch diese Ausbrecher waren gefangen in alter Körpersozialisation[7]: Begeistert zog diese erste Protestgeneration in den Ersten Weltkrieg; sie hatte allemal ihre Feindbilder nötig, auch noch in den zwanziger Jahren. Der Traum Ellen Keys, die »neuen Menschen« mögen schön, gewaltfrei und friedfertig werden, erfüllte sich (noch) nicht.

Im Gegenteil: Der soldatische Mann (und die Frau als Gattin und Mutter) stand *im Nationalsozialismus* wieder im Mittelpunkt der pädagogischen Zielsetzung – gelobt sei, was hart macht, hart wie Kruppstahl (Hitler). Der NS-Staat versuchte, sämtliche Autorität (auch die der Kirchen und partiell der Eltern) an sich zu ziehen. Die kurze Zeit nationalsozialistisch organisierter Schul- und Freizeiterziehung lassen durchaus fragwürdig erscheinen, wie wirksam die Körperzurichtung war. Dem Nationalsozialismus ging es weniger um Körperfeindlichkeit als vielmehr um die (soldatische) Formierung der (männlichen) Körperenergie und der symbolischen Körperdarstellung; Rousseausche Ab-

---

7   Wie widersprüchlich sich Ausbruch und Selbstunterwerfung selbst bei Literaten vermischten, zeigen Leben und Werk Thomas Manns. Während er einerseits den »Außenseiter« Tonio Kröger zum Idealbild stilisiert, unterwirft er sich selbst einer strengen Selbstzucht als Schreib-Arbeiter und in seiner psychosexuellen Lebenspraxis. Einzig die literarisch sublimierte Phantasie schafft für Th. Mann das Ventil aus dem unüberwindlichen Sozialisationszwinger.

härtung wurde verbunden mit Kampfbereitschaft, Selbstdisziplin und Unterordnung.[8]

Die in den *Kriegsjahren geborenen und in der Nachkriegszeit aufwachsenden Kinder* (die heutige ältere Elterngeneration) sind vor solchen soldatischen oder sado-masochistischen Körperzurichtungen in der Regel verschont geblieben: Die Wirklichkeit zwang viele Kinder, voller Entbehrung, Hunger und Arbeit zur Existenzerhaltung der Familie beizutragen. Da die Väter oft fehlten, die Autorität sowohl des untergegangenen Staates zerfallen als auch die der Eltern zweifelhaft war, konnte sich kaum jene Autoritäre Persönlichkeit im klassisch-psychoanalytischen Sinn massenhaft ausbilden. Die Mütter versuchten, oft verzweifelt, die Kinder zu ernähren, ansonsten mit ein bißchen übriggebliebener kleinbürgerlicher und/oder wiederentdeckter kirchlicher Moral sexuelle Tabus aufzurichten. Die Körper dieser Jugend waren nicht weich, hingen aber auch keinen Abstraktionen von Härte und Heldentum nach. Das Körpererleben war von dieser Welt, realistisch, ohne Extreme, notwendig leistungs- und sublimationsfähig. Mädchen und Jungen hatten – übrigens historisch erstmals nach langen Jahrhunderten – ähnliche (existentielle) Erfahrungen, wenngleich klassische Rollentrennungen nach wie vor wirksam waren. Die Nachkriegsjugend wurde nüchtern, arbeitsfähig, »unbefangen« (Blücher schon 1966). Zugleich ging sie mit ihrem Körper eher in Quantitäten und ohne narzistisches Vergnügen um – die Menge von Essen und Feiern war erst einmal bedeutsamer als die Verfeinerung, als der bewußt genießerische Umgang mit dem eigenen Körper. Die Schule der späten 40er und der 50er Jahre beschränkte sich – außerhalb des meist konventionellen Sportunterrichts – vorwiegend auf die Bearbeitung der Köpfe, und die Disziplinierung der Körper – durch Prügelstrafe, Schreib- und Sitzhaltung, den gleichschrittförmigen Pausenaufgang usw. – betrieb sie nur noch ohne rechte Überzeugung. Eine selbst noch autoritär sozialisisierte, aber verunsicherte Lehrerschaft versuchte die kindliche Lust an Expression und Körperlichkeit möglichst zu ignorieren, darüber nicht nachzudenken, wegzustecken und sie nur im

8 In den nationalsozialistischen Grundsätzen der »Leibeserziehung« findet sich jene Dichotomie wieder, die schon die Aufklärer forderten: für Jungen Härte gegen sich selbst, Leistung und Disziplin, für Mädchen Rhythmisches »zur Entfaltung (ihres) Wesens« und Wettbewerb als Einpassung in die Gruppe. Vgl. die Richtlinien bei Müller 1986, S. 212ff. Natürlich hat die Sportpädagogik der Nationalsozialisten darüber hinaus auch rassistische und Wehrertüchtigungs-Zielsetzungen, die der Aufklärung fremd sind. Vgl. Scholtz 1989, 1985.

unvermeidlichen Fall überhaupt (sanktionierend) zu beachten. Schule blieb eine aseptische, sinnenleere Buchschule, ohne die Körperrepression der Jahrhundertwende, aber auch ohne die soldatisch kanalisierte Körperlichkeit der Nazi-Zeit.

Die *Konsumgesellschaft* braucht einen neuen Sozialcharakter: Nicht die Sublimationsfähigkeit der Aufbau- und Nachkriegszeit, sondern die Bereitschaft zu, ja die *Lust* an Wechsel und Verbrauch, an Selbstliebe und Genußfähigkeit sind erforderlich. Der Mensch der Konsumgesellschaft braucht nicht nur andere Werte, sondern auch andere Affekte – und einen neuen Umgang mit seinem Körper (und dem der anderen) (vgl. Preuss-Lausitz 1987). Der Körper – nun auch der der Männer – wird selbst zum Gegenstand des Marktes; Männer und Frauen begreifen sich selbst und die anderen als Marktgegenstand. Vieles, was seit Mitte der 60er Jahre als »sexuelle Revolution« propagiert und praktiziert wurde, ist einerseits Befreiung des Menschen, andererseits seine Öffnung, um auch auf dem Markt der Körper zu bestehen. Die Autoritäre Persönlichkeit ist nun ebenso überflüssig wie die soldatische oder die bloß nüchtern-fleißige. Die erste Generation der neuen Zeit (die 68er Studenten) mußte noch ihre Orgasmusprobleme laut herausschreien, weil sie letztlich von »schlechtem Gewissen« aus alten Sozialisations-Kindheiten geplagt wurde. Die jetzigen Jugendlichen debattieren derlei dagegen ohne Erregung gepflegt in Talk-Show-Runden, sich ihrer Körpersprache bewußt, durchaus offen für andere Lebensstile. Sie lieben ihre Körper. Sie bewegen sie in den Discos individualistisch und expressiv-narzistisch, ganz Rhythmus. Oft wuchsen sie als Kinder der 70er und 80er Jahre mit Wärme und in Körpernähe der Eltern auf.

Körperstrafen gelten nun öffentlich als völlig verpönt; ein großes Beratungs- und Auffangnetz versucht jene Bevölkerungskreise an die neue Zeit anzupassen, die dieser freien, unaggressiven Umgangsweise mit Kindern (und sich selbst) noch nicht entsprechen können.

Die Jungen und Mädchen des »konsumorientierten Hedonismus« (Pasolini 1978) sind die Träger der neuen kulturellen Hegemonie, des *Leittyps*: individualistisch, sich selbst liebend und gerade deshalb auch frei für vielfältige soziale Bezüge; unaggressiv[9] und deshalb offen für

---

9 Jene Jugendliche, die gewaltorientiert wurden und auch Kampfspiele lieben, an Jugendgangs und meist zugleich für Ausgrenzung Fremder/Schwächerer sind, gehören eher zu den Outcasts der Konsumgesellschaft, zu jenen, die die Balance zwischen Durchsetzungsfähigkeit und Aggressionsfreiheit nicht lernen konnten. Vgl. dazu die Diskussion in Kap. 6.

Vielfalt und Fremdes; neu-gierig, auch rastlos, und deshalb die idealen Konsumenten. Der Körper wird von dieser Generation in zahllosen Sportstudios und Vereinen trainiert, um das eigene Körpervergnügen zu verbinden mit der besseren Marktfähigkeit (Büchner 1990). Gesunde Ernährung wird nicht nur als vernünftiges Leben angesehen, sondern als Körpererleben, das die Lust steigert. Der trainierte, gebräunte, zugleich offene und empfindungsfähige Körper wird zum Leitbild beider Geschlechter. Energie-, Lust- und Symbolkörper verschmelzen miteinander und sind überall zugleich präsent. Geist und Seele sind nicht mehr Gegensatz zu Körper und Trieb, Kultur entsteht nicht mehr als Sublimation. Der Theoretiker, dem seine Gedanken wichtig sind und der seine Körperlichkeit davon abspaltet, stirbt aus. Heutige Kultur ist körpernah (auf der Dokumenta wird Boxen als Kunst eingeführt), und die Leitfiguren der Jugendkulturen demonstrieren mit ihrer *Körperlichkeit*, was sie *denken*.

Wenn diese Skizzierung eines historischen – umumkehrbaren – Trends *im Grundsatz* zutrifft[10], dann hat dies gesamtgesellschaftlich wie pädagogisch umwälzende Folgen. Zum einen wird offenkundig der Individualisierungsprozeß, den Beck (1986) beschreibt, tatsächlich massenhaft *körperlich und affektiv abgesichert* (bzw. hergestellt). Zum zweiten führt dies, nach dem Wegfall aller anderen Sinnstiftungen in westeuropäischen Gesellschaften (des demokratischen Typs) zur Konzentration auf das eigene Selbst, zu einer *zunehmenden subjektiven Bedeutung des Körpers* als letzter Gewißheit. Drittens bewirkt die Zentrierung der Sinnstiftung auf die eigene Körperlichkeit ein *Gesellschafts- und Politikverständnis*, das immer weniger von Utopien (bzw. von Theorien) als vielmehr von konkret erfahrenen Körperbezügen bestimmt ist: Die Gesundheitswelle, die Ökologiebewegung, die Frauenbewegung, ja auch »moderne« Einstellungen zu Verkehr, Wohnen oder Arbeit machen deutlich, daß das Politikverständnis jüngerer Menschen immer mehr von solchen unmittelbar körperlich empfundenen Erlebnisqualitäten mitbestimmt wird.

10 Dieser Trend beschreibt Entwicklungen vor allem in der Bundesrepublik. M.E. gilt er darüber hinaus für westeuropäische Industriegesellschaften. Daß die Mehrheit der Kinder und Jugendlichen beiderlei Geschlechts auf dieser Erde Erfahrungen von Gewalt, Hunger, Körperzurichtung und Mißhandlung machen, ist unstrittig – auch, daß sie sie als Erwachsene oft gewalttätig weitergeben. Autoritär-repressive und zugleich arme Gesellschaften lassen eine befreiende und zugleich demokratische Körper-Sozialisation nur unter glückhaften Ausnahmebedingungen zu.

Nicht zuletzt scheint es, als ob heutige Schülerinnen und Schüler systematisches Lernen nicht mehr durch Abspaltung oder Sublimation von körperlichen Bedürfnissen leisten können, sondern dieses Lernen die enge Verbindung mit positiv erlebten Körperempfindungen einschließt oder gar voraussetzt. Die Einheit von Herz, Kopf und Hand wird so durch die heutige Sozialisation gleichsam erzwungen. Das hebt das systematische Lernen (etwa im Fremdsprachunterricht) nicht auf, bindet es jedoch an Körper und Affekte. Trifft diese Vermutung zu, dann ist »ganzheitliches Lernen« nicht mehr nur eine sinnvolle Forderung, sondern sogar zur *Voraussetzung* von Konzentration, Denken und langwirkenden kognitiven Lernprozessen geworden. Die Einsicht in diese Zusammenhänge könnte den Fachlehrern der Oberschulen eine Erklärung für manche Ineffektivität ihrer Mühen liefern – und einen Hinweis auf ihre Überwindung.

Eine Kehrseite der Körperorientierung dieses »neuen Sozialisationstyps« (so Ziehe schon 1975) liegt in der modernen, aber auch in der naturbegründeten Gefährdung des Körpers: Behinderung, Krankheit und Sterben können eine befriedigende Körperselbsterfahrung beschränken. In den Zeiten von AIDS, von umweltbedingten Krankheiten und von immer zahlreicheren und öffentlicher gelebten Behinderungen dringt die Konfrontation mit diesen Gefährdungen auch in die Lebenswelt von Kindern und Jugendlichen ein. Ein *unreflektiertes* »Genießen« im Umgang mit dem eigenen Körper und dem von anderen ist den Jugendlichen der 90er Jahre daher verwehrt (ganz im Gegensatz zu denen der 70er Jahre). Statt einer erworbenen psychosexuellen Normorientierung (wie bei ihren Urgroßeltern) oder einer unvermeidlichen Anpassung an Realitätszwänge (wie bei ihren Eltern) müssen sie sich – bei Strafe körperschädlicher Folgen – *aus Einsicht* kontrollieren. Der Zivilisationsprozeß durch Selbstkontrolle wird dadurch weiter vorangetrieben. Heutige Jugendliche bestimmt dieses *Ausbalancieren* zwischen dem Ausagieren befreiter Körperlust einerseits und der Selbsteinschränkung aus Einsicht andererseits.

Wer diese Balance nicht schafft, gerät gesellschaftlich eher an den Rand und individuell häufig in existentielle Gefahr : Das gilt für Drogenabhängige ebenso wie für jene, die aus gewalttätigen Familien stammen, autoritäre Persönlichkeitsstrukturen ausbildeteten und auf die Diskrepanz zwischen verinnerlichten gesellschaftlichen Konsumleitbildern und der familiär-sozialen Lage nur aggressiv reagieren können – gegen sich selbst, gegen Familienmitglieder oder nach außen geleitet gegen gesellschaftliche Minderheiten (vgl. Kap. 6).[11]

Sind die Kulturpessimisten im Recht, wenn sie diese Entwicklung als »konsumorientierten Hedonismus« (Pasolini 1978), als »Reduzierung der Sexualität auf die Warenform und ihre Funktionialisierung zum Objekt des Konsums« (Reiche 1968, S. 19) beschreiben und fürchten, das Herz sei ermordet worden, an seine Stelle sei »die geschlechtslose Maschine der totalen Verwertung« getreten (Kamper o.J. S. 115)? Oder trifft Hans Christoph Buchs (o.J. S. 128f.) Feststellung zu, daß sich in der neuen Körperkultur »erste Anzeichen einer nichtrepressiven Sublimierung«, »der autonome Umgang mit dem eigenen Körper« zeigen? Was bedeutete dies für die Pädagogik?

3. Die einseitige Entdeckung der Sinne in der neueren Erziehung

Die Erziehungswissenschaft hat in durchaus zwiespältiger Haltung an der hier angedeuteten Sozialisation mitgewirkt. Die Reformer der Jahrhundertwende – wie manche ihrer Vorgänger – waren sich einig darüber, daß die reine Kopfschule, die Stillstellung des Körpers der Schüler weder dem Lernen noch ihrer Persönlichkeitsentwicklung diene, daß Anschauung, Erkundung (also Sehen, Hören, Ertasten) und physische Tätigkeit zur Herausbildung auch des Denkens hinzugehören. Die Reformpädagogen suchten aber durchaus unterschiedliche Auswege: Die einen plädierten eher mehr für physische Arbeit und Tätigkeit in der Schule, durch Werkarbeit (wie Kerschensteiner oder Freinet) oder durch Gartenarbeit und Landwirtschaft (wie die Landschulheimbefürworter); anderen war Körperexpression durch Bewegung, Gestaltung und Theaterspiel (wie Steiner oder den Kunstpädagogen) besonders wichtig; Montessori wiederum konzentrierte sich auf die gezielte Ausbildung der einzelnen Sinne. »Die Reformpädagogik (hat) ein neues Verhältnis zur Leiblichkeit angebahnt, die nunmehr der alles tragende Lebensgrund wird und nicht der Widersacher der geistig-seelischen Existenz« (Röhrs

---

11 Möglicherweise unterscheidet sich die jahrzehntelange Sozialisation in der Ex-DDR wesentlich von der hier dargestellten, auch wenn die Wertorientierung bei den Jugendlichen seit den 80er Jahren sehr ähnlich sein soll (vgl. Hennig/Friedrich 1991, Behnken u.a. 1991): Es könnte sein, daß durch Familie, Schule, Freizeit und Arbeit die affektiven Strukturen stärker sublimationsfähig, stärker an kollektiven Befriedigungsformen gebunden und zugleich autoritärer blieben.

1991, S. 301; vgl. auch Oelkers 1989, S. 44ff.). Die schulpädagogischen Vorschläge fanden ihr Pendant in den außerschulischen Lebensreformbewegungen – der Befreiung von zwanghafter Kleidung, der Freikörperkultur, der Reformkostbewegung, dem Wandervogel und der »Entdeckung« der Natur.

Wie widersprüchlich jedoch die körperbefreienden Konzepte jener Reformpädagoginnen und -pädagogen noch an Vorstellungen des 19. Jahrhunderts gebunden blieben, zeigt ein Blick auf ihr Verhältnis zu Sinnen und Sinnlichkeit. Bei Montessori stellt ihr »Sinnesmaterial« mit seiner Abstraktion von jedem Realitätsgehalt und jeder lebensweltlichen Affektion, mit seiner Trennung der einzelnen Sinne – des Riechens, Sehens, Tastens, Hörens usw. – eine geradezu taylorisierende Aufsplitterung unserer Sinneswahrnehmung dar. So soll in die Bewegungen der Kinder Ordnung gebracht werden (Wünsche 1982, S. 99)[12] – und vielleicht ist Montessori-Material gerade deshalb unter Pädagogen so beliebt.[13]

Freinet, der durch seine Einbeziehung der Natur, des Theaterspiels, des Tanzes und der körperlichen Tätigkeit in den Unterricht ein sehr »ganzheitliches« Konzept entwickelte, ist zugleich ein heftig polemisierender Gegner der Freudschen Vorstellung von libidinösen kindlichen Wünschen (vgl. Freinet 1971, S. 15). Bei ihm – wie bei den meisten anderen Reformern[14] – ist das wirklich tätig-gesund erzogene, alle Sinne

12 Wünsche (1982) nennt Montessoris Methode »die Ikonographie einer Rechtwinkligkeit des Körpers in der Anmut des Funktionellen« (S. 98). Er schreibt: »Die Kinder Montessoris haben ihre Sinne zu ordnen, und dies gelingt den Kleinen zwangsläufig, wenn sie, von didaktisch präpariertem Material zu fortwährender Selbstkorrektur genötigt, schließlich die Dinge von allein so wahrnehmen, wie sie die Erfinderin der Dinge, und als solche zeichnet nicht die Natur, sondern die kunstvolle Maria Montessori, vorgesehen hat« (S. 99).

13 Das schönste und meines Wissens einzige schulpädagogische Buch, das auf der Einheit der sinnlichen Wahrnehmungen beharrt, ist Johannes Becks und Heide Wellershoffs Buch »SinnesWandel« (1989). Beck und Wellershoff machen deutlich, daß wir beim Riechen auch hören, beim Anfassen auch Gefühle haben – und zugleich denken. »Die Sinnestätigkeit (kann nicht) auf einen Einzelsinn eingegrenzt werden« – und »die Sinne sollten sich im ganz alltäglichen Unterricht bilden, indem sie tätig werden können« (S. 134). Gegen eine reine Sinnesschulung sagen sie: »Es gibt keine Entfaltung der Sinne für sich, sondern nur im Zusammenhang mit den Lebenstätigkeiten« (S. 45). Das Buch steckt voller Anstöße für unsere Einsicht und Schulpraxis.

14 Siegfried Bernfeld ist einer der wenigen, der die Theorien Freuds auf die Pädagogik bezogen. Er blieb denn auch ein Außenseiter. Seine Arbeiten er-

ausbildende Kind ein *sexualitätsneutrales* Wesen. »Es ging (den Reformpädagogen – PL) nicht wirklich um ›Natur‹, sondern um das, was dann ganz treffend ›Freikörperkultur‹ genannt wurde, also um gänzlich unerotische Beziehungen, deren ›Natürlichkeit‹ darin bestand, daß die irritierende Geschlechtlichkeit ausgeschlossen wurde« – um die »zugleich naturalistische und ästhetisch-religiöse Vision des reinen Kindes, das seine eigene Natur zur Entfaltung bringt« (Oelkers 1991, S. 146f.). Kerschensteiner schließlich oder sozialistische Arbeitspädagogen wie Blonski wollten den Körper durch Arbeit und Sport bewegen, seine Energie ausbilden und gesund erhalten – ganz in der utilitaristischen Tradition.

Die Reformer haben nicht nur berechtigte Kritik an der Körperfeindschaft der »alten« Schule geübt, sondern auch zahlreiche Anregungen zur körper-, und d.h. kinderfreundlicheren, Schule geäußert. Aber wir sollten uns kritisch mit ihren Einseitigkeiten, Widersprüchlichkeiten und Dogmatismen auseinandersetzen. Dazu brauchen wir selbst einen konzeptuellen Rahmen.

4. Die Ganzheitlichkeit der Körpererfahrung als Bildungsprozeß

Kinder wollen mit ihrem Körper die Welt erkunden. Sie erproben, wo die räumlichen Grenzen zwischen Ich und Welt sind, wo sie physisch diese Welt schon bewegen können, wie weit ihre Kräfte gerade reichen. Sie brauchen bei dieser Ich-Welt-Erfahrung das Urvertrauen und die körperliche Nähe zu den geliebten Erwachsenen. Sie wollen lustvoll und frei agieren, ohne Furcht davor, verlassen, eingeschränkt, beschimpft, abgewertet, körperlich bestraft oder gar sexuell ausgebeutet zu werden. Alle ihre Sinne bedürfen der Anregung, um nicht zu verkümmern, sondern um sich entfalten und verfeinern zu können. Die neugierig-aktive *bewußte* Aneigung der Welt – der Gegenstände ebenso wie der Lebewesen oder der symbolischen Kultur – durch Kinder und Jugendliche setzt

schienen erst im Zuge der Studentenbewegung neu (Bernfeld 1969f.). Selbst in den jüngsten Sammelwerken zur Reformpädagogik wird er zwar als Gründer des Kinderheims Baumgarten erwähnt (Röhrs 1991, S. 272, passim), bezeichnenderweise werden jedoch seine psychoanalytisch-pädagogischen Schriften ignoriert, wie »Sysiphos oder die Grenzen der Erziehung« (1967, erstmals 1925) oder »Trieb und Tradition im Jugendalter« (1978, erstmals 1931).

diese befreiende, befriedigende kindliche Körpererfahrung voraus. An erster Stelle steht deshalb: *Physische Gewalt gegen Kinder* – von Eltern, Lehrern oder anderen – führt im Extrem zu disharmonischen, kontaktgestörten, gewalttätigen, in vielfacher Weise zwanghaft-neurotischen Persönlichkeitsstrukturen.

Freie Körpererfahrung schließt die *kindlich/jugendliche Erfahrung von Grenzen durch einsehbare Realitätszwänge* nicht aus, sondern ein: Nur so läßt sich das Ich in Abgrenzung zur Außenwelt selbst finden. Das Abarbeiten an solchen Grenzen – normativen der Erwachsenen wie physischen der räumlichen Mitwelt – ist eine Grundlage realitätsbezogener Ich-Identität. Kurzum: Die – kritische – Aneignung der Einsichten der Psychoanalyse ist Grundlage *jedes* pädagogischen Umgangs mit den kindlich/jugendlichen Körpern.

Dazu gehört auch das Wissen darüber, daß *Kinder* keine »reinen«, asexuellen Wesen sind, sondern *eigenaktive Menschen mit libidinösen, auf den ganzen Körper bezogenen Bedürfnissen.* Wie stark z.B. zehnjährige Mädchen und Jungen heute Bedürfnisse nach körperlicher Nähe und Zärtlichkeit (unter Gleichaltrigen) haben, sie jedoch oft nicht angemessen äußern können, hat Susanne Godlewski (1990) sehr schön im Bericht über ein Unterrichtsprojekt gezeigt (vgl. auch Kutzleb 1982, Ostermeyer 1984, Thomasky 1981).

Angela Bernecker-Wolff und Reinhard Wolff (1991), Mitarbeiter eines Kinderschutzzentrums, befürchten, daß mit der aktuellen Debatte um »kindlichen Mißbrauch« »erneut versucht wird, einen Begriff des asexuellen, des reinen Kindes durchzusetzen«, indem nämlich Kinder und Jugendliche grundsätzlich zu passiven »Opfern ohne jegliche Sexualität gemacht (werden), die nicht zustimmen können« ... »Immer wieder wird das Kind als eine black box ohne Entwicklung, Kognition und sexuelle Wünsche verstanden« (ebd. S. 31; vgl. auch Kap. 6). Die Verhütung sexueller Kindesmißhandlung[15] scheint ihnen dann am erfolgreichsten, wenn »auch in der Adoleszenz Erfahrungen sexuellen Glücks zugelassen« werden (Bernecker-Wolff/Wolff 1991, S. 33). Lernziel: Zärtlichkeit, Berührungsfähigkeit, körperliche Selbstliebe – um liebesfähig zu werden.

Das *Dilemma der Lehrer* (und Erzieherinnen/Sozialpädagogen) ist: Sie können in Kita und Schule kaum »Erfahrungen sexuellen Glücks«

---

15 Einen problembewußten Literaturüberblick (einschließlich einer aktualisierten Bibliographie) zum Thema Kindesmißbrauch gibt Brigitte Seifert 1992. Vgl. auch Kindesmißhandlung 1990.

unter Kindern und Jugendlichen zulassen. Und: Sie müssen sich einerseits auch in ihren Institutionen als Personen mit libidinösen (also weit über genitale Sexualität hinausweisenden) Strebungen begreifen, andererseits dürfen sie diese nur pädagogisiert wirksam werden lassen – ein Doppelsalto, der oft nur mit Hilfe von Supervision gelingen kann. Oft wissen schon Grundschullehrer(innen) nicht, ob sie nun einen Erstklässler – oder gar eine Neunjährige – auf den Schoß nehmen, umarmen, trösten, anfassen dürfen, wie das Kind, wie die übrigen, wie die Kollegen oder die Eltern dies *interpretieren* – als pädagogische Wärme oder als zweideutige Bedrängnis (oder gar als Mißbrauch). Oft wissen sie selbst nicht, daß und wie der »heimliche Lehrplan« ihrer Körpersprache wirkt, bedrohlich, zuwendend, lächerlich ... Lehrerinnen haben offenkundig (noch?) mehr Spielräume im körperlichen Agieren mit den Schülerinnen und Schülern als Lehrer. Die Lehrerin und der Lehrer des Jahres 2000 sollten in der Lage sein, dieses Dilemma selbst zu erkennen, mit den Kindern, den Kollegen und den Eltern – je angemessen – darüber zu sprechen, und gemeinsame Verhaltensregeln entwickeln, die weder an einer unlebendigen, triebfeindlichen Fiktion von a-libidinösen Kindern (und Jugendlichen) kleben noch die Realität der Institution Schule und der Situation der Lehrer und Erzieher ignorieren.

Die Sinne gehören in ihrer Untrennbarkeit voneinander zum Leben, also auch zum Lernen und zur Entwicklung. *Die Sinne und der gesamte Körper sind Teil moderner Bildung* – Bildung als Verfeinerung, aber auch als Selbsterfahrung und Sinnstiftung. Es gibt kein Zurück hinter die Freisetzungsprozesse der Konsumgesellschaft. Schulpädagogik für die und mit den Konsum- und Krisenkindern der 90er Jahre sollte die Chancen dieser Freisetzung – die individuellen wie die politischen (s.o.) – stärken und die Gefahren erkennen und bekämpfen.

Zu stärken wäre die Lust am eigenen Körper, auch an dem der anderen, wenn diese dies wollen. *Zu stärken wäre* der pfleglich-gesunde Umgang, das Hineinhören in die »Sprache« des eigenen Körpers (z.B. mit den medidativen »Konzentrationen der Stille« Montessoris). Zu stärken wäre die Möglichkeit, vielfältigste Körpererfahrungen auch in der Schule zu machen – durch physische Verausgabung über Werkstatt- oder Gartenarbeit, über Bewegungsspiele, über Pantomime, Theater oder Singen. Gegen die unkörperliche mediale »Erfahrung aus Zweiter Hand« stünde so der physisch aktive Lernprozeß, der noch immer intensiver und lehrreicher ist als jeder gute Film – was den Nutzen von Film und Fernsehen nicht ausschließt. *Zu stärken wären* die Bemühungen, die körperlichen Gefährdungen der Jugendlichen – Krankheiten, Gesundheitsbelastungen, Behinderungen, Sterben (bei ihnen selbst, bei ihnen nahen Menschen, bei Haustieren) – zu bekämpfen, wenn es geht, aber auch zu akzeptieren und bei anderen solidarisch mitzutragen, wenn sie unvermeidlich sind. *Zu stärken wären* die Zugangsmöglichkeiten zu den Körpererfahrungen »fremder« Kinder in aller Welt, die durch Hunger, Kriege, familiäre Gewalt und harte Arbeit leiden und so an befreienden Bildungsprozessen gehindert werden. Kinder können so Empathie und Solidarität mit dem Leid anderer Kinder über die gemeinsame Dimension Körper entwickeln.

Zu stärken wäre das Sprechen zwischen den Kindern und Jugendlichen, wie die Körpersprache der anderen erlebt, erlitten, aber auch ihre Körper erstrebt werden. *Zu stärken wäre* die Suche nach alltagspraktischen – gemeinsam gefundenen – Regeln, wie öffentlich akzeptierte Berührungen und Körpererfahrungen zwischen Kindern, bei Jugendlichen in der Schule möglich werden. Und auch dies: Die Lust an der symbolischen Selbstschmückung des Körpers ist die erste Stufe für das Vergnügen an Kultur. Wer sich selbst schmückt, gern ausgewählt kleidet (so abstrus die Auswahl anderen erscheinen mag), sich gern inszeniert, der wird sich auch leichter für die Inszenierungen der anderen interessieren – Theater erzeugt Theater. Wenn die Lust daran nicht nur auf den Marktwert – wie komme ich am besten an – beschränkt ist, sondern mit Selbstliebe zu tun hat, ist dies ein Einstieg für Vermittlung kultureller Symbole. Zugegeben, kein sehr gymnasialpädagogisch-humanistischer Zugang. Aber warum gehen so viele Jugendliche zu Konzerten, zu pantomimischen Theatern, zu Spektakeln mit Körperexpression? Weil sie selbst damit lustvolle Erfahrungen machen.

Zu stärken wäre auch, sobald dies interessiert, das Sprechen über die *Vielfalt von Sexualitäten.* »Sexualtitätserziehung« ist ja nicht deshalb so schwierig, weil die Werte, die die Erziehungsberechtigten diesbezüglich in der pluralen Gesellschaft vertreten, zu vielfältig sind. Vielmehr ist das Hauptproblem, daß diese Vielfalt immer noch nicht schulisch angemessen dargestellt und diskutiert wird. Der Umgang mit »abweichendem« Verhalten ist dafür symptomatisch. Lehrer sollten keine Propagandisten irgendeines Lebensstils, einer spezifischen Sexualität sein (aber sie haben eine, und sie sollten sie offen leben). Natürlich wissen heutige Kinder fast alles – aber was sie »wissen«, ist meist eher vorurteils- und bruchstückhaft, je nach den Familiengesprächen und Fernsehüberbleibseln. Bildung, als Integration in die Gesamtsicht von Welt, ist dies noch nicht. Daher ist gerade die pädagogische Aufarbeitung der verschiedenen heutigen Lebensstile, etwa der klassischen Familie, der freien Partnerwahl, der gleichgeschlechtlichen Beziehung, der Wohngemeinschaft usw. auch ein Angebot an Jugendliche, ihre psychosexuelle Struktur zu erkennen (denn sie ist längst ausgeprägt), damit sie lernen, *bewußt* Erfahrungen zu sammeln.

Die Gefahr, daß auf diese Weise die Schule die *»Pädagogisierung des Kinderalltags«* – im Sinne einer bis in die letzte Faser der Privatheit getriebenen sozialen Kontrolle – noch weitertreibt, wäre dann gegeben, wenn die Schule – die Lehrerinnen und Lehrer und die Mitschüler – diese Privatheit kommentierten und bewerteten oder gar darin eingriffen. Eine »Pädagogisierung«, die den Variantenreichtum von Lebensformen innerhalb und außerhalb des Erfahrungshorizontes der Schülerinnen und Schüler ausbreitet, befragt, debattiert, ist jedoch begrüßenswert; sie trüge zugleich zum Abbau körperlicher Mißachtung und Mißhandlung in der Schule selbst bei.

Als Laie kann ich nichts über die Wirklichkeit des gegenwärtigen *Sportunterrichts* sagen. Aber soviel ist klar: Die Schule »hat die Teile des zerlegten Subjekts getrennt zu züchten gesucht: den Leib in der Leibeserziehung, den Geist in den ›Lernfächern‹, die Psyche, das Gemüt und die Sinnesfähigkeit in den musischen Fächern« (Beck/Wellershoff 1989, S. 46). Worum es mir also geht, ist zum einen diese Trennung zwischen musischem, wissenschaftsorientiertem und sportbezogenem Unterricht zu überwinden. Zum anderen aber, solange wir »Sportunterricht« getrennt und nicht die Möglichkeit haben, Bewegung, Arbeit, Spiel und Denkarbeit flexibel in die Schüler-Wochenpläne zu integrieren, wird die Frage an den Sportunterricht zu stellen sein, ob er immer noch an einer rein sensualistischen Körper-Trainings-Orientierung klebt und ob Horst Rumpf recht hat, wenn er fürchtet, daß der Sportunterricht nichts mehr tut, als den modernen Körper (beiderlei Geschlechts) zu modellieren für die moderne Arbeit, für den modernen (Auto-)Verkehr, für ein abstraktes Leistungsvermögen: »Den Leib zu einem möglichst affektundurchlässigen Körper machen, ihn affektundurchlässig halten zu können – quasi auf Knopfdruck, ihn zum bloßen Substrat einer meßbaren, quantifizierbaren und deshalb intersubjektiv vergleichbaren Bewegung zu verwandeln, die auf alle persönlichen Extravaganzen verzichtet, zu dieser Fähigkeit verhilft wohl auch der Bewegungskurs des Sport- und Turnunterrichts. Er unterstützt damit das Bewegungscurriculum, die das Großstadtleben, die Arbeitswelt, die Konsumwelt, die Verwaltung allenthalben vorschreiben und einstudieren« (Rumpf 1986, S. 95f.). Wenn dem so wäre: Hätte nicht auch der Sportunterricht – wie jeder Unterricht – eine Aufgabe, die über dieses instrumentelle Einschleifen in moderne Zivilisation hinausführt, nämlich zur individuellen Körper-Bildung im anspruchsvollsten Sinne beizutragen? Müßte der Sportunterricht nicht dem individuellen »Spaß« an der Körperexpression, der *verfeinerten* Körpererfahrung dienen, also fern aller außer-individuellen Zwecke sein?

Zu stärken wäre nicht zuletzt eine Raumgestaltung der Zimmer, Flure, Aulen, Pausenhöfe und Gärten unserer Schulen, in denen nicht nur der Kopf bzw. im Hof die Füße bewegt werden können, sondern eine vielseitige Bewegungsmöglichkeit entsteht, ja die wirkliche Entfaltung der Energie, der Körperlust und der symbolischen Darstellung aller Schülerinnen und Schüler möglich ist. Seht jede Schule an: Überall wäre viel zu tun.

Könnte sich die Schule in jeder Faser ihres Alltags an solchen »Stärkungen« orientieren, wäre dies ein Beitrag zum individuellen Glück wie zu einer friedfertigeren, demokratischen Gesellschaft.

Zum Weiterlesen empfehle ich:

Beck, Johannes/Wellershoff, Heide: SinnesWandel. Die Sinne und die Dinge im Unterricht. Frankfurt/M. 1989
Scholz, Rudi/Schubert, Peter (Hrsg.): Körpererfahrung. Die Wiederentdeckung des Körpers: Theater, Therapie und Unterricht. Reinbek 1982
Adorno, Theodor W.: Studien zum autoritären Charakter. Frankfurt/M. 1982

Kapitel 10
Pädagogische Erneuerung in der Ex-DDR

Oder: Wie kommt neuer Wein in neue Schläuche?

Wie kommt das Neue in die Welt? Wie wird es geboren? Aus welchen Ver-schmelzungen, Verwandlungen, Verbindungen besteht es? Wie überlebt es, ex-trem und gefährlich, wie ist es? Welche Kompromisse muß es eingehen, welche Abmachungen treffen, welchen Verrat an seiner verborgenen Natur üben, um die Abbruchkugel abzuwehren, den Würgeengel, die Guillotine?

Salman Rushdie, indischer und islamischer Schriftsteller, Todeskandidat der Ajatollas, 1988[1]

1. Sich aus dem Sumpf am Schopfe ziehen. Der Umbruch und die Selbstkritik

Am 9. November 1989 wurde, auf Druck der rebellisch gewordenen Be-völkerung der DDR, die Mauer zwischen Ost- und West-Berlin geöffnet. Kein Jahr später, am 3. Oktober 1990, löste sich die DDR auf. Es ent-standen fünf neue Länder einer erweiterten Bundesrepublik; aus Ost- und West-Berlin wurde wieder ein Berlin.

Eine der zentralen Stützen des DDR-Regimes war bewußt das Erzie-hungssystem. Die Erziehung zur »sozialistischen Persönlichkeit« im Bildungssystem wurde noch im Frühjahr 1989 von Margot Honecker, der langjährigen Ministerin für Bildung, gegen jene ersten Reformer verteidigt, die »heute unter dem Motto der Vielfalt (als) Konterrevolu-tionäre versuchen, ihr Süppchen zu kochen« (Klier 1990, S. 174). Aber erst nach der Revolte, im Spätherbst 1989, wurde innerhalb der DDR auch die Pädagogik der DDR öffentlich vernichtend kritisiert; zuvor konnte dies nur im kleinen Zirkel geschehen.

Zwei Frauen, außerhalb des Bildungssystems tätig, übten die erste und schärfste Kritik: die Schriftstellerin Christa Wolf und die (ausgebür-

---

1   Aus: Salman Rushdie: Die Satanischen Verse. (o.O.) 1989 (erstmals 1988), S. 18

187

gerte) Regisseurin Freya Klier. *Christa* Wolf schrieb im Oktober 1989 in der DDR-Wochenpost: »Unsere Kinder (wurden) in der Schule zur Unwahrhaftigkeit erzogen und in ihrem Charakter beschädigt, gegängelt, entmündigt und entmutigt« (Wolf 1990, S. 9). »Die Kinder der DDR, selbstunsicher, entmündigt, häufig in ihrer Würde verletzt, wenig geübt, sich in Konflikten zu behaupten, konnten wiederum *ihren* Kindern nicht genug Rückhalt geben, ihnen nicht das Kreuz stärken, ihnen, außer dem Drang nach guten Zensuren, keine Werte vermitteln, an denen sie sich hätten orientieren können« (ebd. S. 11). Aber sie schreibt auch: »Ich ziehe meinen Hut vor den Lehrern, die in voller Kenntnis der Lage und oft nahe der Verzweiflung versucht haben, ihren Schülern einen Raum zu schaffen, in dem sie frei denken und sich entwickeln konnten« (ebd. S. 9).

Eine Flut von zustimmenden und empörten Leserbriefen folgte auf diesen Artikel (dokumentiert in Angepaßt 1990): 45 Jahre Bitterkeit über das Erziehungswesen, aber auch Verteidigung gegen Vorwürfe – vor allem von Lehrern.

Auch Freya Klier ließ wenig Gutes an einem System, dem von westdeutschen Pädagoginnen und Pädagogen aufgrund seiner einheitlichen Schulstruktur gelegentlich Fortschrittlichkeit bescheinigt wurde. Klier beschrieb 1990 – noch zu Zeiten der DDR-Existenz – unter dem Titel »Lüg Vaterland« die Entwicklung des Erziehungswesens seit 1945 bis in die späten 80er Jahre.[2] Auch sie gewann den deprimierenden Eindruck, daß »am Ende eines 40jährigen Formierungsaktes von DDR-Bürgern ... gerade die Jüngsten den hoffnungslosesten Eindruck (hinterlassen). Gesättigt und ohne jede Existenzangst stehen sie ›ihrem‹ Staat fremd gegenüber, verkörpern sie wie keine Generation vor ihnen die Merkmale der zum bloßen Funktionieren Erzogenen« (Klier 1990, S. 11).

Klier hielt den Pädagogen die »Erziehung zur Lüge« (S. 197) vor – weil Meinungen, die von der vorgegebenen und von Lehrern zu verkündenden Linie abwichen, nicht toleriert werden konnten. »Jede Form von Pluralismus und Meinungsverschiedenheit schadet dem Sozialismus und bringt Anarchie«, wie dies ein Funktionär ausdrückte (Klier 1990, S. 175). Kinder – und Erwachsene – hatten über Jahrzehnte gelernt, daß die eigene Meinung nur dann interessiert, wenn sie identisch war mit der

---

2 Das Buch wurde schon 1986/87, auf der Grundlage von über 1.000 Interviews mit Jugendlichen, in der DDR geplant. Der Staatssicherheitsdienst bekam davon Wind, Klier wurde festgenommen, verhaftet und später ausgebürgert. Ihr Skript wurde kassiert. Sie schrieb es danach neu.

je aktuellen Linie (eine im Grund abstruse Auffassung von Sozialismus). Eine der Folgen dieses Systems war (und ist), daß sich keine dialogische, demokratische Praxis des *Aushandelns* von Auffassungen, aber auch von Entscheidungen auf allen Ebenen des gesellschaftlichen und des privaten Lebens entwickeln konnte. So entstanden Konformismus auf der einen Seite, innerer Absentismus auf der anderen und bei einer kleinen, ins Abseits gedrängten Minderheit hartnäckige Opposition gegen Staat und Macht, auch als stabile Haltung über den Untergang der DDR hinaus. Viele andauernde Erscheinungsformen im Verhalten ehemaliger DDR-Bürger sind diesen Aufwachs- und Lebensbedingungen geschuldet. Der Hallenser Psychoanalytiker Maaz beschreibt sie als gestörte Lebensweise einer ganzen Bevölkerung, der die Spaltung der öffentlichen und der privaten Persönlichkeit mit notwendigem »Gefühlsstau« in Fleisch und Blut übergegangen sei (Maaz 1992).

Freya Klier hat auf einen weiteren Aspekt hingewiesen: Schüler wie Lehrer wurden immer stärker von einem *Belobigungs- und Abstrafungssystem ummauert,* um diejenigen nützlichen Fähigkeiten zu entwickeln, die gerade politisch als wichtig angesehen wurden. Und das waren in den 80er Jahren Technik- und Wissenschaftsorientierung einerseits, sportliche und musikalische Höchstleistungen andererseits. In Anlehnung an die Prämien und Wettbewerbe im Arbeitssektor wurden die *Kinder* frühzeitig auf besondere Fähigkeiten hin aussortiert und gefördert. Die Be- oder Verurteilung der *Lehrer* – oft vor dem gesamten Kollegium vom Schulleiter oder Schulrat ausgesprochen – richtete sich nach der Zahl guter Noten, nach der Angepaßtheit der Schüler. Bei einem Ausreiseantrag eines Schülers wurde *die Lehrerin* gerügt, weil sie nicht die richtige politische Haltung vermittelt habe (Klier 1990, S. 173).

Diese für professionelle Vorstellungen vom Lehrerberuf geradezu absurde Anforderung an Lehrer bezog sich nicht nur auf die politische Haltung der Schüler: »Den unmittelbaren Vorgesetzten gegenüber war der Lehrer über jedes Detail seiner Arbeit rechenschaftspflichtig, etwa über Milchgeldabrechnung, Jugendweihe, Sauberkeit des Klassenzimmers, Anzahl der gewonnenen Offiziersbewerber, Essensteilnahme, Pionier- und FDJ-Arbeit, Elternarbeit usw. ... Das läßt an vorbürokratische Herrschaftsverhältnisse denken« (Lenhardt u.a. 1991, S. 15).

Das DDR-Erziehungswesen war *insofern funktionalistischer* als die »bürgerliche« Schule der alten Bundesrepublik: So kamen Mädchen und Jungen, wo Körperbau und Neigung stimmten, auf Sportschulen, um »für den Sieg des Sozialismus« Spitzensportler zu werden. Ein ganzes Netz von *Spezialschulen* – mit Schwerpunkten in Mathematik, Sprachen, Technik, Ballett, Musik, Naturwissenschaften – überzog die DDR, um »Spitzenbegabungen« abzuschöpfen. Wer dort als Schüler einen Platz gefunden hatte, konnte sich im übrigen manche Frechheiten und Freiheiten erlauben, Hauptsache, die Leistung stimmte (Klier 1990, S. 157). Die – mindestens nach außen linientreuen – Lehrer dieser Spezialschulen waren fachlich hochkompetent, und die Abiturienten der Spezialschulen brauchten nur den Grundwehrdienst abzuleisten. Ihre berufliche Karriere war so festgelegt wie sicher, und die Mischung aus hohem Anspruch und Privilegierung sollte nicht zuletzt Identifikationen mit dem Staat schaffen.

Die DDR-Pädagogik war geprägt von einer *überholten didaktischen Auffassung*. Von dem, was in über 10.000 Seiten Lehrplanwerk festgehalten und landeseinheitlich unterrichtet wurde, glaubte die politische und pädagogische Führung tatsächlich, daß es von allen gelernt würde; sie glaubte, daß die Lehreräußerung den »richtigen«, d.h. geplanten Schülereffekt habe; daß demzufolge die Lehrer »schuld« seien, wenn die Lernergebnisse dem Ziel nicht ensprachen; daß also die »allumfassend gebildete sozialistische Persönlichkeit« vollständig planbar sei – bis hin zum »verordneten Antifaschismus« (vgl. Schmidt 1991, Wolf 1990). Disziplinerziehung als Einordnungsprozeß in das (jeweilige) sozialistische Kollektiv hatte daher einen hohen Stellenwert (Waterkamp 1988).[3] Zu dieser Auffassung einer planbaren Persönlichkeit gehörten auch die *außerunterrichtliche*, aber mit Schule eng verknüpfte Mitgliedschaft bei den jungen Pionieren[4], die Nachmittagsaktivitäten, die Brigadeeinsätze, die Zugehörigkeit zur FDJ usw. ... Das galt als »gesellschaftlich nützliche Tätigkeit« und zugleich als Beleg der Wirksamkeit der Erziehung.

Das Mechanistische, die Naivität (und die Realitätsferne) dieser Di-

---

3 Eine Lehrerin berichtet 1992, daß der für sie sichtbarste Unterschied im Verhalten ihrer Schüler vor und nach dem Umbruch war, »daß wir bisher Disziplinprobleme wirklich nicht kannten. Die Schüler waren über Jahrzehnte gewohnt, im Unterricht still zu sein bei den Lehrern, die sie akzeptiert haben. Diese Akzeptanz ist erst einmal verlorengegangen. Die Schüler stellen im Moment alles in Frage ... Man merkt, daß die Schüler nur dann zu arbeiten bereit sind, wenn sie das, was im Unterricht angeboten wird, für sich persönlich annehmen.« Vgl. Schuricht 1992, S. 9.

4 Eine Schülerin einer Realschule aus Neustadt (Mecklenburg) erzählt: »Das FDJ-Freizeitangebot vermissen wir nicht. Wir mußten früher Entschuldigungen der Eltern mitbringen, wenn wir nicht zum Pioniernachmittag kamen.« Eine Schülerin weigerte sich, zu den Pioniernachmittagen zu gehen. Da mußte sie sich vor Schülern und Lehrern aller Klassen beim Schülerappell rechtfertigen« (Schlicht 1991, S. 17).

daktik sind das eigentlich Erstaunliche an der »DDR-Pädagogik«. Aus ihr erklärt sich auch die völlige Überraschung der politischen Führungsschicht, als immer mehr junge Leute, die dieses System »durchlaufen« hatten, ganz offenkundig abweichende Auffassungen, Interessen und Haltungen entwickelten. Dahinter konnte – neben dem Klassenfeind – nur die Unfähigkeit der Lehrer stecken.

Die Wirkung der *Lehrer* wurde also in der DDR-Pädagogik *systematisch überschätzt*. Eine Folge dieser Auffassung war, sie besonders starker Kontrolle zu unterwerfen: Wer so effektiv ist, der muß politisch kontrolliert werden. Lehrer mußten jährlich am Parteilehrgang teilnehmen (auch ohne Parteimitglied zu sein). Wer Lehrer *werden* wollte, mußte sich im Sinne des Systems engagieren, zumindest nach außen. Lehrer waren zur Fortbildung *verpflichtet*, die Themen waren zentral vorgegeben (Lenhardt u.a. 1991).

Wer so sozialisiert wird, kann nur mit Mühen eine Unterrichtshaltung erwerben, die auf offene Lernprozesse setzt. Ehemalige DDR-Schüler wic DDR-Lehrer betonen immer wieder, daß der *Frontalunterricht und das rezeptive Lernen* vorherrschten (Hofmann 1990, S. 17) und daß dabei die kommunikativen Aspekte eines jeden Unterrichts in der Regel ausgeblendet wurden.[5] Die Hauptaufforderung in diesem Unterricht war: »beweise, daß ...«, nicht etwa: »untersuche, ob ...«.

Der Einwand, Frontalunterricht gebe es auch in der alten Bundesrepublik, ist nur bedingt zutreffend: Dort ist er zwar oft Realität, wird aber als »schlechte Praxis« angesehen, oft auch von den Beteiligten selbst. In der DDR war er notwendiger und *gewünschter* Ausdruck einer Nürnberger-Trichter-Didaktik. Wo selbständige Lehrer etwas anderes praktizierten, war der Verdacht der Subversion nicht fern. Selbst Theoretiker, die die Selbsttätigkeit der Schülerinnen und Schüler im Sinne der sowjetischen Aneignungstheorie stärker in der alltäglichen Schulpraxis verankert sehen wollten, bekamen Schwierigkeiten (vgl. Fichtner 1992).

Sozialisation ist nicht abstreifbar wie ein überholtes Regime. Die

---

5 Eine Ausnahme stellte der Polytechnische Unterricht dar, der theoretisch wie empirisch Arbeits- und Praxiserfahrungen vermitteln sollte. Die Kritik an der Wirklichkeit der polytechnischen Praxis ist durchaus unterschiedlich und müßte noch aufgearbeitet werden; häufig wird auf langweilige, eher mechanistische Betriebs- oder Agrarerfahrungen verwiesen; von anderen ehemaligen Schülerinnen und Schülern wird jedoch berichtet, daß der polytechnische Tag am meisten geschätzt wurde. Vgl. u.a. Messmer 1990, Wascher 1992.– Auch die Schülerexperimente und Praktika im naturwissenschaftlichen Unterricht wichen vom Frontalunterricht ab.

Menschen bleiben – auch die Lehrerinnen und Lehrer. In der Lehrerausbildung wurden die DDR-Pädagogik-Professoren innerhalb von zwei Jahren durch westdeutsche Wissenschaftler ersetzt (vgl. Himmelstein/Keim 1992). Die zentrale pädagogische Forschungseinrichtung, die Akademie der Pädagogischen Wissenschaften in Ost-Berlin, wurde Ende 1991 ersatzlos aufgelöst, sämtliche Forschungen und Publikationsreihen eingestellt (Kossakowski 1992). Es ist aber nicht möglich, alle Lehrer »abzuwickeln«, also zu entlassen (übrigens überwiegend Frauen), und die auf dem Gebiet der ehemaligen DDR für das Jahr 2000 nötigen 155.000 Lehrer (Klemm 1991, S. 20) aus dem Westen zu importieren. Wie ist also die *innere Reform* der Schulerziehung *mit* den »alten« DDR-Menschen machbar, wenn die skeptischen Beschreibungen von Freya Klier, Jan Hofmann, Christa Wolf u.a. zutreffen? Wir wissen aus der Psychologie, daß wir unsere Persönlichkeit immer dann weiterentwickeln können, immer dann »wachsen« im Sinne der humanistischen Psychologie (Quitmann 1985), wenn wir *Widersprüche* empfinden und unter ihnen *leiden*, über sie – meist unter Hilfe uns freundlich gesonnener anderer – *sprechen können* und *dann* versuchen, neue Haltungen, Gefühlszustände und Verhaltensmöglichkeiten zu erwerben. Widersprüche haben die Kinder, Eltern und Lehrer der DDR vielfältig erfahren – um sie oft schnell zu verdrängen. Nun gibt es die Chance, auch mit 20, 40 oder 60 Jahren diese inneren und äußeren Konflikte erstmals so zuzulassen, daß sie die Möglichkeit fördern, sich neu und anders zu verhalten als früher. Ich habe inzwischen viele Lehrerinnen und Lehrer erlebt, die sich auf neue Methoden, neue Materialien, neue Theorien stürzten, in einem für mich geradezu irritierenden Hunger, wegzukommen vom eigenen Alten. Oft wurde erst in sehr vertrauensgeschützten Gesprächsrunden deutlich, daß dies nicht notwendig eine weitere Form der Anpassung an die vorgeblich gewünschte neue Pädagogik ist, sondern auch der Versuch, im Bewußtsein eigener Verstrickungen einen neuen Anfang zu machen. Auch viele Nach-Wende-Erzählungen von Lehrerinnen und Lehrern lassen sich so interpretieren (vgl. Hein 1992, Kuban 1991, Mitscherlich/Stöbe 1990, Mächtlinger 1992).

Diese Mischung aus Selbstkritik und Neuorientierung *wird aufgrund der Rahmenbedingungen in den frühen 90er Jahren sehr erschwert*: Zum einen wird bei einem Teil der Lehrer aufgrund der Nichtvergleichbarkeit der Ausbildung mit der westdeutscher Lehrerbildung die fachliche Qualifikation bezweifelt, wie die KMK-Vereinbarungen zeigen. Zum anderen ist durch die generelle politische Überprüfung der Grundverdacht der zu engen Verwicklung mit der ehemaligen politischen Führung institutionalisiert. Beides kann zur Kündigung führen – für Lehrkräfte, die älter als 40 Jahre sind, ist dies ein Weg in Dauerarbeitslosigkeit und Armutsrente. Zum dritten ist die *individuelle Trauerarbeit* belastet durch die Notwendigkeit, erst einmal alles hinnehmen zu müssen, was an äußerer Strukturreform – von den neuen Schulformen bis zu den neuen Rahmenplänen, Schulbüchern, Rundschreiben und Abschlußvereinbarungen – umgehend realisiert wurde. Nicht zuletzt verringert die Unsicherheit darüber, ob bei Eltern und vor allem bei Schülerinnen und Schülern Glaubwürdigkeit und Vertrauen besteht, die Bereitschaft, die eigene Lehrer-Geschichte so aufzuarbeiten, daß nicht »Angst, Enttäuschung, Resignation und Vorsicht als Grundbefindlichkeit vieler ostdeutscher Pädagogen« (Kuban 1991, S. 9), sondern Veränderungsfähigkeit, Kreativität und zugleich Kritikbereitschaft gegenüber den konkreten pädagogischen Rahmenbedingungen entstehen. *Es ist jedoch unvermeidlich: Die ostdeutschen Lehrerinnen und Lehrer müssen sich selbst am Schopfe packen, um sich aus dem Sumpf zu ziehen.* Andere können hier nur Unterstützung anbieten, nicht jedoch diese Arbeit selbst leisten. Das ist Notwendigkeit und Chance zugleich, die so in anderen Feldern der Vereinigung der beiden deutschen Gesellschaften nicht besteht.

2. Die Lehrerinnen und Lehrer bleiben die Träger schulpädagogischer Reformen

Lange Zeit glaubten viele westdeutsche Pädagogen, das DDR-Schulsystem sei zwar pädagogisch fragwürdig, habe aber dennoch eine »progressive« äußere Schulstruktur: Einheitsschulen bis Klasse 10, überall Mittagessensversorgung und Horte, garantierte (und kanalisierte) Berufsausbildung. Die Vor-Wende-Überblicke von Waterkamp (1987) und Helwig (1988) bzw. von Fischer (1992)[6] geben einen nüchternen Einblick in diese Schulstruktur.

Inzwischen jedoch ist der Blick geschärft für die einst bestehende tatsächliche Selektivität durch äußere Differenzierung: R(ussisch)-Klassen ab 3. Schuljahr (mit fast sicherer Garantie für den Weg zum rar gemachten Abitur), Spezialklassen aller Art in jedem Bezirk, ein ausdiffe-

---

6 Die Studie von Fischer stellt nicht nur das ehemalige DDR-Bildungssystem dar, sondern schließt in einem knappen Überblick auch die Veränderungen in den neuen Bundesländern bis etwa Mitte 1991 ein.

renziertes Sonderschulwesen wie in der Bundesrepublik[7], eine scharfe Selektion (nach Leistung und politischer Konformität) beim Übergang in die 11. Klasse und beim Eintritt in die Hochschulausbildung. Dieser äußeren Differenzierung entsprach die immer weniger effektive Homogenität in der 10klassigen Polytechnischen Oberschule, weshalb das Thema der inneren Differenzierung in den letzten Jahren der DDR wachsende Bedeutung erhielt.

Auch die äußere Struktur des Bildungswesens hatte also weniger »progressive« als eher fragwürdige Züge. Gelegentliche westliche Lobpreisungen beruhten vermutlich auf Unkenntnis des Zusammenhangs von Einheitsschule, Spezialschule und Sonderschule. Die Polytechnische Oberschule ist in keinem Fall mit den westeuropäischen comprehensive schools oder den westdeutschen Gesamtschulen gleichzusetzen.

Nach der Wende erlebten Schüler, Lehrer und Eltern mehrere Phasen der schulpolitisch-pädagogischen Veränderung:

● zuerst die *Beseitigung aller »ideologischen« Fächer, Rituale und Zwänge* bei Lehrern und Schülern (wie die Beseitigung der Staatsbürgerkunde, der Wehrertüchtigung, des Fahnenappells, der Pionier- und FDJ-Verpflichtungen usw.);

● dann die *öffentliche Debatte über reformpädagogische Modelle* und Konzepte, vor allem solcher, die ein Gesamtkonzept erwarten ließen (z.B. der Montessori- oder der Waldorf-Pädagogik), und die Entwicklung zahlreicher Reformkonzepte an »Runden Tischen«, in Schulen, von Initiativen oder auch von Institutionen wie der APW.[8] Reformpädagogik

7 Allerdings wurden die Kinder mit geistigen Behinderungen nicht als schulbildungsfähig angesehen und daher nur in Anstalten betreut, die dem Sozial- und Gesundheitswesen unterstellt waren. Die DDR war insofern auf dem Stand der Anschauungen, die bei uns bis in die 50er Jahre existierten, nämlich ihnen die schulische Lernfähigkeit abzustreiten. Die DDR sprach von »schulbildungsunfähigen förderungsfähigen Intelligenzgeschädigten«. Diskussionen über gemeinsame Erziehung von behinderten mit nichtbehinderten Kindern in der allgemeinen Schule waren weder erwünscht, noch wurden sie geführt. Vgl. u.a. Fuchs 1992.

8 Nachlesbar ist die Flut solcher Reformüberlegungen in der nach der Wende eingerichteten Reihe »Bildungswesen aktuell« der Akademie der Pädagogischen Wissenschaften, die in 20 Nummern bis Ende 1991 erschien. Unabhängig war die Zeitschrift »ad hoc«, die aus Kreisen der Bürgerbewegung vor allem auf innere pädagogische Reformen im Rahmen einer Gesamtschule setzte und bis Ende 1992 erschien. Schon im Dezember 1989 erschien »Schule in der Diskussion« durch Pädagogen der Humboldt-Universität, im

war ja in der DDR als »imperialistische bürgerliche Pädagogik« seit den 50er Jahren abgelehnt und daher auch unbekannt (vgl. Schonig 1972, S. 173ff.; Uhlig 1992, Pehnke 1992, Keim 1992; vgl. auch Günter/Uhlig 1988);

● dann die nach der Bildung der fünf neuen Länder notwendige *Strukturreform* bzw. in Ost-Berlin die Übernahme des West-Berliner Schulsystems;

● schließlich die damit verbundene *Zurückstellung fast aller inneren Reformvorschläge* »von unten«, die Angst vieler Lehrer vor Entlassung, das Gefühl der Demütigung durch Fragebogen-Bewertung, durch niedrigere Einstufung ihrer Berufstätigkeit im Vergleich zu den westlichen Lehrern und durch Mißachtung ihrer Reformvorschläge. Die damit verbundene Zunahme von Unsicherheit, Resignation und Enttäuschung ist keine gute Grundlage für die pädagogische Erneuerung der Schulwirklichkeit.

In den konservativ regierten Ländern Sachsen, Sachsen-Anhalt, Thüringen und Mecklenburg-Vorpommern wurde die vierjährige Grundschule und, mit kleinen Variationen, das dreigliedrige Sekundarstufensystem ohne Gesamtschule eingeführt (vgl. im einzelnen Schmidt 1991, Döbert/Martini 1992). Aus den Zwängen des Flächenstaates mit kleinen Gemeinden und langen Wegen wurde in Thüringen und Sachsen die »Mittelschule« als eine Art additive Haupt- und Realschule geboren. Klaus Klemm fürchtet, daß sich diese konservative Einführung des westdeutschen Schulsystems als Antwort auf die Polytechnische Oberschule angesichts der rapide wachsenden Wünsche nach allgemeiner Hochschulreife und angesichts des dramatischen Geburtenrückganges seit der Wende »eher als Problemexport denn als Problemlösungsbeitrag erweisen wird« (Klemm 1992, S. 143). Die Frage wird sich nämlich vor allem stellen, wie sich in ländlichen Regionen Haupt- und Realschulen halten können, ohne daß dies aufgrund des Schülerrückgangs »in zahllosen Fällen zu massiven Bestandsgefährdungen der gerade erst neu installierten Schulen führen wird« (Klemm 1992, S. 153), und wie man die ausdünnenden Grundschulen wohnortnah sichern und die expandierenden gymnasialen Oberstufen räumlich und fachlich versorgen kann.

April 1990 die Schrift »Bildungsreform von unten« aus den Kreisen bildungspolitischer Initiativgruppen. Nicht zuletzt sind viele Initiativen in der DeutschenLehrerZeitung dokumentiert, die inzwischen wöchentlich erscheint.

Das Land Brandenburg ging einen anderen Weg. Es bildete zum einen – nach Berliner Vorbild – wohnortnahe *sechsjährige* Grundschulen, zum anderen *verzichtete es auf Hauptschulen*. Im ersten »Durchlauf« (Schj. 1991/92) waren rd. 57% aller Siebtkläßler auf Gesamtschulen, 30% auf Gymnasien, 11% auf Realschulen und knapp 2% auf Sonderschulen.[9]

Erste repräsentative Befragungen von Eltern in den neuen Ländern weisen darauf hin, daß diese weniger äußere als innere Schulreform wünschen – und den ungehinderten Zugang zum Abitur. Das Dortmunder Institut für Schulentwicklungsforschung berichtet, daß 57% aller Eltern dem Satz zustimmten: »Die Abkehr von der partei-ideologisch beeinflußten Pädagogik halte ich für richtig. Die äußere Schulstruktur (wohnortnahe allgemeine Oberschule, erweiterte Oberschule oder Lehre, Berufsausbildung mit Abitur) sollte man ruhig beibehalten« (Klemm 1992, S. 143).[10]

In Kapitel 4 wurde dargestellt, daß die Trennung von äußerer, struktureller und innerer, pädagogischer Reform für eine *alle Beteiligten aktivierende Reform* hinderlich ist. Der Widerspruch in der Bildungspolitik der neuen Länder: die äußeren Strukturen den Rahmenbedingungen der alten Bundesrepublik anpassen zu müssen, also zum Beispiel erst einmal eigenständige Grundschulen mit neuen Kollegien, Schulleitungen, Rahmenrichtlinien, Schulmaterialien usw. schaffen zu müssen, dabei aber auch zugleich faktisch viele Initiativen in den »alten« Schulen auseinanderzureißen, zu ignorieren und die Lehrkräfte in die Resignation und die alte vorsichtige Abwartehaltung gegenüber der (neuen) Obrigkeit zu treiben (selbst ohne dies zu beabsichtigen), dieser Widerspruch ist unübersehbar. Er kann pädagogisch nur produktiv gemacht werden, wenn Eltern und Lehrern deutlich würde, daß über äußere Reformen die parlamentarischen Mehrheiten entscheiden, an deren Bildung sie sich als Bürger beteiligen könnten, über die *pädagogische Arbeit vor Ort* aber nur die Einzelschule. So irritierend es manchen erscheint: Die ehemaligen DDR-Lehrer(innen) sind – neben Eltern und Schülern – die *wichtigsten* Träger der pädagogischen Reform. Politik und pädagogische Wissenschaft können sie darin nur unterstützen. Das sollte das Selbstbe-

---

9 Daten des Kultusministeriums Brandenburg, Stichtag 15. 10. 1991.
10 In derselben Befragung ostdeuscher Eltern rangierten Erziehungsziele wie Disziplin, Höflichkeit und gute Umgangsformen ganz oben, während westdeutsche Eltern weiterhin Erziehung zur Selbständigkeit und breite Allgemeinbildung von der Schule fordern. Vgl. Rolff u.a. 1992, Kap. 1.

wußtsein der Lehrerschaft stärken, erhöht aber auch ihre Verantwortung: Wenn sie in den 90er Jahren nicht aktiv werden, versagen sie (erneut?) vor einer neuen Kindergeneration.

Der schulpädagogische Reformansatz der 90er Jahre wird also in den neuen Ländern kaum in der Fortsetzung des alten Streits über die Sekundarschulformen liegen; dieser Streit wird letztlich von den Eltern in den Kommunen und von den Parlamentariern entschieden. Vielmehr steht die praktische Umsetzung innerer Reformen an jeder einzelnen Schule im Mittelpunkt der Erneuerung. Nicht nur die Arbeit der einzelnen Lehrerinnen und Lehrer im Unterricht, sondern *auch die Schule als Ganzes wird Träger und Ziel der Reform sein müssen*: das curriculare Profil der Schule; die Kompetenzen der Schülervertretung; die Gestaltung der Räume, der Mensa, der Klassenzimmer und Flure, der Höfe und Schulgärten; freie Angebote am Nachmittag; die Bereitschaft, angesichts der häufig zusammengebrochenen Jugend- und Kultureinrichtungen für Vereine, freie Gruppen und Eltern offen zu sein; der demokratische Umgang zwischen Schülern, Eltern und Lehrern ... Aus der Tatsache, daß Eltern, Lehrer und Schüler sich in sozialer und gesellschaftlicher Hinsicht nach der Wende oft als »Notgemeinschaft« (Kuban 1991, S. 11) erleben, kann im übrigen der Machtverlust der Lehrer für die *gleichberechtigte* Suche nach neuen Wegen zur Bewältigung der Alltagsprobleme genutzt werden; denn ganz offenkundig haben die Lehrer den Eltern *und* den Schülerinnen und Schülern weder politische Weitsicht noch größere Problemlösungskompetenz voraus.[11]

3. Die Generation des Umbruchs: Krisenkindheit Ost

Entscheidend für einen pädagogischen Aufbruch wird sein, wie in der erneuerten »guten Schule« (Kap. 4) auf *die Lernfähigkeit, Interessen, Selbständigkeitswünsche und vor allem die sozialen Wirklichkeiten der ostdeutschen Kinder* und Jugendlichen eingegangen wird. Der nach der Wende verbreitete Glaube, in Abkehr von der parteiorientierten zu einer unpolitischen Wissensvermittlung übergehen zu können, hat sich angesichts der Konflikte und Brüche, in denen die Kinder und Jugendlichen seit 1989 bis heute in den neuen Ländern aufwachsen, schnell als Illusion erwiesen: Diese Generation steht unter einem für sie völlig neuen In-

---

11 Vgl. auch von Mitscherlich/Stöbe die tiefenpsychologische Befragung von Lehrerinnen aus dem Jahr 1990.

dividualisierungsdruck, den sie bislang nicht kannte. Das Individuell-Abweichende war ja über ein halbes Jahrhundert hinweg als suspekt abgewertet gewesen, und zwar bis in die feinsten Fasern des Alltags hinein (Maaz 1992). Ich-Stärke – auch gegen Mehrheiten – muß nun erst psychisch erworben werden. Die bisherigen Gruppen – die der verordneten Pionier- und FDJ-Jugendgruppe wie die der informellen Jugendclub-Clique – entfielen. Neue müssen gesucht werden, die Individualismus und soziale Bedürfnisse besser miteinander in Beziehung setzen. Die Krisen dieser Wendegeneration sind noch selten sichtbar (etwa dort, wo einzelne die innere Leere und die Wut darüber gegen sichtbar Andersartige austoben) und kaum untersucht.

In geheimen, unveröffentlichen Jugendstudien wurde während der 80er Jahre ein »westlicher« Wertewandel der DDR-Jugendlichen beobachtet: Entpolitisierung, Distanz zum politischen System, Orientierung an Konsum, Freunden, individuellen Interessen (Hennig/Friedrich 1991). Auch während des Zusammenbruchs der DDR und kurz danach stellten erste vergleichende Studien eher geringere als größere Abweichungen in der normativen Orientierung fest (Behnken u.a. 1991). Überraschenderweise waren die Urteile über Lehrer und Schulklima von Schülern zweier westdeutscher und zweier ostdeutscher Schulen im Herbst 1990 eher zwischen den verschiedenen Klassen unterschiedlich als zwischen Ost und West (Schreiner 1991). Diese Einzelergebnisse verweisen darauf, daß allgemeine Urteile über die *Wirkungen* der (ehemaligen) DDR-Pädagogik in Familie und Schule bislang wenig wissenschaftlich abgesichert sind. Andererseits könnte es sein, daß sich zwar Werte, Orientierungen und Einstellungen bei Kindern der ehemaligen DDR denen der alten Bundesrepublik angeglichen haben, tiefersitzende psychische Verhaltens- und Gefühlsdispositionen dennoch unterschiedlich sind.

Dieser Widerspruch könnte auch erklären, warum einerseits – wie die erste vergleichende Untersuchung überraschend belegte – »die ostdeutschen SchülerInnen im Vergleich zu den westlichen tendenziell politisch interessierter, kritischer und progressiv-linker orientiert sind« (Behnken u.a. 1991, S. 13); andererseits eine andere Studie eine gerade unter ostdeutschen Jugendlichen stark verbreitete Ausländerfeindlichkeit feststellte (Jugendszene 1992). Ausländerfeindlichkeit ist nicht nur eine Einstellungsfrage (die leicht zu ändern ist), sondern Ausdruck einer tiefverankerten Angst vor Fremdheit (vgl. Schäffter 1991).

Die psychischen Folgen jahrzehntelanger repressiver und zugleich konformistischer Sozialisation bei den *Eltern und Großeltern* dieser Jugend, wie sie von Maaz (1992) angenommen werden, lassen dauerhafte Folgen auch bei ihren Kindern vermuten. Das müssen nicht nur die Beschädigungen sein, von denen Freya Klier und Christa Wolf (s. o.) sprachen. Es könnten auch erworbene Überlebensstrategien sein, die es erst genauer zu entdecken gälte. Behnken u.a. (1991, S. 23) vermuten, daß für die Jugendlichen der Wendezeit aus der *Erfahrung des Umbruchs* sich nicht nur der Zwang zur Neuordnung biographischer Perspektiven ergibt, sondern auch eine über Jahrzehnte wirksame DDR-spezifische »Generationsgestalt« herausstellt.[12] Aus einer ganz anderen Umbruchserfahrung heraus, der von Krieg und Nachkriegszeit, waren sowohl die Halbstarken als auch die Aktivisten der westdeutschen Studentenbewegung hervorgegangen (vgl. Fischer-Kowalski 1983). Brucherfahrungen einer Jugendgeneration können zur Rebellion führen; wie diese sich artikuliert, ist dabei völlig offen.[13]

Es macht wenig Sinn, diese Bedingungen zu ignorieren und alles »Gute« der westdeutschen Pädagogik*theorie* der letzten 40 Jahre als Heilmittel für den demokratischen, produktiven, aufrechten gewendeten »neuen Menschen Ost« anzusehen. Vielmehr ist erst einmal davon auszugehen, daß der Glaubwürdigkeitsverlust, den viele Lehrer und Eltern *notwendigerweise* bei den Jugendlichen erlitten, nur durch *sichtbar* werdende, *praktische* Veränderungen schrittweise aufgelöst werden kann. Tatsächlich ist ja *Glaubwürdigkeit* die Grundlage jedes pädagogischen Verhältnisses zwischen Kindern und Erwachsenen. Erst sie verschafft die Basis, auf der Kinder ihre Interessen überhaupt äußern (und damit

---

12 In den Westen übergesiedelte ehemalige DDR-Schüler, die die Diskrepanzerfahrung in Verhalten und Einstellung zu westdeutschen Jugendlichen täglich machen, berichteten von ihrem Eindruck, daß westdeutsche Mitschüler sich mehr um sich selbst kümmerten, geltungssüchtiger seien und »jeder ist so für sich« – aber auch selbstbewußter gegenüber Lehrern. Vgl. die Interviews in Tober 1991.

13 Die größte empirische Studie über die Jugend in Ostdeutschland nach der Wende stellt die Jugendstudie »Jugend '92« des Jugendwerkes der Dt. Shell dar. Insbesondere im Band 3, aber auch in den übrigen drei Bänden wird eine breite Palette von Erfahrungen, Einstellungen und Werten der ostdeutschen Jugendlichen, auch im Vergleich zu ihren westdeutschen Altersgenossen, dargestellt. Die Ergebnisse bestätigen, daß es eine große Angleichung in Werten und Einstellungen gibt, aber dennoch tiefer verankerte Haltungsdifferenzen erkennbar sind. – Ob, wie dort vermutet, tatsächlich eine »Umbruchgeneration« (Bd. 2) entstand und Ost-West-Differenzen bestehen bleiben, wird erst in vielen Jahren geklärt werden können. Vgl. Jugendwerk 1992.

auch kritisierbar machen!) und auf der sie bereit sind, sich den Angeboten und Anforderungen der Schule konstruktiv zu stellen.

Die wesentlichen Ziele innerer Reform, die in den Kap. 3 und 4 genannt wurden, gelten generell, also auch für die neuen Länder. Die besonderen Bedingungen jedoch zwingen zu der Frage, *wo denn schulpädagogisch der Einstieg in die pädagogische Erneuerung besonders günstig sein könnte.* Diese Frage wird bislang selten debattiert. Wir wissen nur, wo er *versperrt* wird: überall dort, wo nicht *mit* den Lehrern, nicht *mit* den Eltern, *mit* den Jugendlichen Reform von unten und gemeinsam entwickelt, sondern hierarchisch von oben lediglich verordnet wird. Überall dort, wo neue Normen anstelle der alten gesetzt werden, anstatt das Aushalten der Vielfalt von Orientierungen und das Aushandeln der Interessen in den Mittelpunkt zu rücken. Überall dort, wo Initiativen beiseite geschoben werden, anstatt sie – auch wenn sie illusionär erscheinen – als Ausdruck von Lernbereitschaft und Beweglichkeit zu verstehen und im Gespräch aufzugreifen und weiterzuentwickeln. Überall dort, wo zwar die Schulschilder gewechselt wurden, der Alltag des Unterrichts sich jedoch nicht vom frontalen Verkünden von (nun: zum Teil neuen) Wahrheiten und Wissen befreit hat.

Zwanzigjährige, die 1990 ihr Lehrerstudium aufnahmen, werden frühestens 1997 ihr Referendariat absolviert haben und in den Schuldienst treten können – wenn es für sie dann überhaupt Stellen gibt. Die *jetzt* nötige pädagogische Erneuerung wird also mit den jetzigen Lehrern stattfinden müssen. Dies kann vor allem *durch Initiativen an den neuen Schulen,* unterstützt durch eine breite, *freiwillig wahrzunehmende* Fortbildung, erreicht werden. In der Fortbildung wird es nicht nur um die Vermittlung von Kenntnissen für den binnendifferenzierten und auf plurale Verhältnisse bezogenen *Unterricht* gehen, sondern z.B. auch darum, wie ganze Kollegien *gemeinsam ihre Schule gestalten können.* Auch erscheint eine Fortbildung nötig, die die Möglichkeit bietet, in angeleiteten kleinen Gruppen über Ängste, Enttäuschungen, Schuldgefühle usw. *sprechen zu können.*

Schulreform kann nicht ohne Lehrerinnen und Lehrer, aber auch *nicht nur mit ihnen* wirksam werden. Die Schule muß – gerade wenn andere Angebote für Kinder und Jugendliche fehlen – *ein Ort des Jugendlebens* werden. Das verlangt von der Schule, den Kindern und Jugendlichen eigene Räume zu geben – in geistiger und in ganz materieller Hinsicht. Unterrichtstage, an denen Themen der konkreten Kinder einer Klasse oder eines Jahrgangs im Mittelpunkt stehen; selbstorganisierte Feste; unzensierte Schülerzeitungen; eine selbstgeleitete Diskussion über »ihre« Themen (und das sind dann auch die der Lehrer, Mütter und Väter!); ein reservierter Kellerraum für eine Musikband; Schulhöfe mit Bolzplatz und geschütztem ökologischen Garten ... Die Schule könnte so endlich zur Schule der Kinder werden.

Die Voraussetzungen dafür scheinen bei den Schülerinnen und Schülern günstig: Die erste größere empirische Befragung von Schülern nach der Wende belegt, daß die Veränderungen in der Schule im allgemeinen günstig bewertet werden, vor allem, was mehr Meinungsfreiheit und den Wegfall der Rituale und Zwänge betrifft. Lehrer werden ambivalent, nämlich einerseits offener und freundlicher als früher, andererseits als strenger eingeschätzt (Behnken u.a. 1991, S. 75). Über diese widersprüchliche Wahrnehmung miteinander zu sprechen wäre ein guter Einstieg in ein erneuertes Lehrer-Schüler-Verhältnis.

Es wäre jedoch ein Mißverständnis »negativer Pädagogik«, wenn die Schule nun *nur* als Lebensraum für die Kinder und Jugendlichen betrachtet würde. Gerade der normative Umbruch – von der »sozialistischen Persönlichkeit« zum eigenaktiven Menschen in der pluralen Gesellschaft – verlangt, daß Lehrer – und, wenn es geht, auch Eltern – sich der Diskussion um neue Werte und Lebensziele mit *eigenen Angeboten* stellen. Aber nicht das (nun gewendete) Bekenntnis der Erwachsenen lehrt mich als Schüler etwas (außer, daß Lehrer Opportunisten wären); sondern ich gewinne dann etwas, wenn ich erlebe, wie kontroverse Auffassungen versuchen, sich werbend und im Diskurs zu äußern (etwa in öffentlichen Schulveranstaltungen) – und zwar ohne die Gegenüber abzuwerten, auszugrenzen oder niederzumachen. Das neue Angebotsfach Lebenskunde, das seit 1992 im Land Brandenburg versuchsweise eingeführt ist, könnte dazu beitragen, die eigenen Brüche und Orientierungskrisen von Schülern *und* Lehrern auf eine gemeinsame und zugleich rationale Weise zu reflektieren und damit »bearbeitbar« zu machen.

Pädagogik in den neuen Ländern wird auf Jahre hinaus jene Momente der Sozialisationserfahrung stärken müssen, die sich früher eher seltener entfalten konnten: Querköpfigkeit, Eigensinn, Abweichung und Akzeptanz des fremd Erscheinenden. Das kann leicht mißverstanden werden: Führt das überraschenderweise nicht dazu, den bloßen Ellenbogen-Individualismus zu stärken? Tatsächlich hat ja die Stärkung von Selbständigkeit unter unseren gesellschaftlichen Bedingungen immer diese beiden Seiten: einerseits die Entfaltung individueller Fähigkeiten und Interessen zu unterstützen und andererseits zugleich die pure Durchsetzungsfähigkeit, auch auf Kosten anderer, zu befördern. Das Querköpfige muß sich daher daran messen lassen, ob es »sozial produktiv«

(Rülcker 1990) bleibt; der Respekt vor den anderen bleibt unverzichtbar. Psychoanalytiker wie Maaz glauben, daß bei einer richtigen, zurückhaltend »begleitenden« Entwicklungsförderung Kinder diesen Respekt gleichsam nebenbei erwerben (Maaz 1992, S. 222ff.). Da aber weder die Lehrer noch die Eltern die einzigen Erzieher sind, sondern viele Verhältnisse miterziehen, ist nicht immer Verlaß auf solcherart gelingende Entwicklungsprozesse. Der Schulpädagogik bleibt nichts anderes übrig, als die Toleranz offensiv einzufordern (vgl. Kap. 2). Sie sollte solche Selbständigkeit fördern, die eingebettet ist in das alltagspraktische *Bewußtsein unverzichtbarer Gemeinsamkeiten* aller Kinder und Jugendlichen: etwas aktiv lernen zu wollen; Freunde zu brauchen; Schmerz und Freude ohne Diskriminierung offen äußern zu können; helfen zu dürfen (etwas, was in meiner Schulzeit im Unterricht immer verboten war!); die eigenen Maßstäbe für Erfolg und Versagen als ernstgenommen zu erleben ... Nicht die gleichsam autistische, egoistische Selbständigkeit, sondern eine Einbettung in solche Gemeinsamkeiten läßt auch die Kinder mit besonderem Aussehen, Verhalten, Können als Menschen mit grundlegend gleichen Bedürfnissen erscheinen. Das kann als Basis für praktisch gelernte Solidarität dienen.

Ein Schritt in diese Richtung wäre beispielsweise *die Einbeziehung behinderter Kinder in den allgemeinen Unterricht*. Es überrascht nicht, daß die DDR-Pädagogik eine scharfe, frühzeitige Auslese betrieb und die Hilfsschüler wie die sinnes- und körperbehinderten Kinder in Kategorien von »Schädigung« und »Defekt« beschrieb. Sie hätten den Frontalunterricht wie den kollektiven Anspruch an gleiche Lernzielerreichung ja auch gestört. Seit der Wende zeigen viele Eltern und Lehrer eine große Bereitschaft, Kinder mit Behinderungen in den normalen Unterricht aufzunehmen (Schöler 1992). In einem aufgeschlossenen Land wie Brandenburg wurden 1992 schon mehrere Dutzend Integrationsklassen eingerichtet. Es gibt also praktische Schritte, damit Kinder Vielfalt erleben und zugleich Solidarität üben können. Dabei wird wahrscheinlich mehr für eine demokratische, Abweichendes solidarisch mittragende Haltung gelernt als bei noch so gut gemeinten verbalen Appellen.

Mir scheint, daß die inhaltliche pädagogische Erneuerung in den neuen Ländern sich vor allem auf dieses Problem konzentrieren muß: wie *emotional* die Originellen, die Fremden, die Andersartigen, die Minderheiten nicht als die Feinde des jeweiligen (realen oder gedachten) Kollektivs erlebt werden (des Dorfs; der Gang; der Klasse; der Nation usw.); sondern als anregende Alternativen zum eigenen Leben, ohne sie notwendigerweise leben zu wollen oder zu können, die wie ich ein eigenes Recht haben, sich zu entfalten. Dem entspricht eine Unterrichtsform, die die Vielfalt aktueller Lerninteressen zuläßt und in einem offenen Aushandlungsprozeß mit den Rahmenplanzielen durch Absprachen zwischen Lehrern und Schülern in produktive Beziehung setzt, zugleich aber auch Situationen der Gemeinsamkeit hervorhebt, damit die *Pädagogik der Vielfalt* sich *in der Gemeinsamkeit* entfalten kann.

4. Zusammenfassung

Der Prozeß des »Zusammenwachsens« wird in der Erziehung – in Familie und Schule, im Kindergarten und in der Jugendarbeit – länger dauern, als die schlagartige Beseitigung der alten Strukturen und Inhalte, der Pädagogik-Wissenschaft und des Leitungspersonals vermuten läßt. Die 90er Jahre sollten in den neuen Ländern geprägt sein von der Unterstützung vielfältigster Initiativen an den einzelnen Schulen durch die Kommunen, die Ministerien und nicht zuletzt die neu berufenen Erziehungswissenschaftler. Sie sollten geprägt sein vom Mut der Lehrerschaft, sich selbst am Schopfe zu ziehen; vom Mut der Eltern, ihre eigene Erziehungspraxis kritisch zu befragen. Vor allem aber sollten sie geprägt sein von der konsequenten Förderung aller Aktivitäten der Kinder und Jugendlichen, um deren Sozialisation allmählich einer sozial orientierten Pluralität zu öffnen. Wenn so, neben der Familie, die einzelne Schule ein Lern- und Lebensort für die Jugend und für die Gemeinde wird, verstärkt sich auch wieder die Energie, um sich innerhalb und außerhalb der Schule gemeinsam für ein sozial akzeptables und individuell glückliches Leben einzusetzen.

Zum Weiterlesen schlage ich vor:

Behnken, Imbke u.a.: Schülerstudie '90. Jugendliche im Prozeß der Vereinigung. Weinheim und München 1991
Jugendwerk der Dt. Shell (Hrsg.): Jugend '92. Bd. 3: Die neuen Länder. Rückblick und Perspektiven. Opladen 1992
Klier, Freya: Lüg Vaterland. Erziehung in der DDR. München 1990
Maaz, Hans-Joachim: Der Gefühlsstau. Ein Psychogramm der DDR. München 1992

Literaturverzeichnis

Achter Kongreß Frauen und Schule: Forderungen des Kongresses. In: pädextra 5/1991, S. 34

Adorno, Theodor W.: Studien zum autoritären Charakter. Frankfurt/M. 1973. (Dt. Auzüge aus Adorno/Frenkel-Brunswik/Lewinson/Sanford: The Authoritarian Personality. New York 1950)

Albrecht, Peter-Alexis/Backes, Otto (Hrsg.): Verdeckte Gewalt. Plädoyer für eine »innere Abrüstung«. Frankfurt/M. 1990

Allerbeck, Klaus/Hoag, Wendy: Jugend ohne Zukunft? München 1985

Altner, Günter: Umweltethik – der Schutz unserer Umwelt als Teil einer globalen Verantwortung. In: Calließ, Jörg/Lob, Reinhold (Hrsg.): Handbuch der Umwelt- und Friedenserziehung. Düsseldorf 1987, S. 51-56

Amery, Carl: Die ökologische Chance. Das Ende der Vorsehung. Natur als Politik. München 1990

Angepaßt oder mündig? Briefe an Christa Wolf im Herbst 1989. Hrsg. von Petra Gruner. Mit einem Nachwort von Jan Hofmann. Berlin 1990

Ariès, Philippe: Geschichte der Kindheit. München und Wien 1975

Auernheimer, Georg (Hrsg.): Einführung in die multikulturelle Erziehung. Darmstadt 1990

Bächtold, Andreas: Die Bedeutung lokalspezifischer Ausprägungen des Schulsystems für das Gelingen oder Mißlingen integrativer Prozesse in Integrationsklassen. In: Eberwein, Hans (Hrsg.): Behinderte und Nichtbehinderte lernen gemeinsam. Handbuch der Integrationspädagogik. Weinheim und Basel 1988, S. 268-274

Bargel, Tino/Kuthe, Manfred: Regionale Disparitäten und Ungleichheiten im Schulwesen. In: Zedler, Peter (Hrsg.): Strukturprobleme, Disparitäten, Grundbildung in der Sekundarstufe I. Weinheim 1992, S. 41-104

Barthes, Roland: Immer noch oder schon wieder?: Der Körper. In: Die Tageszeitung v. 4. 11. 1982, S. 12f.

Batton, Johannes/Gundlach, Sigi: Das Problem mit der Integration hat erstaunlich viele Facetten. Zur schulischen Integration behinderter Kinder in hessischen Regelschulen. In: pädextra 7–8/1991, S. 43-46

Bauer, Karl-Oswald: Jugend-Zukunft: Mattscheibe? Tendenzen der Polarisierung und Pluralisierung im Umgang mit Bildschirmmedien. In: Rolff, Hans-Günter u.a. (Hrsg.): Jahrbuch der Schulentwicklung, Bd. 5. Weinheim und München 1988, S. 251-274

Baumert, Jürgen /Raschert, Jürgen u.a.: Gesamtschule: Vom Experiment zur Regelschule. Stuttgart 1978

Beck, Johannes /Wellershoff, Heide: SinnesWandel. Die Sinne und die Dinge im Unterricht. Frankfurt/M. 1989

Beck, Ulrich: Gegengifte. Die organisierte Unverantwortlichkeit. Frankfurt/M. 1988

Beck, Ulrich: Risikogesellschaft. Frankfurt/M. 1986

Becker, Egon/Ruppert, Wolfgang (Hrsg.): Ökologische Pädagogik. Pädagogische Ökologie. Frankfurt/M. 1987

Becker, Egon: Pädagogischer Universalismus in den neuen sozialen Bewegungen? In: Tenorth, Heinz-Elmar (Hrsg.): Allgemeine Bildung. Analysen zu ihrer Wirklichkeit, Versuche über ihre Zukunft. Weinheim und München 1986, S. 251-266

Becker, Gerold: Pädagogik in Beton. Zehn kommentierte Thesen zur »Ökologie« des Schulbaus. In: pädextra 7-8/1991, S. 24-27

Beer, Wolfgang/de Haan, Gerhard (Hrsg.): Ökopädagogik. Aufstehen gegen den Untergang der Natur. Weinheim und Basel 1984

Beer, Wolfgang/de Haan, Gerhard: Neue Tendenzen im Verhältnis von Ökologie und Pädagogik. In: ökopäd. 4/1986, S. 36-43

Begemann, Ernst:»Sonder«-(schul)Pädagogik: Zur Notwendigkeit neuer Orientierungen. In: Zeitschrift für Heilpädagogik 4/1992, S. 217-267

Begemann, Ernst: Die Erziehung der soziokulturell benachteiligten Schüler. Hannover 1970

Behinderte in ausländischen Schulen – Wege zur Integration. Marburger Beiträge zur vergleichenden Erziehungswissenschaft und Bildungsforschung, H. 17. München 1982

Behnken, Imke u.a.: Schülerstudie '90. Jugendliche im Prozeß der Vereinigung. Weinheim und München 1991

Beilfuß, Dorothea/Preuss-Lausitz, Ulf: Zauberin und Arbeitstier. Analyse des Frauenbildes in Grundschullesebüchern. In: Blätter für deutsche und internationale Politik 10/1971, S. 1068-1081

Bell, John F.: A Comparison of Science Performance and Uptake by Fifteen-Year-old Boys and Girls in Co-educational and Single-sex Schools. In: Educational Studies 2/1989, S. 193-203

Bendele, Ulrich: Krieg, Kopf und Körper. Lernen für das Leben – Erziehung zum Tod. Frankfurt/M. u.a. 1984

Benkmann, Rainer/Pieringer, Gabriele: Gemeinsame Erziehung behinderter und nichtbehinderter Kinder und Jugendlicher in der allgemeinen Schule. Pädagogisches Zentrum, Berlin 1991

Benner, Dietrich/Göstemeyer, Karl-Franz: Postmoderne Pädagogik: Analyse oder Affirmation eines gesellschaftlichen Wandels? In: Zeitschrift für Pädagogik 1/1987, S. 61-82

Benner, Dietrich u.a. (Hrsg.): Bilanz für die Zukunft. Aufgaben, Konzepte und Forschung in der Erziehungswissenschaft. Beiträge zum 12. Kongreß der DGfE 1990 in Bielefeld. Weinheim und Basel 1990

Benner, Dietrich u.a.: Entgegnungen zum Bonner Forum »Mut zur Erziehung«. München u.a. 1978

Berg-Laase, Günter /Preuss-Lausitz, Ulf: Spielpartner, Spiele, Freizeitaktivitäten II. TU Berlin 1985

Bericht einer Hauptschule in Berlin-Kreuzberg an das Schulamt über Gewalt an der Schule. (Skript) Berlin 1991

Bernecker-Wolff, Angela/Wolff, Reinhart: Sexuelle Mißhandlung und Sexualpolitik. In: pädextra 4/1991, S. 30-33

Bernfeld, Siegfried: Antiautoritäre Erziehung und Psychoanalyse. 3 Bde. Darmstadt 1969

Bernfeld, Siegfried: Sisyphos oder die Grenzen der Erziehung. Frankfurt/M. 1969 (erstmals 1925)

Bernfeld, Siegfried: Trieb und Tradition im Jugendalter. Frankfurt/M. 1978 (erstmals 1931)

Bierhoff-Alfermann, Dorothea/Rücker, Friedhelm/Wagner, Bernd: Koedukativer Sportunterricht: Werden Mädchen benachteiligt? In: Nitsch, Jürgen (Hrsg.): Anwendungsfelder der Sportpsychologie. Köln 1986, S. 89-98

Bilden, Helga : Geschlechtsspezifische Sozialisation. In: Hurrelmann, Klaus/ Ulich, Dieter (Hrsg.): Handbuch der Sozialisationsforschung. Weinheim und Basel 1980, S. 777-812

Bilden, Helga: Geschlechtsspezifische Sozialisation. In: Hurrelmann, Klaus/ Ulich, Dieter (Hrsg.): Neues Handbuch der Sozialisationsforschung. Weinheim und Basel 1991, S. 279-301

GEW Hauptvorstand (Hrsg.): Bildungsreform von unten. Materialien des Koordinierungstreffens von Vertretern bildungspolitischer Initiativgruppen. Berlin 1990

Bildungswesen aktuell. Hrsg. von der Akademie der Pädagogischen Wissenschaften (Berlin (Ost)). 1990 bis Ende 1991 (20 Nummern)

Birmily, Elisabeth u.a.: (Hrsg.): Die Schule ist männlich. Zur Situation von Schülerinnen und Lehrerinnen. Wien 1991

Blücher, Vico Graf: Die Generation der Unbefangenen. Düsseldorf und Köln 1966

Blüher, Hans: Wandervogel. Geschichte einer Jugendbewegung. Frankfurt/M. 1976 (erstmals 1912)

Bofinger, Jürgen: Tendenzen des Bildungsverhaltens. Schulwahl und Schullaufbahn im gegliederten Schulwesen Bayerns von 1974/75 bis 1982/83. München 1985

Bohnsack, Fritz: Der Werte- und Verhaltenswandel in Gesellschaft und Jugend und seine Bedeutung für die Schule. In: Die Deutsche Schule 4/1987, S. 421-429

du Bois-Reymond, Manuela/Guit, Harry/van Rooijen, Erwin: Lebensentwürfe von Jugendlichen und die Rolle der Eltern beim Übergang ins Ausbildungs- und Beschäftigungssystem. Eine Studie aus den Niederlanden. In: Zeitschrift für Sozialisationsforschung und Erziehungssoziologie 1/1992, S. 114-132

Bonfadelli, Heinz: Jugend und Medien. Frankfurt/M. 1986

Borchert, Manfred/Derich-Kunstmann, Karin (Hrsg.): Schulen, die ganz anders sind. Frankfurt/M. 1979

Borelli, M. (Hrsg.): Interkulturelle Pädagogik. Baltmannsweiler 1986

Böttcher, Wolfgang: Soziale Auslese im Bildungswesen. Ausgewählte Daten des Mikrozensus 1989. In: Die Deutsche Schule 2/1991, S. 151-161

Braunmühl, Ekkehard von: Antipädagogik. Studien zur Abschaffung der Erziehung. Weinheim 1975

Brehmer, Ilse: Ist Koedukation möglich? In: Schulbildung und Gleichberechtigung. Dokumentation zum internationalen Symposium des Arbeitskreises Frauenstudien Juni 1986. Redaktion Prengel, Annedore, u.a.. Frankfurt/M. 1987, S. 151-169

Brenner, Gerd/Grubauer, Franz (Hrsg.): Typisch Mädchen? Typisch Junge? Persönlichkeitsentwicklung und Wandel der Geschlechtsrollen. Praxishilfen für die Jugendarbeit. Weinheim und München 1991

Briggs, John/Peat, F. David: Die Entdeckung des Chaos. Eine Reise durch die Chaos-Theorien. München und Wien 1990

Brusten, Manfred/Hurrelmann, Klaus: Abweichendes Verhalten in der Schule. Eine Untersuchung zu Prozessen der Stigmatisierung. München 1973

Buch, Hans Christoph: Die neue Körperkultur oder Sechs Nachträge zur Geschichte der O. In: Konkursbuch 6 (o.J.), S. 117-130

Büchner, Peter: Durch frühe Verselbständigung zu größerer Selbständigkeit. Thesen zur Kindersportkultur. In: Preuss-Lausitz, Ulf /Rülcker, Tobias/Zeiher, Helga (Hrsg.): Selbständigkeit für Kinder – die große Freiheit? Weinheim 1990, S. 178-191

Büchner, Peter: Einführung in die Soziologie der Erziehung und des Bildungswesens. Darmstadt 1985

Büchner, Peter: Vom Befehlen und Gehorchen zum Verhandeln. Entwicklungstendenzen von Verhaltensstandards und Umgangsnormen seit 1945. In: Preuss-Lausitz, Ulf u.a.: Kriegskinder, Konsumkinder, Krisenkinder. Weinheim 1983, S. 196-212

Buddensiek, Wilfried: Wege zur Öko-Schule. Lichtenau und Göttingen 1991

Bühlow, Gesine/Clemens, Werner/Müller, Gisela/Preuss-Lausitz, Ulf/Weißbach, Jürgen: Integration und Selektion in der Gesamtschule. Soziale Erfahrungen von Gesamtschülern, Teil II. Weinheim und Basel 1977b

Bühlow, Gesine/Clemens, Werner/Müller, Gisela/Preuss-Lausitz, Ulf/Weißbach, Jürgen: Soziale Lage von Gesamtschülern. Soziale Erfahrungen von Gesamtschülern, Teil I. Weinheim und Basel 1977a

Büttner, Christian/Dittmann, Marianne (Hrsg.): Brave Mädchen, böse Buben? Erziehung zur Geschlechtsidentität in Kindergarten und Grundschule. Weinheim und Basel 1992

Büttner, Christian/Ende, Aurel (Hrsg.): Kindliche Rettungsversuche bei Vernachlässigungen, Scheidungen und Tod. Weinheim und Basel 1990

Büttner, Christian/Wirtz, Michaela: Heldenwahl. Welche Vorbilder hat der Nachwuchs? In: Kursbuch 108 (1992), S. 123-134

Calließ, Jörg/Lob, Reinhold (Hrsg.): Handbuch der Umwelt- und Friedenserziehung. Düsseldorf 1987

Campe, Joachim Heinrich: Väterlicher Rath für meine Töchter. Paderborn 1988 (Nachdruck Ausgabe Braunschweig 1796)

Carter, Robert S.: Wie gültig sind die durch Lehrer erteilten Zensuren? In: Ingenkamp, Klaus (Hrsg.): Die Fragwürdigkeit der Zensurengebung. Weinheim 1972, S. 123-133

Cloer, Ernst: Veränderte Kindheitsbedingungen – Wandel der Kinderkultur. Aufgaben und Perspektiven für die Grundschule als Basis der Bildungslaufbahn. In: Die Deutsche Schule 1/1992, S. 10-27

Club of Rome: Die globale Revolution. Spiegel-Spezial Hamburg 1991

Cohen, Albert K.: Kriminielle Jugend. Reinbek 1991

Criblez, Lucien/Gonon, Philipp (Hrsg.): Ist Ökologie lehrbar? Bern 1989

Czerwenka, Kurt, u.a.: Schülerurteile über die Schule. Bericht über eine internationale Untersuchung. Frankfurt/M. u.a. 1990

Dahrendorf, Ralf: Bildung ist Bürgerrecht. Die ZeitBücher. Bramsche/Osnabrück 1965

Dauber, Heinrich: Vom ›Leben lernen‹ zum menschlichen Dilemma. In: Moser, Heinz (Hrsg.): Soziale Ökologie und pädagogische Alternativen. München 1985, S. 126-147

deMause, Lloyd (Hrsg.): Hört ihr die Kinder weinen. Eine psychogenetische Geschichte der Kindheit. Frankfurt/M. 1980

Demmer-Diekmann, Irene: Innere Differenzierung als wesentlicher Aspekt einer integrativen Didaktik. Beispiele aus dem projektorientierten Unterricht einer Integrationsklasse in der Primarstufe. Wiss. Institut für Schulpraxis, Arbeitsberichte 8/91, Bremen 1991

Der Spiegel: Im Tempo einer Kröte. In: Der Spiegel 41/1991 (Oktober 1991), S. 48-66

Der Spiegel: Tollhaus Schule: Gestört und seelisch tot. Gewalt und Gefühlsarmut verändern das Klima an den Schulen. In: Der Spiegel 15/1988 (April 1988), S. 28-49

Dick, Lutz van: Alternativschulen. Reinbek 1979

Dingeldey, Erika: Lehrplanreform in Hessen. In: Pädagogik 4/1992, S. 49-52

Diskowski, Detlef/Preissing, Christa/Prott, Roger: Selbst ist das Kind. Technik im Kinderalltag. In: Preuss-Lausitz, Ulf u.a. (Hrsg.): Selbständigkeit für Kinder – die große Freiheit? Weinheim und Basel 1990, S. 96-109

Ditfurth, Hoimar v.: So laßt uns denn ein Apfelbäumchen pflanzen, es ist soweit. München 1988

Döbert, Hans/Martini, Renate: Schule zwischen Wende und Wandel – Wie weiter mit den Schulreformen in Deutschland-Ost? In: Die Deutsche Schule 1/1992, S. 94-110

Dräbing, Reinhard: Der Traum vom »Jahrhundert des Kindes«. Geistige Grundlagen, soziale Implikationen und reformpädagogische Relevanz der Erziehungslehre Ellen Keys. Frankfurt/M. u.a. 1990

Dreßen, Wolfgang: Die pädagogische Maschine. Frankfurt/M. u.a. 1982

Dronkers, Jaap/Bosma, Hans: The Consequences of Educational Reform for the unequal Educational Opportunities of Children. In: Zeitschrift für Sozialisationsforschung und Erziehungssoziologie 3/1990, S. 268-278

Dt. Bildungsrat: Empfehlungen der Bildungskommission. Zur Neuordnung der Sekundarstufe II. Konzept für eine Verbindung von allgemeinem und beruflichem Lernen. Stuttgart 1974

Dt. Bildungsrat: Empfehlungen der Bildungskommission. Einrichtung von Schulversuchen mit Gesamtschulen. Bonn 1969a

Dt. Bildungsrat: Empfehlungen der Bildungskommission. Zur pädagogischen

Förderung behinderter und von Behinderung bedrohter Kinder und Jugendlicher. Bonn 1973

Dt. Bildungsrat: Gutachten und Studien der Bildungskommission Bd. 12: Lernziele der Gesamtschule. Stuttgart 1969b

Dt. Bildungsrat: Strukturplan für das Bildungswesen. Bonn 1970

Dumke, Dieter/Krieger, Gerhard/Schäfer, Gerhard: Schulische Integration in der Beurteilung von Eltern und Lehrern. Weinheim und Basel 1989

Dumke, Dieter/Krieger, Gertrude/Brosell, Andrea: Wohnortnahe Integration in der Beurteilung von Eltern. Seminar für Psychologie der Universität Bonn, Bonn 1990

Dumke, Dieter, unter Mitarbeit von Gertrude Krieger: Wohnortnahe Integration behinderter Kinder in Grundschulen des Stadtbezirks Bonn-Beuel. Abschlußbericht der Wiss. Begleitung. (Universität) Bonn 1992

Durand, Beatrice: Bigotterie meinerseits. Ein Essay zu den Symptomen systematischer Abschottung. In: Die Tageszeitung v. 23. 7. 1992, S. 13f.

Eberwein, Hans (Hrsg.): Behinderte und Nichtbehinderte lernen gemeinsam. Handbuch der Integrationspädagogik. Weinheim und Basel 1988

Elias, Norbert: Der Prozeß der Zivilisation. 2 Bde., Frankfurt 1980 (7. Aufl.)

Enders-Dragässer/Fuchs, Claudia: Interaktionen und Beziehungsstrukturen in der Schule. Eine Untersuchung an hessischen Schulen im Auftrag des hessischen Instituts für Bildungsplanung und Schulentwicklung. Frankfurt/M. 1988, Skriptfassung.- Buch: Interaktionen der Geschlechter. Sexismusstrukturen in der Schule. Weinheim und München 1989

Enders-Dragässer, Uta/Fuchs, Claudia: Interaktionen im Unterricht in geschlechtsspezifischer Hinsicht. Das hessische Forschungsprojekt »Interaktionsstudie«. In: Giesche, Sigrid/Sachse, Dagmar (Hrsg.): Frauen verändern Lernen. Dokumentation der 6. Fachtagung der AG Frauen und Schule. Kiel 1988, S. 64-70

Enders-Dragässer, Uta: Der heimliche Lehrplan der Geschlechtererziehung in der Schule: am Beispiel der Interaktion. In: Schulbildung und Gleichberechtigung. Frankfurt/M. 1987, S. 187-199

Enders-Dragässer, Uta: Mädchensozialisation – Jungensozialisation. In: Kreienbaum, Maria Anna (Hrsg.): Frauen Macht Bildung. Dokumentation des 7. Fachkongresses Frauen und Schule. Dortmund 1989, S. 23-28

Epple, Eva-Maria: Sonderschulen zwecks unbehinderter Männlichkeit? In: Frauen und Schule H. 18/1987

Eppler, Erhard: Liebe zum Leben als Aufgabe der Bildung. In: Schweitzer, Jochen (Hrsg.): Bildung für eine menschliche Zukunft. Weinheim und München 1986, S. 210-215

Erez, Miriam/Borochov, Ora/Mannheim, Bilha: Work Values of Youth: Effects of Sex or Sex Role Typing? In: Journal of Vocational Behavior 3/1989, S. 350-366

Erlinghagen, Karl: Katholisches Bildungsdefizit. Freiburg 1965

Ernst, Karin: Risse in der Mauer. Leben lernen in der Stadtteilschule. In: van Dick, Lutz u.a. (Hrsg.): Ideen für Grüne Bildungspolitik. Weinheim und Basel 1986, S. 88-105

Essinger, Hans/Ucar, Ali (Hrsg.): Erziehung in der multikulurellen Gesellschaft. Baltmannsweiler 1984

Eulefeld, Günter u.a.: Ökologie und Umwelterziehung. Ein didaktisches Konzept. Stuttgart u.a. 1981

Eulefeld, Günter: Umwelterziehung in der Schule. In: Becker, Egon/Ruppert, Wolfgang (Hrsg.): Ökologische Pädagogik – Pädagogische Ökologie. Frankfurt/M. 1987, S. 103-129

Evers, Carl: Modelle moderner Bildungspolitik. Frankfurt/M. u.a. 1969

Farin, Klaus/Seidel-Pielen, Eberhard: Krieg in den Städten. Jugendgangs in Deutschland. Berlin 1991

Faulstich-Wieland, Hannelore/Horstkemper, Marianne:»Ohne Jungs fehlt der Klasse der Pep!«. Koedukation aus der Sicht von Schülerinnen und Schülern. In: Die Deutsche Schule 3/1992, S. 348-360

Faulstich-Wieland, Hannelore/Horstkemper, Marianne/Tillmann, Klaus-Jürgen/Weißbach, Barbara: Erfolgreich in der Schule, diskriminiert im Beruf. In: Rolff, Hans-Günter u.a. (Hrsg.): Jahrbuch für Schulentwicklung, Bd. 1. Weinheim und Basel 1984, S. 117-143

Faulstich-Wieland, Hannelore:»Jungen und Mädchen sind wie ein Puzzlespiel, und wenn wir nicht mehr zusammen sind, ist die Schule öde.« Koedukation aus der Sicht von Grundschulkindern. Skript 1991b

Faulstich-Wieland, Hannelore: Koedukation – Enttäuschte Hoffnungen? Darmstadt 1991a

Faulstich-Wieland, Hannelore: Schule: ein unbekannter Lebensraum. In: Pädagogik 7-8/1992, S. 14-18

Fauser, Peter/Fintelmann, Klaus/Flitner, Andreas (Hrsg.): Lernen mit Kopf und Hand. Berichte und Anstöße zum praktischen Lernen in der Schule. Weinheim und Basel 1983

Feltes, Thomas: Gewalt in der Schule. In: Schwind 1990, Bd. III, S. 319-341

Fend, Helmut: Bilanz der empirischen Bildungsforschung. In: Zeitschrift für Pädagogik 5/1990, S. 687-709

Fend, Helmut: Die Pädagogik des Neokonservativismus. Frankfurt/M. 1984

Fend, Helmut: Gesamtschule im Vergleich – Bilanz der Ergebnisse des Gesamtschulversuchs. Weinheim und Basel 1982

Fend, Helmut: Sozialgeschichte des Aufwachsens. Frankfurt/M. 1988

Fend, Helmut: Theorie der Schule. München u.a. 1980

Feuser, Georg/Meyer, Heike: Integrativer Unterricht in der Grundschule. Solms-Oberbiel 1987

Fichtner, Bernd: Kulturhistorische Schule und Tätigkeitstheorie in ihrer Bedeutung für die Erziehungswissenschaft unter besonderer Berücksichtigung ihrer Rezeption in der DDR. Ein Interview mit Joachim Lompscher. In: Erziehungswissenschaft im deutsch-deutschen Vereinigungsprozeß (Jahrbuch für Pädagogik 1992), Frankfurt/M. u.a. 1992, S. 213-232

Fingerle, Karlheinz: Umwelterziehung: Empfehlungen und Unterrichtsmodelle. In: Zeitschrift für Pädagogik 1/1981, S. 145-158

Finkielkraut, Alain: Die Niederlage des Denkens. Reinbek 1989

Fischer, Andreas: Das Bildungssystem der DDR. Entwicklung, Umbruch und Neugestaltung seit 1989. Darmstadt 1992

Fischer, Ulrich/Zoglowek, Herbert: Geschlechtsspezifische Unterschiede bei Volleyballspielen innerhalb des Schulsports. In: Sportunterricht 12/1990, S. 461-469

Fischer-Kowalski, Marina/Seidl, Peter u.a.: Von den Tugenden der Weiblichkeit: Mädchen und Frauen im österreichischen Bildungssystem. Wien 1986

Fischer-Kowalski, Marina: Halbstarke 1958, Studenten 1968: Eine Generation und zwei Rebellionen. In: Preuss-Lausitz, Ulf u.a.: Kriegskinder, Konsumkinder, Krisenkinder. Weinheim und Basel 1983, S. 53-70

Flitner, Andreas: Konrad, sprach die Frau Mama. Über Erziehung und Nicht-Erziehung. München 1985

Fölling-Albers, Maria (Hrsg.): Veränderte Kindheit – veränderte Grundschule. AK Grundschule, Frankfurt/M. 1989

Frasch, Hannelore/Wagner, Angelika: »Auf Jungen achtet man einfach mehr ...« In: Bremer, Ilse (Hrsg.): Sexismus in der Schule. Weinheim 1982

Freiburg, Gerda: Das Sonderschulwesen der Deutschen Demokratischen Republik. In: Novikov, Leonid/Freiburg, Gerda/Jehle, Peter: Entwicklungen im Sonderschulwesen der Sowjetunion und der Deutschen Demokratischen Republik. Köln und Wien 1988, S. 35-77

Freinet, Célestin: Die moderne französische Schule. Paderborn 1975

Freinet, Célestin: Essai de Psychologie sensible II: Rééducation des Techniques de Vie ersatz. Paris 1971 (erstmals 1940)

Freinet, Célestin: Pädagogische Texte. Reinbek 1980

French, Jane: Gender Imbalances in the Primary Classroom: An interactional Account. In: Educational Research 2/1984, S. 127-136

Frisch, Max: Andorra. Frankfurt/M. 1992

Fromm, Martin: Heimlicher Lehrplan. In: Lenzen, Dieter (Hrsg.): Pädagogische Grundbegriffe, Bd. 2. Reinbek 1989, S. 977-982 (mit weiterführender Literatur)

Fuchs, Claudia/Schmidt, Petra: Weiblichkeit und Männlichkeit in den Interaktionen des Unterrichts. In: Kindermann, Gisela/Mauersberger, Barbara/Pilwousek, Ingelore (Hrsg.): Frauen verändern Schule. Dokumentation des 5. Frauenkongresses der AG Frauen und Schule. Berlin 1987

Fuchs, Jochen: Die besondere pädagogische Förderung und die Integration Behinderter. In: Behindertenrecht 1/1992, S. 12-15

Führ, Christoph: Das Bildungswesen in der Bundesrepublik Deutschland. Weinheim 1979

Führ, Christoph: Schulen und Hochschulen in der Bundesrepublik Deutschland. Köln und Wien 1989

Fuhrmann, Elisabeth: Schultheoretische und schulreformerische Probleme des Strukturwandels des Bildungssystems in den neuen Ländern. In: Zedler, Peter (Hrsg.): Strukturprobleme, Disparitäten, Grundbildung in der Sekundarstufe I. Weinheim 1992, S. 161-176

Furck, Carl-Ludwig: Das pädagogische Problem der Leistung in der Schule. Weinheim 1961

Furck, Carl-Ludwig: Das unzeitgemäße Gymnasium. Weinheim 1965

Gaspar-Ruppert, Walburga: Die Ohnmacht des Computers? Mädchen und Computer. In: Österreichische Zeitschrift für Soziologie 2/1989, S. 54-59

Gesing, Harald/Lob, Reinhold E. (Hrsg.): Umwelterziehung in der Primarstufe. Grundlinien eines umfassenden Bildungskonzepts. Heinsberg 1991

Geulen, Dieter (Hrsg.): Kindheit. Weinheim und Basel 1989

Geulen, Dieter/Schütze, Yvonne: Die »Nachkriegskinder« und die »Konsumkinder«. Kindheitsverläufe zweier Generationen. In: Preuss-Lausitz, Ulf u.a.: Kriegskinder, Konsumkinder, Krisenkinder. Weinheim und Basel 1983, S. 29-52

Geulen, Dieter: Das vergesellschaftete Subjekt. Zur Grundlegung der Sozialisationstheorie. Frankfurt/M. 1977

GEW (Gewerkschaft Erziehung und Wissenschaft) Baden-Württemberg (Hrsg.): Ganztagsangebote für Schülerinnen und Schüler. Stuttgart 1991

GGG (Gemeinnützige Gesellschaft Gesamtschule): Integration von behinderten und nichtbehinderten Kindern in der Gesamtschule. Heft 2/1989, Aurich 1989

Giesecke, Hans: Das Ende der Erziehung. Stuttgart 1985

Global 2000. Bericht an den Präsidenten der USA. Hrsg. vom Council of Environmental Quality, US-Außenministerium. Frankfurt/M. 1980

Godlewski, Susanne: Erfahrungen mit dem Lernziel Zärtlichkeit in der Grundschule. In: Horstkemper/Wagner-Winterhager (Hrsg.) 1990, S. 77-87

Goldberg, Herb: Der verunsicherte Mann. Reinbek 1979

Göpfert, Hans: Naturbezogene Pädagogik. Weinheim 1988

Grefe, Christiane/Jerger-Bachmann, Ilona:»Das blöde Ozonloch«. Kinder und Umweltängste. Mit Serviceteil. München 1992

Gribble, David: Auf der Seite der Kinder. Welche Reform braucht die Schule? Mit einer Einleitung von Hartmut von Hentig. Weinheim und Basel 1991

Gudjons, Herbert (Hrsg.): Natur zum Anfassen. Ökologisch unterrichten. Hamburg 1988

Günther, Karl-Heinz/Uhlig, Christa: Zur Rezeption der Reformpädagogik durch die Pädagogik der DDR. In: Pädagogik (Berlin-Ost) 9/1988, S. 718-801

Günther, Klaus-B.: Spezifische Probleme bei der Integration gehörloser Kinder und Jugendlicher. Überlegungen zur Möglichkeit bisozialer Integration. In: Sander, Alfred/Raidt, Peter (Hrsg.): Integration und Sonderpädagogik. St. Ingbert 1991, S. 180-186

Haan, Gerhard de: Natur und Bildung. Perspektiven einer Pädagogik der Zukunft. Weinheim und Basel 1985

Habermas, Jürgen: Die Neue Unübersichtlichkeit. Frankfurt/M. 1985

Hadley, Trevor S.: Feststellungen und Vorurteile in der Zensurengebung. In: Ingenkamp, Klaus (Hrsg.): Die Fragwürdigkeit der Zensurengebung. Weinheim 1972, S. 134-141

Haeberlin, Urs u.a.: Die Integration von Lernbehinderten. Bern und Stuttgart 1990

Haenisch, Hans/Lukesch, Helmut: Ist die Gesamtschule besser? Gesamtschulen und Schulen des gegliederten Schulsystems im Leistungsvergleich. München u.a. 1980

Hagemann-White, Carol: Sozialisation männlich – weiblich. Opladen 1984

Hagemeister, Volker: Argumente für die Fortsetzung der Koedukation. Teil 1: Über Erfolge von Mädchen und Mißerfolge von Jungen in unseren Schulen. Pädagogisches Zentrum Berlin, Didaktische Informationen 1991 (a)

Hagemeister, Volker: Argumente für die Fortsetzung der Koedukation. In: Die Deutsche Schule 4/1991 (b), S. 474-492

Halbing, F. u.a.: Umweltbewußtsein und Umwelthandeln von Schülern, Lehrern und Eltern. In: Pädagogik 11/1991, S. 63

Hall, Evelyn G./Lee, Amelie M.: Sex Differences in Motor Performance of Young Children: Fakt or Fiction? In: Sex Roles: A Journal of Research, 3-4/1984, S. 217-230

Hansen, Rolf/Rolff, Hans-Günter: Abgeschwächte Auslese und verschärfter Wettbewerb – Neuere Entwicklungen in den Sekundarschulen. In: Rolff, Hans-Günter u.a. (Hrsg.): Jahrbuch für Schulentwicklung, Bd. 6. Weinheim und Basel 1990, S. 45-79

Hansmann, Otto/Marotzki, Winfried (Hrsg.): Diskurs Bildungstheorie I: Systematische Markierungen. Weinheim 1988

Harms, Gerd/Preissing, Christa/Richtemeier, Adolf: Kinder und Jugendliche in der Großstadt. Berlin 1985

Harris, Mary B.: Coeducation and Sex Roles. In: Australian Journal of Education 2/1986, S. 117-131

Heid, Helmut/Herrlitz, Hans Georg (Hrsg.): Allgemeinbildung. Beiträge zum 10. Kongreß der Deutschen Gesellschaft für Erziehungswissenschaft. 21. Beiheft der Zeitschrift für Pädagogik. Weinheim und Basel 1987

Heid, Helmut: Ökologie als Bildungsfrage. In: Zeitschrift für Pädagogik 1/1992, S. 113-138

Hein, Christel: Erinnerungen im Schulmuseum. In: Erziehung und Wissenschaft 4/1992, S. 24-26

Heinrich, Peter: Elternmeinungen zum gemeinsamen Schulbesuch behinderter und nichtbehinderter Kinder. Fachhochschule für Verwaltung und Rechtspflege Berlin. Beiträge aus dem FB 1, Berlin 1989

Heinrichs, Ute/Schulz, Thomas: Mädchen und Naturwissenschaften. Wahlverhalten in der gymnasialen Oberstufe. In: Pädagogik 9/1989, S. 36-39

Heitkämper, Peter/Huschke-Rhein, Rolf (Hrsg.): Allgemeinbildung im Atomzeitalter. Weinheim und Basel 1986

Heitmeyer, Wilhelm: Desintegration und Gewalt. In: deutsche jugend 3/1992, S. 109-122

Hell, Klaus: Interesse und Leistung in Physik bei Jungen und Mädchen. In: Naturwissenschaft im Unterricht 9/1984, S. 315ff.

Helwig, Gisela (Hrsg.): Schule in der DDR. Köln 1988

Hennig, Eike: Was leistet das Konzept der »strukturellen Gewalt«? In: Heitmeyer, Wilhelm u.a. (Hrsg.): Jugend – Staat – Gewalt. Weinheim und München 1989, S. 57-80

Hennig, Werner/Friedrich, Walter (Hrsg.): Jugend in der DDR. Daten und Ergebnisse der Jugendforschung vor der Wende. Weinheim und München 1991

Hentig, Hartmut v.: Vorwort zu: Ariès, Philippe: Geschichte der Kindheit. München und Wien 1975, S. 7-44

Hentig, Hartmut v.: Werte und Erziehung. In: Neue Sammlung 3/1988, S. 323-342

Hepting, R. : Mädchenbildung versus Koedukation. Stuttgart 1978

Hesse, Hermann: Unterm Rad. Frankfurt/M. 1976 (erstmals 1903)

Heyer, Peter/Meier, Richard: Zur Lehrerbildung für die integrationspädagogische Arbeit an Grundschulen. Eberwein, Hans (Hrsg.): Behinderte und Nichtbehinderte lernen gemeinsam. Weinheim und Basel 1988, S. 337-342

Heyer, Peter/Preuss-Lausitz, Ulf/Zielke, Gitta: Wohnortnahe Integration. Gemeinsame Erziehung behinderter und nichtbehinderter Kinder in der Ucker-mark-Grundschule in Berlin. Weinheim und München 1990

Heyer, Peter/Valtin, Renate (Hrsg.): Die sechsjährige Grundschule in Berlin. Frankfurt/M. 1991

Heyer, Peter u.a. (Hrsg.): Zehn Jahre wohnortnahe Integration. Behinderte und nichtbehinderte Kinder gemeinsam an ihrer Grundschule. AK Grundschule e.V. Frankfurt/M. 1993

Heyer, Peter: Integrativer Unterricht und Schulleben. In: Heyer u.a. 1990, S. 63-94

Heyer, Peter: Welche Lehrerbildung braucht die Integration? In: Grundschule 9/1989, S. 24-26

Hiller, Gotthilf: Von normierter Einfalt zu normaler Vielfalt. Plädoyer für eine Stärkung der integrativen Funktion des Bildungssystems. In: Zeitschrift für Pädagogik 2/1991, S. 225-244

Himmelstein, Klaus/Keim, Wolfgang (Red.): Jahrbuch der Pädagogik 1992: Erziehungswissenschaft im deutsch-deutschen Vereinigungsprozeß. Frankfurt/M. u.a. 1992

Hofmann, Jan: Die Bildungssituation in der DDR – Ergebnis einer bürokratisch-zentralistischen Politik. In: Gesamtschul-Informationsdienst des Pädagogischen Zentrums Berlin 3-4/90, S. 3-27

Hofmann, Lore/Lehrke, Manfred: Eine Zusammenstellung erster Ergebnisse aus der Querschnittserhebung 1984 über Schülerinteressen an Physik und Technik vom 5. bis 10. Schuljahr. Kiel (Institut für Pädagogik in den Naturwissenschaften (IPN)) 1985

Hollstein, Walter: Nicht Herrscher, aber kräftig. Die Zukunft der Männer. Reinbek 1991

Homann, Elke/Liebert, Hans-Jürg: Gemeinsame Erziehung behinderter und nichtbehinderter Schüler/innen an der Bröndby-Gesamtschule in Berlin-Steglitz. Berlin 1990 (Jahresbericht der Wiss. Begleitung, Senatsverwaltung für Schulwesen Berlin)

Hoppe, Thomas: Synoptischer Vergleich der Umwelterziehungskonzepte der Bundesländer. Hrsg. von Die Grünen/Bündnis 90, Abgeordnetenhausfraktion. Berlin 1992

Horkheimer, Max/Adorno, Theodor W.: Dialektik der Aufklärung. Philosophische Fragmente. Amsterdam 1947 (1944 geschrieben), Frankfurt/M. 1969

Horstkemper, Marianne/Wagner-Winterhager, Luise (Hrsg.): Mädchen und Jungen – Männer und Frauen in der Schule. 1. Beiheft der Deutschen Schule, Weinheim 1990

Horstkemper, Marianne: Fortsetzung der Koedukation ja – aber nicht mit unangemessenen Argumenten. In: Die Deutsche Schule 4/1991, S. 493-502

Horstkemper, Marianne: Schule, Geschlecht und Selbstvertrauen: eine Längsschnittstudie über Mädchensozialisation in der Schule. Weinheim und München 1987

Höß, Rudolf: Kommandant in Auschwitz. Autobiographische Aufzeichnungen. Eingeleitet und kommentiert von Martin Broszat. Stuttgart 1958

Hurrelmann, Klaus/Holler, B./Nardlohne, E.: Die psychischen ›Kosten‹ verunsicherter Statuserwartungen im Jugendalter. In: Zeitschrift für Pädagogik 1/1988, S. 25-44

Hurrelmann, Klaus: Aggression und Gewalt in der Schule – Ursachen, Erscheinungsformen und Gegenmaßnahmen. In: Pädagogisches Forum 2/1992, S. 65-74

Hurrelmann, Klaus: Gewalt in der Schule. In: Schwind (Hrsg.) 1990, Bd. III, S. 365-379

Hurrelmann, Klaus: Thesen zur strukturellen Entwicklung des Bildungssystems in den nächsten fünf bis zehn Jahren. In: Die Deutsche Schule 4/1988, S. 451-461

Hurrelmann, Klaus: Zwei Schulen für das eine Deutschland. In: Die Zeit v. 1. 11. 1991, S. 45

Husén, Torsten: Leistungsmessung in der Schule. Eine internationale Untersuchung am Beispiel des Mathematikunterrichts. Frankfurt/M. u.a. 1978

Illich, Ivan: Die drohende Ökokratie. In: Beer, Wolfgang/de Haan, Gerhard (Hrsg.): Ökopädagogik. Weinheim und Basel 1984, S. 24-33

Ingenkamp, Klaus: Untersuchungen zur Übergangsauslese. Weinheim 1978

Jantsch, E.: Die Selbstorganisation des Universums. München 1982

Jochheim, Gernot: Schulpädagogische Maßnahmen zur Reduzierung von Gewalt und Gewaltbereitschaft bei Kindern und Jugendlichen. In: Senatsverwaltung für Schule, Berufsbildung und Sport (Hrsg.): Gruppengewalt und Schule. Berlin 1992, S. 6-10

Jonas, Hans: Das Prinzip Verantwortung. Versuch einer Ethik für die technologische Zivilisation. Frankfurt/M. 1984

Jugendszene und Jugendgewalt im Land Brandenburg. Abschlußbericht zur Feldstudie. Redaktion Peter Dietrich. Landeszentrale für politische Bildung, Potsdam 1992

Jugendwerk der Deutschen Shell (Hrsg.): Jugendliche und Erwachsene 1985. Generationen im Vergleich. 5 Bde., Opladen 1986 (Autoren W. Fuchs, A. Fischer, J. Zinnecker; Kurztitel »Jugendstudie 85«)

Jugendwerk der Deutschen Shell (Hrsg.): Jugend '92. Lebenslagen, Orientierungen und Entwicklungsperspektiven im vereinigten Deutschland. 4 Bde., Opladen 1992 (Gesamtkoordination: Fischer, Arthur/Zinnecker, Jürgen)

Jung, Thomas/Scheer, Klaus-Dieter/Schreiber, Werner (Hrsg.): Vom Weiterlesen der Moderne. Beiträge zur aktuellen Aufklärungsdebatte. Bielfeld 1986

Jürgensmeier, Hans Günter (Hrsg.): Alternative Bildung? Rückfragen an die alternative Pädagogik. Hannover 1986

Jürgensmeier, Hans Günter: Alternative Bildung. Zur Begründung der Bildungstheorie der Glocksee-Schule. Hannover 1985

Kahlow, Edith (Hrsg.): Schulgartenunterricht. Berlin (Ost) 1983

Kaiser, Astrid: Grundschulpädagogik der Gleichberechtigung. In: Die Grundschulzeitschrift 41/1991, S. 40-43

Kamper, Dietmar/Wulf, Christoph (Hrsg.): Die Wiederkehr des Körpers. Frankfurt/M. 1982

Kamper, Dietmar: Über rationale Erotik und erotische Rationalität. In: Konkursbuch 6 (o.J.), S. 109-116

Kasztantowicz, Ulrich (Hrsg.): Wege aus der Isolation. Konzepte und Analysen der Integration Behinderter in Dänemark, Norwegen, Italien und Frankreich. Heidelberg 1982

Kauermann-Walter, Jaqueline/Kreienbaum, Maria Anna/Metz-Göckel, Sigrid:

Formale Gleichheit und diskrete Diskriminierung: Forschungsergebnisse zur Koedukation. In: Rolff, Hans-Günter u.a. (Hrsg.): Jahrbuch zur Schulentwicklung, Bd. 5, Weinheim und München 1988, S. 157-188

Kauermann-Walter, Jaqueline/Kreienbaum, Maria Anna: Der sozio-psychologische Bildungszirkel. In: Kreienbaum, Maria Anna (Hrsg.): Frauen bilden Macht. Dokumentation des 7. Fachkongresses Frauen und Schule. Dortmund 1989, S. 29-47

Keim, Wolfgang (Hrsg.): Gesamtschule. Bilanz ihrer Praxis. Hamburg 1973

Keim, Wolfgang (Hrsg.): Pädagogen und Pädagogik im Nationalsozialismus – Ein unerledigtes Problem der Erziehungswissenschaft. Frankfurt/M. u.a. 1988

Keim, Wolfgang: Verunsicherung versus Wendehalsigkeit.»Reformpädagogik« als Thema ostdeutscher Erziehungswissenschaft im Vereinigungsprozeß. In: Himmelstein, Klaus/Keim, Wolfgang (Red.): Jahrbuch für Pädagogik 1992. Frankfurt/M. u.a., S. 247-264

Kellner, Magdalena/Wirtz, Elisabeth/Dumke, Dieter: Die Entwicklung eines geistigbehinderten Jungen mit autistischem Syndrom in einer Integrationsklasse. In: Heilpädagogische Forschung 1/1991, S. 14-20

Kerber-Ganse, Waltraut: Fragen an kindliches Leben nach Tschernobyl. In: Harms, Gerd/Preissing, Christa (Hrsg.): Kinderalltag. Berlin 1988, S. 205-220

Kerkhoff, Wolfgang: Behinderte in Sonderschulen. Ein statistischer Überblick. In: Sonderpädagogik 10/1980, S. 20-33

Key, Ellen: Das Jahrhundert des Kindes. Mit einem Nachwort von Ulrich Herrmann. Weinheim und Basel 1992 (erstmals 1900, dt. 1902)

Kindesmißhandlung und sexueller Mißbrauch von Kindern. Eine Spezialbiographie deutschsprachiger psychologischer Literatur. Zentralstelle für Psychologische Information und Dokumentation ZPID Trier 1990

Klafki, Wolfgang: Die Bedeutung der klassischen Bildungstheorien für ein zeitgemäßes Konzept allgemeiner Bildung. In: Zeitschrift für Pädagogik 4/1986, S. 455-476

Klafki, Wolfgang: Neue Studien zur Bildungstheorie und Didaktik. Weinheim und Basel 1985

Klafki, Wolfgang: Sinn und Unsinn des Leistungsprinzips in der Erziehung. In: Ders.: Neue Studien zur Bildungstheorie und Didaktik. Weinheim und Basel 1985, S. 195ff.

Klafki, Wolfgang: Stichwort Leistung. In: Lenzen, Dieter (Hrsg.): Pädagogische Grundbegriffe, Bd. 2, Reinbek 1989, S. 983-987

Klemm, Klaus/Koch, Hubert: Schule und Arbeitsmarkt: Ankoppeln, abkoppeln oder was sonst? In: Rolff, Hans-Günter u.a. (Hrsg.): Jahrbuch der Schulentwicklung, Bd. 3, Weinheim und Basel 1984, S. 44-75

Klemm, Klaus/Rolff, Hans-Günter/Tillmann, Klaus-Jürgen: Bildung für das Jahr 2000. Reinbek 1985

Klemm, Klaus/Rolff, Hans-Günter: Der heimliche Umbau der Sekundarstufe. In: Rolff, Hans-Günter u.a. (Hrsg.): Jahrbuch der Schulentwicklung, Bd. 5, Weinheim 1988, S. 75-101

Klemm, Klaus u.a.: Bildungsgesamtplan '90. Ein Rahmen für Reformen. Weinheim und München 1990

Klemm, Klaus: Der Teilarbeitsmarkt Schule in den alten und neuen Bundesländern 1992-2010. Gutachten im Auftrag der Max-Träger-Stiftung. Frankfurt/M. 1991

Klemm, Klaus: Expansion und Kontraktion: Zur Schulentwicklung in den neuen Bundesländern. In: Zedler, Peter (Hrsg.): Strukturprobleme, Disparitäten, Grundbildung in der Sekundarstufe I. Weinheim 1992, S. 143-160

Klier, Freya: Lüg Vaterland. Erziehung in der DDR. München 1990

KMK (Kultusministerkonferenz) (Hrsg.): Mitteilungen und Informationen 1/1992: Wiederanstieg der Schülerzahlen in den alten Ländern, S. 1-4

KMK (Kultusministerkonferenz) (Hrsg.): Umwelterziehung in der Schule. Bericht der Kultusministerkonferenz vom 25. 5. 1982. Bonn 1982

Kolbe, Fritz-Ulrich: Über die Kritik an Entwicklungen im Bildungssystem der achtziger Jahre. In: Kolbe, Fritz-Ulrich/Lenhart, Volker (Hrsg.): Bildung und Aufklärung heute. Bielefeld 1990, S. 9-48

Kornmann, Reimer: Diagnose von Lernbehinderungen. Weinheim und Basel 1977

Kossakowski, Adolf: Abwicklung der Akademie der Pädagogischen Wissenschaften. In: Himmelstein, Klaus/Keim, Wolfgang (Red.): Jahrbuch der Pädagogik 1992. Frankfurt/M. u.a. 1992, S. 87-102

Kraul, Margret: Das deutsche Gymnasium 1780-1980. Frankfurt/M. 1984

Krause-Ide, Ingrid: Gedanken zur Frage der Koedukation. In: Sportunterricht 7/1986, S. 245-253

Kreie, Gisela: Integrative Kooperation. Über die Zusammenarbeit von Sonderschullehrer und Grundschullehrer. Weinheim und Basel 1985

Kreienbaum, Maria Anna: Erfahrungsfeld Schule. Koedukation als Kristallisationspunkt. Weinheim 1992

Krombholz, Heinz/Schäfer, Magda: Können Jungen besser mit Geld rechnen als Mädchen? Ergebnisse einer Längsschnittuntersuchung zur mathematischen Leistung im 1. und 2. Schuljahr. In: Psychologie, Erziehung, Unterricht 4/1991, S. 285-291

Krüger, Heinz-Hermann (Hrsg.): Abschied von der Aufklärung. Perspektiven der Erziehungswissenschaft. Opladen 1990

Krüger, Helga: Mädchen im vollzeitschulischen Bildungssystem: die Verheimlichung eines Ver-Heimlichungsprozesses. In: Sektion Frauenforschung in den Sozialwissenschaften in der Deutschen Gesellschaft für Soziologie (Hrsg.): Frauenforschung: Beiträge zum 22. Dt. Soziologentag. Frankfurt/M. 1985, S. 151-163

Kuban, Bertold: Rückschau auf zwei Jahre Irritation. Ein Psychogramm des ehemaligen DDR-Lehrers. In: Pädagogik 11/1991, S. 9-11

Kübler, Hans-Dieter: Die Gewalt der elektronischen Medien. In: pädextra 3/1992, S. 5-15

Kuhnen, Jochen: Erfahrungen mit der Gesamtschule. Soziale Integration als gesellschaftliche Begründung und pädagogische Praxis von Gesamtschulversuchen. Lampertheim 1977

Kupfer, Claudia: Noch ein Nürnberger Weg. In: Nürnberger Lehrer-Zeitung 13/1991, S. 20

Kutzleb, Ulrike u.a.: Zeit für Zärtlichkeit. Wuppertal 1982

Landsberg-Becher, Wolfgang: Schule als ökologischer Lernort. In: Pädagogik 12/1990, S. 44-47

Landsberg-Becher, Wolfgang: Umweltschutz als Unterrichtsprinzip. Skript Berlin 1989

Lau, Gisela/Lau, Wolf-Dieter (Hrsg.): Jenny darf nicht in die Oberschule. Dokumentation. Berlin 1987

Lempp, Reinhart: Die Belastung der Familie durch die Schule. In: Pädagogik 7-8/1991, S. 25-27

Lenhardt, Gero/Stock, Manfred/Tiedke, Michael: Zur Transformation der Lehrerrolle in der ehemaligen DDR. Skript Max-Planck-Institut für Bildungsforschung, Berlin September 1991

Lenzen, Dieter: Mythos, Metapher und Simulation. Zu den Aussichten Systematischer Pädagogik in der Postmoderne. In: Zeitschrift für Pädagogik 1/1987, S. 41-60

Lessing, Hellmut (Hrsg.): Kriegskinder. Frankfurt/M. 1984

Lohmann, Joachim (Hrsg.): Gesamtschule. Diskussion und Planung. Weinheim 1968

Lukesch, Helmut u.a.: Jugendmedienstudie. Verbreitung, Nutzung und ausgewählte Wirkungen von Massenmedien bei Kindern und Jugendlichen. Regensburg 1990

Maaz, Hans-Joachim: Der Gefühlsstau. Ein Psychogramm der DDR. München 1992

Mächtinger, Antoinette: Die gewendete Schule. Ost-Berlin Herbst 1991: Interviews mit Lehrerinnen. In: pädextra 2/1992, S. 5-8

Maikowski, Rainer/Podlesch, Wolfgang: Zur Sozialentwicklung behinderter und nichtbehinderter Kinder in der Grundschule. In: Eberwein (Hrsg.) 1988, S. 275-281

Maikowski, Rainer u.a.: Gemeinsame Unterrichtung und Erziehung von behinderten und nichtbehinderten Schülerinnen und Schülern im Sekundarbereich I in Berlin. Bericht der Wissenschaftlichen Begleitung über das 1. Jahr des überbezirklichen Schulversuchs. Pädagogisches Zentrum, Berlin 1991 (mit weiterer Literatur)

Maikowski, Rainer: Integration in der Sekundarstufe I – Zielsetzungen und Erfahrungen. In: Eberwein (Hrsg.) 1988, S. 154-159

Mancke, Klaus: Entwicklung bundesdeutscher Gesamtschulen und ihrer Perspektiven für innere Schulreform. In: Preuss-Lausitz, Ulf (Hrsg.): Pädagogik zwischen Reform und Umbruch. TU Berlin Dokumentation H. 27, Berlin 1991, S. 69-78

Mann, Heinrich: Der Untertan. Berlin 1965 (geschrieben 1906-1914, erschienen 1918)

Marburger, Helga (Hrsg.): Schule in der multikulturellen Gesellschaft. Frankfurt/M. 1991

Marotzki, Winfried/Sünker, Heinz (Hrsg.): Kritische Erziehungswissenschaft – Moderne – Postmoderne. Weinheim 1992

Meadows, Dennis: Die Grenzen des Wachstums. Bericht des Club of Rome zur Lage der Menschheit. Stuttgart 1972

Merkens, Hans/Kirchhöfer, Dieter/Steiner, Irmgard (Hrsg.): Berliner Schülerstudie 1992. FU Berlin 1992

Messmer, Horst: Was bleibt von der Polytechnik? In: pädextra 9/1990, S. 15-20

Metz-Göckel, Sigrid: Licht und Schatten der Koedukation. In: Zeitschrift für Pädagogik 4/1987, S. 455-474

Meyer-Abich, Klaus Michael: Aufstand für die Natur. Von der Umwelt zur Mitwelt. München und Wien 1990

Michelsen, Gerd/Siebert, Horst: Ökologie lernen. Anleitungen zu einem veränderten Umgang mit Natur. Frankfurt/M. 1985

Mikelskis, Helmut: Für die Einheit von Erleben, Erkennen und Handeln. In: pädextra 10/1988, S. 32-35

Miller, Alice: Du sollst nicht merken. Frankfurt/M. 1983

Ministerium für Umwelt, für Bildung und Sport des Saarlandes (Hrsg.): Faltblatt Der umweltfreundliche Schulranzen. Saarbrücken 1991

Mitscherlich, Beate/Stöbe, Sylke: Es wird schon wieder werden. Identität im Umbruch? In: Verhaltenstherapie und psychosoziale Praxis 4/1990, S. 417-433

Möckel, Andreas: Geschichte der Heilpädagogik. Stuttgart 1988

Moltmann, Elisabeth: Viele erogene Zonen. In: Dt. Allg. Sonntagsblatt 31/1992 v. 31. 7. 1992, S. 21

Montaigne, Michel de: Essais. Zürich 1984 (5. Aufl.)(erstmals 1580)

Muchow, Martha/Muchow, Hans Heinrich: Der Lebensraum des Großstadtkindes. Bensheim 1978 (erstmals 1935)

Mühlen-Achs, Gitta: Der Androzentrismus in der empirischen Schulforschung: Ursachen und Folgen der Ausgrenzung des Weiblichen. In: Zeitschrift für Sozialisationsforschung und Erziehungssoziologie 1/1986, S. 129-137

Müller, C. Wolfgang: Zwischen altem Anspruch und neuer Bescheidenheit. Fragen an die zeitgenössische Jugendhilfe. Rede auf dem 9. Dt. Jugendhilfetag, Skript Berlin 1992

Müller, Uwe: Die Politisierung der Körper. Zum Zusammenhang von Körperübungen und Herrschaft. Diss. Universität Hannover 1986

Munder, Rita: Meinungen der beteiligten Eltern zum Integrationsversuch (der Fläming-Schule). Pädagogisches Zentrum Berlin 1983. Kurzfassung in: Projektgruppe 1988, S. 293-296

Musil, Robert: Die Verwirrungen des Zöglings Törless. In: Ders.: Gesammelte Erzählungen. Hamburg 1968 (erstmals 1906)

Mut zur Erziehung. Beiträge zu einem Forum am 9./10. Januar 1978 in Bonn. Stuttgart 1979

Muth, Jakob: Schule als Leben. Eine pädagogische Anthologie. Hrsg. von Herbert Susteck und Edith Birr-Chaarana. Hohengehren 1992

Negt, Oskar: Selbstregulierung als Realitätsprinzip pädagogischer Arbeit. In: Jürgensmeier, Hans Günter: Alternative Bildung? Hannover 1986, S. 27-42

Nehr, Monika: Zweisprachige Alphabetisierung türkischer Schulkinder. In: Marburger, Helga (Hrsg.): Schule in der multikulturellen Gesellschaft. Frankfurt/M. 1991, S. 93-113

Niedersächsisches Kultusministerium (Hrsg.): Leitfaden Ökologische Umgestaltung des Schulgeländes. Hannover 1991

Niewerth, Toni/Pfister, Gertrud: Koedukation und Schulalltag. Ein Beitrag zum Problem der Leistungsheterogenität im koedukativen Sportunterricht. In: Sportunterricht 11/1988, S. 405-415

Nissen, Ursula: Räume für Mädchen?! In: Preuss-Lausitz, Ulf/Rülcker, Tobias/ Zeiher, Helga (Hrsg.): Selbständigkeit für Kinder – die große Freiheit? Weinheim 1990, S. 148-160

Oelkers, Jürgen: Ist Ökologie lehrbar? In: Criblez, Lucien/Gonon, Philipp (Hrsg.): Ist Ökologie lehrbar? Bern 1989, S. 65-83

Oelkers, Jürgen: Reformpädagogik. Eine kritische Dogmengeschichte. Weinheim und München 1989

Ostbomk-Fischer, Elke: Pädagogik oder Femagogik. In: pädextra 5/1991, S. 28-32

Ostermeyer, Helmut: Zärtlichkeit. Frankfurt/M. 1984

Oswald, Hans/Boll, Walter: Das Ende des Generationenkonflikts? Zum Verhältnis von Jugendlichen zu ihren Eltern. In: Zeitschrift für Sozialisationsforschung und Erziehungssoziologie 1/92, S. 30-51

Oswald, Hans/Krappmann, Lothar/Chowdhuri, Irene/Salisch, Maria v.: Grenzen und Brücken: Interaktionen zwischen Jungen und Mädchen im Grundschulalter. In: Kölner Zeitschrift für Soziologie und Sozialpsychologie 3/1986, S. 560-580

Oswald, Hans/Krappmann, Lothar: Soziale Beziehungen und Interaktionen unter Grundschulkindern. Materialien aus der Bildungsforschung Nr. 33. Berlin 1988

Pasolini, Pietro P.: Freibeuterschriften. Die Zerstörung der Kultur des einzelnen durch die Konsumgesellschaft. Berlin 1978

Pazzini, Karl-Josef: Körper. In: Lenzen, Dieter (Hrsg.): Pädagogische Grundbegriffe, Bd. 2. Reinbek 1989, S. 885-894

Pehnke, Andreas: Reformpädagogik – ein Stiefkind der pädagogischen Historiographie in der DDR. Anmerkungen zum Umgang mit der Reformpädagogik vor der »Wende«. In: Himmelstein, Klaus/Keim, Wolfgang (Red.): Jahrbuch für Pädagogik 1992. Frankfurt/M. u.a., S. 233-246

Peisert, Hansgert/Dahrendorf, Ralf (Hrsg.): Der vorzeitige Abgang vom Gymnasium. Studien und Materialien zum Schulerfolg an den Gymnasien in Baden-Württemberg 1953-1963. Kultusministerium Baden-Württemberg. Villingen 1967

Petillon, Hans: Der unbeliebte Schüler. Braunschweig 1978

Petillon, Hans: Soziale Beziehungen in Schulklassen. Weinheim 1980.

Pfeiffer, Hermann/Rolff, Hans-Günter: Technologische Grundbildung – oder: Wie Schulen auf die ›Informationsgesellschaft‹ vorbereiten. In: Rolff, Hans-G. u.a. (Hrsg.): Jahrbuch der Schulentwicklung, Bd. 4. Weinheim und Basel 1986, S. 183-209

Pfister, Gertrud: Mädchensport, Jungensport. In: betrifft: erziehung 5/1981, S. 32-34

Philipp, Elmar/Witjes, Cl. Winfried: Gymnasium – Abschied von der Standesschule? In: Rolff, Hans-Günter u.a. (Hrsg.): Jahrbuch der Schulentwicklung, Bd. 2. Weinheim und Basel 1982, S. 123-144

Picht, Georg: Die deutsche Bildungskatastrophe. Olten und Freiburg 1964

Pieringer, Gabriele: Gemeinsame schulische Erziehung von behinderten und nichtbehinderten Schülerinnen und Schülern in der Sekundarstufe I. Überblick über Modellversuche und Konzeptionen. Pädagogisches Zentrum Berlin 1990

Podlesch, Wolfgang/Preuss-Lausitz, Ulf: Soziale Integration. Ergebnisse nach fünfzehn Jahren gemeinsamer Erziehung. In: Heyer, Peter u.a. (Hrsg.): Zehn Jahre wohnortnahe Integration. Behinderte und nichtbehinderte Kinder gemeinsam an ihrer Grundschule. Frankfurt/M. 1993, S. 65-72

Pollmer, Käte: Was hindert hochbegabte Mädchen, Erfolge im Mathematikunterricht zu erreichen? In: Psychologie, Erziehung, Unterricht 1/1991, S. 28-36

Postman, Neil: Das Verschwinden der Kindheit. Frankfurt/M. 1983

Prengel, Annedore: Erziehung von Mädchen und Jungen. Plädoyer für eine demokratische Differenz. In: Pädagogik 7-8/1990 (1990a), S. 40-44

Prengel, Annedore: Mädchen und Jungen in Integrationsklassen an Grundschulen. In: Horstkemper/Wagner-Winterhager (Hrsg.): 1990 (1990b), S. 32-43

Prengel, Annedore: Verschiedenheit und Gleichberechtigung in der Bildung. Habil-Schrift TU Berlin 1989

Preuss-Lausitz, Ulf: Fördern ohne Sonderschule. Konzepte und Erfahrungen zur integrativen Förderung in der Regelschule. Weinheim und Basel 1981

Preuss-Lausitz, Ulf u.a.: Kriegskinder, Konsumkinder, Krisenkinder. Zur Sozialisationsgeschichte seit dem Zweiten Weltkrieg. Weinheim und Basel 1983, 3. Aufl. 1991

Preuss-Lausitz, Ulf: Vom gepanzerten zum sinnstiftenden Körper. In: Ders. u.a.: Kriegskinder, Konsumkinder, Krisenkinder. Weinheim 1983, S. 89-106

Preuss-Lausitz, Ulf: Vom Umgang mit Gewalt. In: Dick, Lutz van (Hrsg.): Lernen in der Friedensbewegung. Weinheim und Basel 1984, S. 109-113

Preuss-Lausitz, Ulf: Sonderschule – Schule in der Krise? In: Rolff, Hans-Günter u.a. (Hrsg.): Jahrbuch der Schulentwicklung, Bd. 4. Weinheim und Basel 1986, S. 102-124

Preuss-Lausitz, Ulf: Körper und Politik. Zur historischen Veränderung der Körpersozialisation im 20. Jahrhundert. In: deutsche jugend 7-8/1987, S. 299-312. Auch in: Liebel, Manfred/Schonig, Bruno (Hrsg.): Ist die Zukunft schon verbraucht? NachDenken über Jugend und Jugendarbeit. TU Berlin, Dokumentation Weiterbildung H. 16, Berlin 1987, S. 131-148

Preuss-Lausitz, Ulf/Hitzler, Sabine: Soziale Beziehungen und Freizeitaktivitäten von Grundschülern. Vergleiche der Klassen 1 bis 6. TU Berlin 1988a

Preuss-Lausitz, Ulf: Zum Stand der Integrationsforschung. In: Eberwein (Hrsg.) 1988, S. 241-247 (1988b)

Preuss-Lausitz, Ulf: Auf dem Weg zu einem neuen Bildungsbegriff. In: Hansmann, Otto/Marotzki, Winfried (Hrsg.): Diskurs Bildungstheorie I: Systematische Markierungen. Weinheim 1988, S. 401-418 (1988c)

Preuss-Lausitz, Ulf/Rülcker, Tobias/Zeiher, Helga (Hrsg.): Selbständigkeit für Kinder – die große Freiheit? Weinheim und Basel 1990a

Preuss-Lausitz, Ulf: Soziale Beziehungen in Schule und Wohnumfeld. In: P. Heyer u.a.: Wohnortnahe Integration. Weinheim und München 1990b, S. 95-128

Preuss-Lausitz, Ulf: Integrations-Enttäuschungen aus der Schweiz? Haeberlins Forschungen auf dem Prüfstand. In: Integration konkret 4/90, Pädagogisches Zentrum Berlin, S. 20-21 (1990c)

Preuss-Lausitz, Ulf: Die Eltern innerhalb der integrativen Schule. In: Heyer u.a. 1990, S. 169-190 (1990d)

Preuss-Lausitz, Ulf: Kinder zwischen Selbständigkeit und Zwang. Widersprüche in der Schule. In: Ders. u.a. (Hrsg.): Selbständigkeit für Kinder – die große Freiheit? Weinheim und Basel 1990, S. 54-68 (1990e)

Preuss-Lausitz, Ulf (Hrsg.): Pädagogik zwischen Reform und Umbruch. Aktuelle Probleme der Erziehungswissenschaften in alten und neuen Bundesländern. TU-Dokumentation Weiterbildung H. 27, Berlin 1991a

Preuss-Lausitz, Ulf: Der Kaiserin neue Kleider? Fragen an feministische Schulforschung beim Blick auf die Jungen. In: pädextra 12/1991b, S. 5-12

Preuss-Lausitz, Ulf: Das wohnortnahe Modell der Uckermark-Grundschule auf dem Prüfstand. In: Heilpädagogische Forschung 1/1991c, S. 50-60

Preuss-Lausitz, Ulf: Mädchen an den Rand gedrängt? Soziale Beziehungen in Grundschulklassen. In: Zeitschrift für Sozialisationsforschung und Erziehungssoziologie 1/1992a, S. 66-79

Preuss-Lausitz, Ulf: Ganztägig offene Schulen aufgrund veränderter Kindheit? In: Diskurs. Studien zu Kindheit, Jugend, Familie und Gesellschaft. 1/1992c, S. 6-11

Preuss-Lausitz, Ulf: Wohin geht die Integrationsentwicklung in Deutschland? In: Heyer, Peter u.a. (Hrsg.): Zehn Jahre wohnortnahe Integration. Frankfurt/M. 1993a, S. 30-37

Preuss-Lausitz, Ulf: Wohnortnahe Integration als Modell einer demokratischen Schule in der pluralen Gesellschaft? In: Heyer, Peter u.a. (Hrsg.): Zehn Jahre wohnortnahe Integration. Frankfurt/M. 1993b, S. 181-185

Prigogine, I./Stengers, I.: Dialog mit der Natur. München und Zürich 1981

Probst, Holger: Lernbehinderte und Normalschüler. Persönlichkeitseigenschaften und sozio-ökonomischer Hintergrund. Bern u.a. 1976

Projektgruppe Integrationsversuch (Hrsg.): Das Fläming-Modell. Gemeinsamer Unterricht für behinderte und nichtbehinderte Kinder an der Grundschule. Weinheim und Basel 1988

Quitmann, Helmut: Humanistische Psychologie. Zentrale Konzepte und philosophischer Hintergrund. Göttingen 1985

Rabe-Kleberg, Ursula (Hrsg.): Besser gebildet und doch nicht gleich: Frauen und Bildung in der Arbeitsgesellschaft. Bielefeld 1990

Radde, Gerd: Fritz Karsen. Ein Berliner Schulreformer der Weimarer Zeit. Berlin 1973

Raidt, Peter: Perspektivenwechsel in der Hörgeschädigtenpädagogik. In: Sander, Alfred u.a.: Gemeinsame Schule für behinderte und nichtbehinderte Kinder und Jugendliche. Jahresbericht 1989 aus dem Saarland. St. Ingbert 1990, S. 263-298

Raschert, Jürgen: Gesamtschule: Ein gesellschaftliches Experiment. Stuttgart 1974

Rauschenbach, Brigitte/Wehland, Gerhard: Zeitraum Kindheit. Zum Erfahrungsraum von Kindern in unterschiedlichen Wohngebieten. Heidelberg 1989

Rauschenberger, Hans: Aus der Kinderstube der Gewalt. Pädagogische Überlegungen über schwierige Grundschulkinder. In: Die Deutsche Schule 2/1992, S. 134-149

Reiche, Reimut: Sexualität und Klassenkampf. Zur Abwehr repressiver Entsublimierung. Frankfurt/M. 1968

Reiser, Helmut u.a.: Sonderschullehrer in Grundschulen. Weinheim 1984

Reißmann, Jens: Pseudoprogressivität und insulare Pädagogik? Tendenzen in Schriften zur Glocksee-Pädagogik. Hannover 1986

Reißmann, Jens: Pseudoprogressivität und insulare Pädagogik. Verständigungsschwierigkeiten an der Glocksee-Schule. Hannover 1985

Reuband, Karl-Heinz: Veränderungen in den familiären Lebensbedingungen Jugendlicher seit der Jahrhundertwende. In: Zeitschrift für Sozialisationsforschung und Erziehungssoziologie 2/1992, S. 99-113

Riedel, Klaus: Gemeinsam lernen bei differenzierten Lernanforderungen. In: Die Deutsche Schule 4/1991, S. 443-460

Robert, Leni: Gedanken zum Thema Schule und Ökologie. In: Criblez, Lucien/Gonon, Philipp (Hrsg.): Ist Ökologie lehrbar? Bern 1989, S. 31-39

Rodax, Klaus (Hrsg.): Strukturwandel der Bildungsbeteiligung 1950-1985. Eine Bestandsaufnahme im Spiegel der amtlichen Bundesstatistik. Darmstadt 1989

Rogge, Jan: Mein Teddy weiß alles von mir. Gewalterfahrungen von Kindern. In: Erziehung und Wissenschaft 10/1991, S. 6-11

Röhrs, Herrmann: Die Reformpädagogik. Ursprung und Verlauf unter internationalem Aspekt. Weinheim 1991 (3. Aufl.)

Rolff, Hans-Günter/Sanné, Günter: Sicherheit und Aufstieg. Materialien zum Berliner Modell der Bildungswerbung. Hrsg. von Arbeit und Leben. Düsseldorf 1967

Rolff, Hans-Günter u.a. (Hrsg.): Jahrbuch für Schulentwicklung, Bd. 1-4 Weinheim und Basel 1980, 1982, 1984, 1986. Bd. 5-7 Weinheim und München 1988, 1990, 1992

Rolff, Hans-Günter: Bildungsplanung als rollende Reform. Frankfurt/M. u.a. 1970

Rolff, Hans-Günter/Zimmermann, Peter: Kindheit im Wandel. Weinheim und Basel 1985

Rolff, Hans-Günter u.a.: Strategisches Lernen in der Gesamtschule. Reinbek 1974

Rolff, Hans-Günter: Massenkonsum; Massenmedien und Massenkultur – Über den Wandel kindlicher Aneignungsweisen. In: Preuss-Lausitz, Ulf u.a.: Kriegskinder, Konsumkinder, Krisenkinder. Weinheim 1983, S. 153-167

Rolff, Hans-Günter: Wie gut sind gute Schulen? Kritische Analysen zu einem Modethema. In: Ders. u.a. (Hrsg.): Jahrbuch für Schulentwicklung, Bd. 6, Weinheim und München 1990, S. 243-262

Roth, Heinrich (Hrsg): Begabung und Lernen. Stuttgart 1969 (Bd. 4 der Gutachten und Studien der Bildungskommission des Dt. Bildungsrats)

Rudnick, Martin: Aussondern – Sterilisieren – Liquidieren. Die Verfolgung Behinderter im Nationalsozialismus. Berlin 1990

Rudnick, Martin: Behinderte im Nationalsozialismus. Weinheim und Basel 1985

Rudolph, Hedwig/Mayer, Christine/Ostendorf, Helga/Rabe-Kleberg, Ursula (Hrsg.): Berufsverläufe von Frauen: Lebensentwürfe im Umbruch. Materialien des Dt. Jugendinstituts. München 1986

Rüesegger, Ruedi: Ist Ökologie in der Schule lernbar/lehrbar? Schwierigkeiten und Hindernisse. In: Criblez, Lucien/Gonon, Philipp (Hrsg.): Ist Ökologie lehrbar? Bern 1989, S. 105-111

Rülcker, Tobias: Selbständigkeit als pädagogisches Zielkonzept. In: Preuss-Lausitz, Ulf/Rülcker, Tobias/Zeiher, Helga (Hrsg.): Selbständigkeit für Kinder – die große Freiheit? Weinheim 1990, S. 20-27

Rumpf, Horst: Der Menschenkörper – nur ein Bewegungsapparat? In: Ders.: Mit fremdem Blick. Stücke gegen die Verbiederung der Welt. Weinheim und Basel 1986, S. 71-100

Rutschky, Katharina (Hrsg.): Schwarze Pädagogik. Quellen zur Naturgeschichte der bürgerlichen Erziehung. Frankfurt/M. u.a. 1977

Rutschky, Katharina: Erregte Aufklärung. Kindesmißbrauch: Fakten und Fiktionen. Hamburg 1992

Sander, Alfred u.a.: Gemeinsame Schule für behinderte und nichtbehinderte Kinder und Jugendliche. Saarbrücker Beiträge zur Integrationspädagogik Bd. 4. St. Ingbert 1990 (Schwerpunkt Sekundarstufe I)

Sander, Alfred: Schulschwache Kinder in Grundschule oder Sonderschule? Untersuchungen zur unterrichtlichen Effizienz der Lernbehindertenschule. In: Reinartz, Alfred/Sander, Alfred (Hrsg.): Schulschwache Kinder in der Grundschule. Weinheim 1982, S. 121-139

Schaeffer-Hegel, Barbara: Die verborgene Bildung der Frauen. In: Franck, Norbert (Hrsg.): Schulperspektiven. Argument-Sonderband 148, Hamburg 1988, S. 5-21

Schäffter, Otfried (Hrsg.): Das Fremde. Erfahrungsmöglichkeiten zwischen Faszination und Bedrohung. Opladen 1991

Scheibe, Wolfgang: Die reformpädagogische Bewegung. Weinheim u.a. 1974 (4. Aufl.)

Schlapeit-Beck, Dagmar (Hrsg.): Mädchenräume: Initiativen – Projekte – Lebensperspektiven. Hamburg 1987

Schlicht, Uwe: Schuljahrsbeginn in den neuen Ländern. Besuch in einer Realschule und einem Gymnasium in Mecklenburg. In: Der Tagesspiegel v. 7. 9. 1991, S. 17

Schmidt, Arno: Das Gymnasium im Aufwind. Entwicklung, Struktur, Probleme seiner Oberstufe. Aachen-Hahn 1991

Schmidt, Wolfgang: Die allgemeinbildenden Schulen in den neuen Bundesländern. Schulstruktur, Lehrerstellen, Religionsunterricht. In: Informationen zum Bildungswesen der neuen Bundesländer 1/1991 (Pädagogisches Zentrum Berlin), S. 2-84

Schnack, Dieter/Neutzling, Rainer: Kleine Helden in Not. Jungen auf der Suche nach Männlichkeit. Reinbek 1990

Schnack, Dieter/Neutzling, Rainer: Wir fürchten weder Tod noch Teufel. Wovor Jungen Angst haben. In: Büttner, Christian/Dittmann, Marianne (Hrsg.): Brave Mädchen, böse Buben? Weinheim und Basel 1992, S. 133-144

Schneeberger, Arthur: Barrieren im Zugang zum Technikstudium in geschlechtsspezifischer Analyse. Ergebnisse einer Befragung des Maturajahrganges 1987. Reihe Österreichisches Institut für Bildung und Wirtschaft, Bd. 62. Wien 1988

Schneeberger, Arthur: Mathematik in der höheren Schule in geschlechtsspezfischer Analyse. Ergebnisse des Maturajahrganges 1987. Reihe Österreichisches Institut für Bildung und Wirtschaft, Bd. 63. Wien 1988.

Schneider, Gerhard: Die Bedeutung des Naturschönen für die Umwelterziehung.

In: Gesing, Harald/Lob, Reinhold E. (Hrsg.): Umwelterziehung in der Primarstufe. Heinsberg 1991, S. 90-128

Schnoor, Detlev/Zimmermann, Peter: Kinder, Kabel, Keyboards – Wie Grundschulkinder Bildschirmmedien nutzen. In: Rolff, Hans-Günter u.a. (Hrsg.): Jahrbuch für Schulentwicklung, Bd. 5. Weinheim und München 1988, S. 217-250

Schoenebeck, Hubertus von: Antipädagogik im Dialog. Weinheim und Basel 1985

Schoenebeck, Hubertus von: Unterstützen statt erziehen. München 1982

Schöler, Jutta (Hrsg.): Ansätze zur Integration behinderter Kinder und Jugendlicher in den Ländern der Europäischen Gemeinschaft. TU-Dokumentation H. 47, Berlin 1990a

Schöler, Jutta: Elternmeinungen zum gemeinsamen Schulbesuch behinderter und nichtbehinderter Kinder im Land Brandenburg. Skript TU Berlin 1992b

Schöler, Jutta: Herausforderung: Kleine bunte Wedel. In: Tiroler Arbeitskreis für integrative Erziehung (Hrsg.): Pädagogik und Therapie ohne Aussonderung. Innsbruck 1990b, S. 9-24

Schöler, Jutta: Kinder mit Behinderungen im Verwaltungsbezirk Spandau, TU Berlin 1992a

Schöler, Jutta: Schwere Behinderungen beim Lernen von schwer Behinderten. In: Vierteljahresschrift für Heilpädagogik und ihre Nachbargebiete (VHN) 1/1992c, S. 41-52

Schöler, Jutta: Integrative Schule – Integrativer Unterricht. Ratgeber für Eltern und Lehrer. Reinbek 1993

Scholtz, Harald: Erziehung und Unterricht unterm Hakenkreuz. Göttingen 1985

Scholtz, Harald: Körpererziehung als Mittel zur Mentalitätsprägung an den Adolf-Hitler-Schulen. In: Sozial- und Zeitgeschichte des Sports 1/1989, S. 33-49

Scholz, Rudi/Schubert, Peter (Hrsg.): Körpererfahrung. Die Wiederentdeckung des Körpers: Theater, Therapie und Unterricht. Reinbek 1982

Schön, Bärbel: Therapie statt Erziehung? Frankfurt 1989

Schonig, Bruno: Irrationalismus als pädagogische Tradition. Die Darstellung der Reformpädagogik in der pädagogischen Geschichtsschreibung. Weinheim und Basel 1973

Schorb, Alfons O. (Hrsg.): Schulversuche mit Gesamtschulen in Bayern. Schriftenreihe des Staatsinstituts für Bildungsforschung und Bildungsplanung. Stuttgart 1977

Schreiner, Günter: Undemokratischer Schulalltag? Vergleichende Erkundungen in Ost- und Westdeutschland. Teil 1: Aus Sicht der SchülerInnen. Teil 2: Aus der Sicht der LehrerInnen. In: Zeitschrift für internationale erziehungs- und sozialwissenschaftliche Forschung, 1/1991, S. 18-49, 2/1991, S. 244-278

Schubarth, Wilfried: Verordneter Antifaschismus und die Folgen: das Dilemma antifaschistischer Erziehung am Ende der DDR. In: Aus Politik und Zeitgeschehen B 9/1991, S. 3-16

Schulbildung und Gleichberechtigung. Dokumentation zum internationalen Symposium des Arbeitskreises Frauenstudium. Redaktion A. Prengel u.a., Frankfurt/M. 1987

Schule in der Diskussion. Überlegungen von Pädagogen der Humboldt-Universität. Berlin (Ost) 1990 (Redaktionsschluß Dezember 1989)

Schulz, Brigitte /Weber, Christian/Klose, Christiana/Schmid, Pia: Frauen im pädagogischen Diskurs: eine interdisziplinäre Bibliographie 1984-1989. Frankfurt/M. 1989

Schuricht, Klaus: »Ich möchte eigentlich nicht mehr lernen.« Über die veränderten Beziehungen zwischen Lehrenden und Lernenden in einer brandenburgischen Stadt. In: pädextra 2/1992, S. 9f.

Schweitzer, Albert: Gesammelte Werke. München 1974 (hier erstmals 1923: Kultur und Ethik)

Schwind, Hans-Dieter (Hrsg.): Ursachen, Prävention und Kontrolle von Gewalt. Analysen und Vorschläge der Unabhängigen Regierungskommission zur Verhinderung und Bekämpfung von Gewalt (Gewaltkommission). 4 Bde., Berlin 1990

Seeland, Suzanne: Koedukation nützt nur den Männern. Die Erfahrungen der amerikanischen Frauen-Colleges. In: Frauenforschung 3/1986, S. 97-105

Seifert, Brigitte: Sexueller Mißbrauch im Kindes- und Jugendalter. Ein Literaturbericht. In: Diskurs 1/1992, S. 66-74

Senatsverwaltung für Schule, Berufsbildung und Sport: Gemeinsame Unterrichtung und Erziehung von behinderten und nichtbehinderten Kindern und Jugendlichen. Berlin 1990a (Drucksache 11/1331 als Vorlage zur Kenntnisnahme in der 11. Wahlperiode des Abgeordnetenhauses von Berlin)

Senatsverwaltung für Schule, Berufsbildung und Sport: Das Schuljahr 1990/91 in Zahlen. Berlin 1991

Senatsverwaltung für Schule, Berufsbildung und Sport: Schule als ökologischer Lernort. Fachtagung zum ökologischen Schulbau März 1990 in Berlin. Berlin 1990b

Spender, Dale: Frauen kommen nicht vor. Sexismus im Bildungswesen. Frankfurt/M. 1985 (London 1982)

Stables, Andrew: Differences between Pupils from Mixed and Single-Sex-Schools in their Enjoyment of School Subject and in their Attitudes to Science and to School. In: Educational Review 3/1990, S. 221–230

Stadt Frankfurt/M., Dezernat Umwelt, Energie und Brandschutz/Dezernat Schule und Bildung: Umweltlernen in Frankfurt. Programm zur Ökologisierung des Schullebens und zur Förderung der Umwelterziehung für die Stadt Frankfurt/M. Frankfurt/M. 1992

Staudte, Adelheid: Für Koedukation und Geschlechterdifferenz in der ästhetischen Erziehung. In: Die Grundschulzeitschrift 41/1991, S. 32-39

Steffens, Ulrich/Bargel, Tino (Hrsg.): Qualität von Schule, H. 1-4, Hessisches Institut für Bildungsplanung und Schulentwicklung Wiesbaden 1987f.

Sucharowski, Wolfgang /Lieb, B./Kaak, S./Nehlsen, L: Verhalten zwischen Verständigung und Verstehen. Erster Forschungsbericht zum Schulversuch »Integrationsklassen« in Schleswig-Holstein. Landesinstitut Schleswig-Holstein für Praxis und Theorie der Schule. Kiel 1988

Tent, Lothar/Witt, Matthias/Bürger, Wolfgang/Zschoche-Lieberum, Christiane: Ist die Schule für Lernbehinderte überholt? In: Heilpädagogische Forschung 1/1991, S. 3-12

Tent, Lothar u.a.: Über die pädagogische Wirksamkeit der Schule für Lernbehinderte. Universität Marburg 1990.

Theweleit, Klaus: Männerphantasien. 2 Bde. Reinbek 1980

Thomasky, Ingrid: Lernziel Zärtlichkeit. Weinheim und Basel 1981

Thürmer-Rohr, Tina: Feminismus und Erziehungswissenschaft. Vortragsskript Berlin 1990

Tillmann, Klaus-Jürgen: Schulzeit und Jugendalter – zum Wandel von Sozialisationsprozessen seit 1960. In: Rolff, Hans-Günter u.a. (Hrsg.): Jahrbuch der Schulentwicklung, Bd. 4. Weinheim 1986, S. 125-151

Tillmann, Klaus-Jürgen: Sozialisationstheorien. Reinbek 1989

Tober, Ruth:»Ich will kein Ossi sein, aber ich will auch kein Wessi sein.« Interviews mit ehemals ostdeutschen Schülern. In: Membrane 4/91 (Zeitschrift des Arbeitskreises Neue Erziehung Berlin), S. 5-8

Tornieporth, Gerda: Studien zur Frauenbildung. Ein Beitrag zur historischen Analyse lebensweltorientierter Bildungskonzeptionen. Weinheim und Basel 1979

Trommer, Gerhard: Natur im Kopf. Die Geschichte ökologisch bedeutsamer Naturvorstellungen in deutschen Bildungskonzepten. Weinheim 1990

Tully, Claus J./Zehnbauer, Anne/Wahler, Peter: Sport: Zwischen Lust und Leistung. In: Dt. Jugendinstitut (Hrsg.): Immer diese Jugend!: Ein zeitgeschichtliches Mosaik. 1945 bis heute. München 1985, S. 69-88

Uhlig, Christa: Elastische Einheitsschule des Bundes Entschiedene Schulreformer. In: Schulen, die ganz anders sind. 1990, S. 27-30

Uhlig, Christa: Gab es eine Chance? Reformpädagogik in der DDR. In: Pädagogik und Schulalltag 1/1992, S. 44-51

Ulich, Dieter/Hurrelmann, Klaus (Hrsg.): Handbuch der Sozialisationsforschung. Weinheim und Basel 1980. Neues Handbuch (überarb.) 1991

Wagner, Angelika C. u.a.: Bewußtseinskonflikte im Schulalltag. Weinheim und Basel 1984

Walker, Jamie: Gewaltfreie Konfliktlösung im Klassenzimmer. Pädagogisches Zentrum Berlin, Reihe Didaktische Informationen. Berlin 1991

Walker, Jamie: Gewalt und Konfliktlösung in Schulen. Quäker-Rat für Europäische Angelegenheiten. Berlin 1989

Walker, Jamie: Konstruktive Konfliktbehandlung im Klassenzimmer. H. 2: Kennenlernen und Auflockerung. H. 3: Förderung des Selbstwertgefühls. Pädagogisches Zentrum Berlin 1992

Wallrabenstein, Wulf: Offene Schule – Offener Unterricht. Ratgeber für Eltern und Lehrer. Reinbek 1991

Walter, Heinz: Ökologische Ansätze in der Sozialisationsforschung. In: Hurrelmann, Klaus/Ulich, Dieter (Hrsg.): Handbuch der Sozialisationsforschung. Weinheim und Basel 1980, S. 285-298

Wascher, Uwe: Neuer Wein in alten Schläuchen? Polytechnik: Veränderungen und Tendenzen einer Bildungskonzeption. In: pädextra 2/1992, S. 23-27

Waterkamp, Dietmar:»Achtung-Sammeln!« Disziplin in der Schule der DDR. In: Helwig, Gisela (Hrsg.): Schule in der DDR. Köln 1988, S. 39-64

Waterkamp, Dietmar: Handbuch zum Bildungswesen der DDR. Berlin 1987

Weegen, Michael: 250 000 im Jahr – Sitzenbleiben im Spiegel der Statistik. In: Pädagogische Beiträge 4/1987, S. 17-24

Weißhaupt, Horst u.a.: Perspektiven des Bildungswesens der Bundesrepublik Deutschland. Baden-Baden 1988

Welsch, Wolfgang: Unsere postmoderne Moderne. Weinheim 1987

Wenzel, Hartmut/Wesemann, Matthias: ...und sie bewegt sich doch. Abschließende Thesen und Ausblick. Schulreform in der Diskussion. In: Dies. (Hrsg.): Schule auf dem Weg ins 21. Jahrhundert. Weinheim 1989, S. 155-169

Winkel, Rainer: Das Einzelkind: Beneidenswert? Bedauernswert? In: Pädagogik 7-8/1991, S. 15-20

Winkel, Rainer: Das Ende der Schule. Oder: Alternativprogramme im Spätkapitalismus. München 1974

Winkel, Rainer: Die Elastische Schule für das föderative Deutschland. In: Deutsche Lehrer Zeitung 9/1992, S. 3

Winkel, Rainer: Forschungsprojekt Auffällige Schüler/innen. Schülerbefragung an Dortmunder und Berliner Grundschulen. Skript Berlin Zwischenbericht 1990.

Winkler, Michael: Erziehung im System der Barbareivermeidung. Unzeitgemäße Bemerkungen zur Krise der Pädagogik in der Postmoderne. In: Marotzki, Winfried/Sünker, Heinz (Hrsg.): Kritische Erziehungswissenschaft – Moderne – Postmoderne. Weinheim 1992, S. 152-192

Winkler, Michael: Misfits: Über die pädagogische Situation nach der Antipädagogik. In: Kolbe, Fritz-Ulrich/Lenhart, Volker (Hrsg): Bildung und Aufklärung heute. Bielfeld 1990, S. 223-237

Wocken, Hans/Antor, Georg (Hrsg.): Integrationsklassen in Hamburg. Oberbiel 1987

Wocken, Hans/Antor, Georg/Hinz, Andreas (Hrsg.): Integrationsklassen in Hamburger Grundschulen. Hamburg 1988

Wocken, Hans: Bewältigung von Andersartigkeit. Untersuchungen zur Sozialen Distanz in verschiedenen Schulen. In: Gehrmann, Petra/Hüwe, Birgit (Hrsg.): Forschungsprofile der Integration von Behinderten. Bochumer Symposion 1992. Essen 1993, S. 86-106

Wocken, Hans: Sonderschullehrer in Integrationsklassen. Und: Kooperation von Pädagogen in integrativen Grundschulen. In: Wocken/Antor/Hinz (Hrsg.) 1988, S. 184-274

Wolf, Christa: Das haben wir nicht gelernt. In: Angepaßt oder mündig? Briefe an Christa Wolf im Herbst 1989. Berlin 1990

Wolf, Siegfried: Zum verordneten Antifaschismus in der DDR. In: pädextra 9/1990, S. 22-26

Worldwatch Institute Report: Zur Lage der Welt 90/91. Daten für das Überleben unseres Planeten. In Zusammenarbeit mit der Deutschen Welthungerhilfe. Frankfurt/M. 1990ff.

Wunder, Dieter: Offene Antwort an Klaus Hurrelmann. In: Erziehung und Wissenschaft 1/1992, S. 13f.

Wünsche, Konrad: Die Muskeln, die Sinne, die Reden: Medien im pädagogischen Bezug. In: Kamper, Dietmar/Wulf, Christoph (Hrsg.): Die Wiederkehr des Körpers. Frankfurt/M. 1982, S. 97-108

Zedler, Peter (Hrsg.): Strukturprobleme, Disparitäten, Grundbildung in der Sekundarstufe I. Weinheim 1992

Zeiher, Helga/Zeiher, Hartmut: Wie Kinderalltage zustandekommen. In: Berg, Christa (Hrsg.): Kinderwelten. Frankfurt/M. 1991, S. 243-269

Zeiher, Helga: Die vielen Räume der Kinder. Zum Wandel räumlicher Lebensbedingungen seit 1945. In: Preuss-Lausitz, Ulf u.a.: Kriegskinder, Konsumkinder, Krisenkinder. Weinheim 1983, S. 176-195

Ziehe, Thomas: Pubertät und Narzißmus. Frankfurt/M. und Köln 1975

Ziehe, Thomas: Zeitvergleiche. Weinheim und München 1991

Zielke, Gitta: Aufgaben und Tätigkeiten der Sonderpädagoginnen und Sonderpädagogen. In: Heyer, Peter/Preuss-Lausitz, Ulf/Zielke, Gitta: Wohnortnahe Integration. Weinheim und München 1990, S. 153-164

Zimmermann, Peter: Rock'n Roller, Beats und Punks. Rockgeschichte und Sozialisation. Essen 1984

REIHE PÄDAGOGIK

Ulf Preuss-Lausitz/Tobias Rülcker/
Helga Zeiher (Hrsg.)

**Selbständigkeit für Kinder –
die große Freiheit?**

Kindheit zwischen pädagogischen
Zugeständnissen und gesellschaftlichen Zumutungen.
207 Seiten. Broschiert.
ISBN 3-407-34048-6

Kinder entscheiden heutzutage
immer früher selbständig über ihr
Taschengeld, über ihre Kleidung,
ihre Fernsehprogramme und Musik, ihre Vereinsaktivitäten und
Freunde. Kinder müssen immer
häufiger lernen, sich darauf einzu-
stellen, daß die Eltern sich trennen, daß man Gleichaltrige erst
suchen muß, daß die Gefahr des
Alleinseins schon in der Kindheit
beginnt. Im »Jahrhundert des Kindes« werden Kinder mehr respektiert, zumindest in unserer Gesellschaft, und zugleich wird ihnen
mehr zugemutet an psychischer
Stabilität.
In diesem Buch entfalten Kindheits-
forscher diesen wichtigen Aspekt
der gesellschaftlichen Lage heutiger Kinder auf der Grundlage empirischer Studien. Dabei kommt
die Alltagswelt der Kinder zur Sprache: Vorschule und Schule, Familie und Sportverein, Fernseh- und
Computerwelt, die technische wie
die räumliche Umwelt. Es werden
Informationen und Probleme diskutiert, die alle bewegen, die sich mit
Kindern und mit Kindheit beschäftigen.

Ulf Preuss-Lausitz u.a.

**Kriegskinder, Konsumkinder,
Krisenkinder**

Zur Sozialisationsgeschichte seit
dem Zweiten Weltkrieg.
222 Seiten. Broschiert.
ISBN 3-407-34024-9

Kindheit ist ein Lebensabschnitt,
dessen Gestalt gesellschaftlichen
Veränderungen unterworfen ist. Andere Kindheiten machen andere
Erwachsene. Was bedeuten also
die ersten Nachkriegsjahre, das
Wirtschaftswunder und die Krisen-
situation der 70er Jahre für die Lebensgeschichte derer, die damals
Kinder oder Jugendliche waren?
Welche generationsprägenden
Kindheitserfahrungen lassen sich
in diesen Phasen feststellen? Können Schwierigkeiten, die die verschiedenen Nachkriegsgeneratio-
nen heute miteinander haben,
darauf zurückgeführt werden?
Warum sind Kinder heute anders?
Spannende Fragen und erste Antworten.

Beltz Verlag · Postfach 10 01 54 · 69441 Weinheim   B_163

GRÜNE REIHE

Dieter Baacke

Die 6- bis 12jährigen

Einführung in die Probleme des Kindesalters.
368 Seiten. Broschiert.
ISBN 3-407-25091-6

Kinderforschung gibt es in verschiedenen Disziplinen: Neben der Entwicklungspsychologie und Psychoanalyse sind (vor allem neuerdings) auch die Geschichtsschreibung und die soziologische Gesellschaftstheorie dabei, das Thema mit unterschiedlichen Sichtweisen anzugehen. In der Regel bleiben diese getrennt, jeder »spezialisiert« sich auf seinen Blickwinkel. Das vorliegende Buch trägt die neuere Diskussion nicht nur additiv zusammen, sondern verbindet sie zu einer eigenen Perspektive. Diese Perspektive besteht in dem Versuch, Daten und Materialien in ihrer Spannung von Generalisierung und Konkretisierung auf das einzelne Kind darzustellen – in der Unterscheidung von »Kindern« und »Kindheit«. Neben »Dimensionen der Entwicklung« werden kindliche Lebenswelten dargestellt. Das Buch ist für das Studium ebenso geeignet wie für die pädagogische Berufspraxis.

Dieter Baacke

Die 13- bis 18jährigen

Einführung in die Probleme des Jugendalters.
345 Seiten. Broschiert.
ISBN 3-407-25001-0

Während zu Fragen der Kindererziehung zahlreiche Bücher erschienen sind und erscheinen, gibt es zum Thema »Jugend« nur verhältnismäßig wenige Veröffentlichungen. Dies mag verschiedene Gründe haben, etwa: Wenn tatsächlich in der Kindererziehung die entscheidenden Grundsteine gelegt werden, ist für den Jugendlichen das Rennen seiner Chancen und Möglichkeiten ohnehin schon gelaufen, mag man denken – warum dann noch pädagogische Informationen über dieses Alter? Dieses Buch will unter anderem zeigen, daß eine solche Ansicht nicht richtig ist.
Die 5. Auflage wurde gründlich überarbeitet und um neue Kapitel ergänzt. Diese behandeln nun pädagogische und außerpädagogische Handlungsräume und geben damit deutlicher als bisher konzeptionelle Hinweise auch für die Praxis.

Beltz Verlag · Postfach 10 01 54 · 69441 Weinheim   B_162